LOS 90 EN 90 CANCIONES (O MÁS)

LOS 90 EN 90 CANCIONES (O MÁS)

ROB HARVILLA

Traducción de Milo J. Krmpotić

LUNWERG
EDITORES

Título original: *60 Songs That Explain the '90s*

Edición original de Twelve, Hachette Book Group, Nueva York, 2023

Lunwerg es un sello editorial de Editorial Planeta, S. A.
Avenida Diagonal, 662-664 - 08034 Barcelona
Calle Juan Ignacio Luca de Tena, 17 - 28027 Madrid
lunwerg@lunwerg.com
www.lunwerg.com
www.instagram.com/lunwerg
www.x.com/Lunwerglibros
www.facebook.com/lunwerg

Primera edición: septiembre de 2024
Depósito legal: B. 9.345-2024
ISBN: 978-84-19875-99-0
Impresión y encuadernación: Gómez Aparicio
Printed in Spain - Impreso en España

PEFC Certificado
Este libro procede de bosques gestionados de forma sostenible
PEFC
PEFC/14-38-00305
www.pefc.es

ÍNDICE

NOTA DEL TRADUCTOR

Como nacido en 1974, llegué a heredar algún casete o vinilo de legendaria música anglosajona con títulos traducidos al español: *Puente sobre aguas turbulentas, Viento idiota, Qué noche la de aquel día.* En los 80, no obstante, cuando comencé a comprar música, esa práctica era ya muy minoritaria y en los 90 no conocí a nadie que hablara con naturalidad de *Huele a espíritu adolescente, El señor Jones* o *Perdiendo mi religión.* Por ese motivo tirando a evidente he mantenido en inglés los títulos de álbumes y canciones, así como los versos que de estas se citan, para a continuación traducirlos en notas al pie cuando eso ayude a entender el mensaje que desea transmitir el autor (es decir, en el 95 % de los casos). Por último, decir que me he tomado pequeñas licencias en la traducción de los versos a fin de respetar algo tan fundamental en una canción como es la rima; en algún momento sutil por asonante, pero presente siempre que el original lo requería... salvo en un par de ocasiones concretas en las que, por extensión breve o escasa sinonimia, esa licencia se hubiera transformado en invención pura y dura.

INTRODUCCIÓN

Vale. Tengo cierta tendencia —y además forma parte de mi trabajo— a dar demasiadas vueltas a las cosas, pero no le demos demasiadas vueltas a ese tema. Lo que tenemos entre manos es un libro que celebra las canciones más populares de los 90 y que mezcla, en teoría,[1] un sagaz análisis musical con su contexto cultural e histórico, siempre vital, y caprichosas digresiones personales. Intenté que quedara una división a partes iguales, pero las digresiones caprichosas han acabado dominando la cosa. Por ejemplo:

LOS PEORES DIEZ TÍTULOS DE CANCIONES DE LOS RED HOT CHILI PEPPERS EN ORDEN ASCENDENTE NEGATIVO

20. *Funky Crime*
19. *Even You, Brutus?*
18. *Get on Top*

1. También tengo cierta tendencia a la modestia escénica, si no a la autocrítica más rotunda. Suelo echarle la culpa de ello a mi obcecada educación católica propia del Medio Oeste de Estados Unidos, aunque supongo que la mayoría de los habitantes del Medio Oeste de Estados Unidos, católicos o no, preferirían que no los metiera en esto.

17. *Shallow Be Thy Game*
16. *Lovin' and Touchin'*
15. *Sir Psycho Sexy*
14. *Ethiopia*
13. *Suck My Kiss* (aunque sea una pasada de canción)
12. *No Chump Love Sucker*
11. *She's Only 18*
10. *Grand Pappy Du Plenty*
9. *Funky Monks*
8. *Skinny Sweaty Man*

(A partir de aquí, el tema se vuelve mucho más desagradable, os aviso)

7. *Catholic School Girls Rule*
6. *Party on Your Pussy*
5. *Sex Rap*
4. *Stone Cold Bush*
3. *Sexy Mexican Maid*
2. *Fela's Cock*
1. *Hump de Bump*

Ese tipo de cosas. Más concretamente, lo que tenemos entre manos es un complemento en forma de libro para un pódcast que emprendí para *The Ringer* en octubre de 2020 y que se tituló *60 Songs That Explain the 90's*. Una canción por semana. Primero hacía un monólogo increíblemente largo sobre esa canción[2] y a continuación entrevistaba a alguien —digamos que a un músico, o a algún colega periodista, o a un presentador de pódcast—. Deja que conteste a la primera pregunta que te estás haciendo.

---

2. «Monólogo» es una palabra que suena terriblemente pretenciosa a mis sensibles oídos del Medio Oeste, pero es que una vez escribí 10.000 palabras sobre Pantera y a continuación las leí frente al micrófono. ¿Existe algún otro término para describirlo? No contestes.

¿Por qué 60 canciones? Porque nunca había hecho un pódcast antes y me preocupó que llamarlo *90 Songs That Explain the 90's* —un título mucho más agradable y lógico— fuera superatrevido, y no quise convertirme en el típico tipo humillado con un 90 en el título del pódcast a quien le cancelan el programa después de cinco episodios.

Entonces, ¿por qué no 30, o 20, o 10? ¿60 no era en potencia un número igualmente humillante de canciones? Pues porque no eran un número suficiente de canciones.

El caso es que luego amplié el programa y acabé haciendo 90 canciones de todos modos, y luego lo volví a ampliar hasta las 120, pero mantuve el título de 60 canciones porque me pareció que era una broma fantástica, ¿verdad que sí?, eso de tener un pódcast con un título cada vez más equivocado, y además resulta que hay una cantidad enorme de canciones superchulas de los 90 sobre las que escribir textos en torno a las 10.000 palabras. Pero, después de preguntarles a mis jefes de *The Ringer*, siempre guais y de una paciencia infinita, si podía subir hasta las 120 canciones, básicamente me dijeron: «De acuerdo, pero después lo dejas». Así que eso fue todo, en cuanto al programa. Hay más de cien canciones en este libro, pero se me hizo raro poner el número exacto en el título y no lo hicimos. Una broma genial. Desternillante. (No quiero que el libro me quede demasiado cargado de listas, así que el objetivo es soltarlas todas en la introducción.)

TÍTULOS DE ÁLBUMES, CANCIONES, ETC. QUE MÁS ME HA AVERGONZADO DECIR EN VOZ ALTA

- *Givin' Up the Nappy Dug Out*
- *Oooooohhh... On the TLC Tip*
- El titular de la revista *Q*: «Caderas. Labios. Tetas. Poder»
- *Coolin' at the Playground Ya Know?*

- La cita de Liam Gallagher en *Rolling Stone* que incluía la frase: «Pero yo me corrí en su mui...»
- *Lick the Balls*
- Varios versos de *Sir Psycho Sexy* (nadie me ha obligado a hacer esto, nadie me obliga a hacer nada, y por eso da tanta vergüenza)
- La cinta de los inicios de Liz Phair *Yo Yo Buddy Yup Yup Word to Ya Muthuh*
- *Take Off Your Pants and Jacket*
- La cita en la que Tori Amos dijo la palabra que empieza por C
- Una lectura dramática de los coros/improvisación del séquito de Vanilla Ice en *Ice Ice Baby*, que sonó tanto como «¿SE ACABARÁ ALGÚN DÍA?» + «JODERRRRRR» + «BEACHFRONT AVENUE», etc.
- El EP maldito de Hootie and the Blowfish, *Kootchypop*
- *Fela's Cock* (Esa no es la palabra empezada por C que dijo Tori)

Incluso ahora, me resisto a volcar sobre ti una ultrapretenciosa Gran Teoría Unificada de los 90, una década que siempre he descrito, sin pensarlo demasiado, como «lo bastante lejana para sentir que pertenece al pasado, pero lo bastante cercana para que siga acosándonos en el presente». Como época, los 90 parecen característicos, tangibles y completos, con su propio sentido de la moda y el sonido, y sus propios valores culturales; por supuesto, esos aspectos específicos difieren de una persona a la otra, pero tengo la intuición de que los 2000 o los 2010 no evocan en tu mente una imagen tan vívida. Se trata solo de una suposición, y suelo sospechar de cualquier esfuerzo por enmarcar de manera retroactiva los 90 como una época pasada más feliz y sin desavenencias. Porque, aunque esa década tenga algunos elementos concretos a su favor —menos guerras, más puestos de trabajo como periodista, la ausencia de Twitter—, toda esa conversación sobre lo fácil que era todo suscita de inmediato preguntas espinosas del tipo «¿quién lo tenía fácil y por qué?». Las generalizaciones me ponen nervioso. Más nervioso incluso de lo normal.

Así que pongamos las cartas encima de la mesa, esto es lo que de verdad me fascina de los 90: coincidieron con mi adolescencia. Eso es todo. La década abarca mis años de instituto y de universidad. Es suficiente. Es mucho. ¿Te has dado cuenta de que la música nueva, en la actualidad, no es ni por asomo tan genial como la que te gustaba en la adolescencia? ¿Y sabes qué? *Tienes razón.* Tanto si fuiste un adolescente de los 60, como de los 90 o de los 2010, tienes razón. La música que te gustaba en la adolescencia es la más placentera que escucharás nunca; lo más probable es que esa música represente la historia de amor más importante, salvaje y pura de toda tu vida. Así funciona la música, así funciona la adolescencia. No comencé con el pódcast —bien entrado el primer año del covid, debo añadir, cuando el subidón de endorfinas provocado por la nostalgia descarada se volvió mucho más atractivo— como una especie de gran gesto sociopolítico. Yo solo quería revivir los gloriosos temazos de mi juventud. Sí, *Achy Breaky Heart* incluido.

LOS ERRORES MÁS IDIOTAS QUE HE COMETIDO HASTA EL MOMENTO EN EL PROGRAMA (** CUANDO LOS PILLÉ A TIEMPO)

- Los llamé «redobles de tambor» y no «rellenos de batería»
- Pronuncié varias veces mal el nombre de Mutt Lange
- Olvidé decir que Flea y Dave Navarro tocaron en el *You Oughta Know* de Alanis Morissette
- Me referí a la Organización Nacional de Mujeres (NOW en su acrónimo inglés) como «NWO» **
- Confundí a The Verve con The Verve Pipe
- Vacilé una y otra vez al citar a DMX diciendo «Vete a la mierda, chúpame la polla» **

- Pronuncié mal la palabra «ginecobstetra» varias veces (mi esposa y yo tenemos tres hijos)
- Describí a Jerry Cantrell, el guitarrista de Alice in Chains, como «el David Banner de ese increíble Hulk que es Layne Staley [el cantante de AIC]»
- Me referí a Montell Jordan como «Montell Williams», pero solo una vez**
- Dije que Mick Jagger canta en la canción *Happy* de los Rolling Stones (es Keith)
- Sugerí que la señorita del gif de la «mujer confundida por las matemáticas» era Julia Roberts
- Pronuncié mal el nombre de Tanya Tucker una y otra vez
- Describí el chili de Cincinatti como «cargadito de alubias»

La idea, con todas estas caprichosas digresiones personales —y se trata de algo semipretencioso, pero al menos lo reconozco—, es hablar de hechos tan espectaculares como espectacularmente prosaicos de mi propia juventud (y de los temazos que conformaron su banda sonora) para despertar tus propios recuerdos de los hechos espectacularmente prosaicos de tu juventud. Es la vieja filosofía del «Cuanto más específica la canción, más universal es la emoción», aplicada aquí a un tipo que habla sin parar de Pantera o Lauryn Hill o Nirvana o Biggie o Tupac o Britney Spears o los Mighty Mighty Bosstones o Coolio o Selena o la Dave Matthews Band o Shania Twain. Puedo contarte que recibo con regularidad mensajes directos en Instagram dedicados a las implicaciones filosóficas del *Mmm Mmm Mmm Mmm* de Crash Test Dummies, y furiosos mensajes personales en Twitter por aquella vez en que mi invitado para el episodio de R.E.M. se cagó en *Nightswimming*, y correos electrónicos extraordinariamente dulces sobre las canciones que la gente ama y detesta y está escuchando en ese momento o no podrá volver a escuchar, y por qué.

En parte, eso se lo adjudico a la naturaleza parasocial del pódcast, esa sensación que tengo, y tan extraña me sigue pareciendo, cuando, por ejemplo, una desconocida me informa de que su marido y ella estuvieron escuchando mi voz durante las ocho horas de su viaje por carretera (es algo que me vuelve majareta; ni mi esposa quiere oírme hablar durante ocho horas seguidas, o quizá debería decir que ella lo desea menos que nadie). Más allá de lo que esté alimentando esas repercusiones, fácilmente las más numerosas que haya recibido nunca, este pódcast ha sido de hecho la actividad profesional más emocionante de mi vida, y nadie me había pedido antes que escribiera un libro. Haz lo que quieras con esos datos.

CANCIONES QUE TOQUÉ CON LA GUITARRA ACÚSTICA DURANTE MI DESAFORTUNADA FASE UNIVERSITARIA DE NOCHES DE MICRO ABIERTO, EN ORDEN ASCENDENTE NEGATIVO

- *Drive* de The Cars (Cejilla en el cuarto traste, agradablemente subestimada, una vez un tipo vino a preguntarme si la había escrito yo)
- *Don't Let's Start* de They Might Be Giants (Sin duda, nunca habré quedado tan guay como aquí)
- *Heaven* de Talking Heads (La versión en directo de *Stop Making Sense*, demasiado gañido al final, pero guay de todos modos)
- *Tonight, Tonight* de Smashing Pumpkins («Hola, soy Rob y he venido a crucificar a quienes no sean sinceros»)
- *Asleep* de The Smiths (Demasiado sombría, incluso para mí)
- *Jack & Diane* de John Cougar Mellencamp (Como que la cagué con el verso de «*Suckin' on a chili dog*»)
- *Willing to Wait* de Sebadoh (Aún más sombría)
- *Jack-Ass* de Beck (Ni idea de qué hacer durante la outro)
- *With or Without You* de U2 (Todo el mundo podría sobrevivir sin esta versión)

- *Street Spirit (Fade Out)* de Radiohead (Demasiadas notas, no me sumergí en el amor)
- *Everybody Hurts* de R.E.M. (Una vez toqué toda la canción desafinado y estuvieron a punto de arrestarme)
- *Hallelujah* en la versión de Jeff Buckley (Ay, Dios mío)
- *Every Breath You Take* de The Police (Es increíblemente difícil de tocar, así que ni hablemos de tocarla y cantarla a la vez, sobre todo si estás en medio de una cita, hostia puta, Rob, pero qué coño)

En el momento de escribir estas líneas, he hecho 91 episodios del pódcast, con guiones que suman un total de 562.465 palabras (en los monólogos al menos, me ciño al guion en todo lo que digo, lo cual es digamos que encantador como síntoma de una neurosis leve). Este libro es más corto, y las canciones están agrupadas en, digamos, categorías encantadoramente caprichosas debidas a mi propia arbitrariedad. No le demos demasiadas vueltas; tengo la sensación de que, cuanto más hablo en esta introducción, más vueltas acabo dándole. Deja que conteste a la otra pregunta que tienes ahora mismo.

¿Quién es este tipo? Durante mis años de universidad en Cleveland, Ohio, fui becario en una publicación semanal alternativa que me permitió firmar mis primeros artículos; es decir, que me mandaron a cubrir conciertos de bandas tan apreciadas como Ween, Sevendust, Big Bad Voodoo Daddy (algo sobre lo que regresaré más tarde) y los New Radicals (sobre esto también). Además, lamentablemente, una vez escribí un anticipo medio malvado sobre un concierto que iba a celebrar U2 y eso motivó la siguiente carta al director:

«Tengo que poner en duda su criterio a la hora de contratar a sus redactores musicales. Al parecer, les sobra a ustedes un gamberro con la cabeza demasiado metida en la fase del grunge de Seattle y que al parecer no sabe una mierda sobre la buena música rock. Como fan de U2 desde siempre, tengo que mostrar mi desacuerdo con el avance corto de miras que hizo Rob Harvilla del Elevation Tour. Yo estuve en el concierto. Fue uno de los varios conciertos de U2 a los que he asistido y les puedo asegurar que la banda está mejor que nunca, y que Bono sigue siendo un dios del rock'n'roll.

»Supongo que no se puede esperar demasiado de un redactor cuyas bandas favoritas durante la infancia fueron Hall & Oates, MC Hammer y, sí, incluso Vanilla Ice. Pero para mí resulta especialmente perturbador, ya que le compré su primera entrada de concierto. A los catorce años de edad fue a ver a U2 y pensó que eran "La Bomba". Como padres, hacemos las cosas lo mejor posible, pero no podemos controlar la dirección que tomarán nuestros hijos al crecer.

»Esto también quedará atrás. Le seguiremos guardando sitio en la mesa para comer el día de Acción de Gracias.

Barb Harvilla (la madre de Rob)».

Ese soy yo y de eso es de lo que se trata. Y nada, que aquí estamos.

AGENTES DEL CAOS

CANCIONES TRATADAS:

My Heart Will Go On, Céline Dion

Doll Parts, Hole

Vogue, Madonna

Wannabe, Spice Girls

I Want It That Way, Backstreet Boys

My Name Is, Eminem

Loser, Beck

Make 'Em Say Uhh!, Master P

Firestarter, Prodigy

Goodbye Earl, The Chicks

Tyrone, Erykah Badu

Céline Dion canta como si sus canciones le debieran dinero. Canta como si fuera un guepardo callejero con el corazón lleno de napalm. Canta como si la canción fuera Sísifo y ella, la roca. Ha venido para patear culos y cantar, y está a punto de quedarse sin culos. Canta el tipo de canciones que lleva a todo el mundo a encogerse de miedo en el refugio del sótano mientras cae la tormenta. Canta como si pretendiera tirar abajo el roble poderoso y beberse hasta la última gota de agua del mar. QUE LA METAN EN EL VIDEOJUEGO *SUPER SMASH BROS*. Céline Dion canta como si el suelo, el techo y el aire mismo que respira fueran lava. Canta esas canciones como si dispusiera de una serie de aptitudes muy particulares. Aptitudes que ha ido adquiriendo durante una larga carrera. Aptitudes que la han convertido en una pesadilla para las canciones de este tipo.

Canta con fuerza, tío. ¿Sabes lo que te digo? No quiero insistir en ello. Canta con fuerza incluso cuando canta sus temas más suaves; canta a un volumen incomprensiblemente alto incluso cuando canta sus temas más tranquilos. Se la oye más que a cualquier otra cosa. Es el exceso que nunca será suficiente. Es la jefa definitiva de la canción popular. Me la imagino elevándose sobre los 90 como un coloso benévolo, como un Godzilla nacido en Quebec con un micrófono resplandeciente, como un volcán capaz de cantarse una serenata a sí mismo.

Céline Dion ayudó a definir la década, pero no permitió que la década la definiera a ella, y ese es el principal desafío para una estrella del pop, el acertijo eterno, la misión casi imposible: cómo alcanzar un control real sin quedar atrapado en el ámbar enjoyado de tu momento de plenitud. Cómo sembrar un caos extático sin sucumbir a él. ¿Cuál fue su estrategia? Cantar más fuerte. Cantar más alto. Sembrar más caos aún, de manera aún más extática. Confundir a las masas mientras las embelesas; volverte más rara a medida que te vuelves más grande. Así perduran las canciones, lo mismo que tu legado, lo mismo que tu corazón.

Todo eso explica por qué oírla cantar es como beber vino rosado de una manguera de bombero. Guardo un recuerdo visceral en el que estoy sentado en el vestíbulo de mi instituto observando a una amiga, una chica llamada Rachel, con un estéreo portátil entre las manos en el que sonaba a escaso volumen *The Power of Love*, del álbum que Céline lanzó en 1993: *The Colour of My Love* (la «u» de «*Colour*» se pronunciaba). Mi amiga cerró los ojos en trance mientras se mecía al ritmo de ese obús feroz que es el estribillo de la canción —«*'Cause I'm your laaaady*»— y yo abrí mucho los míos, llevado por un terror respetuoso.

Ese es todo el recuerdo. Sin contexto. Una vez vi a una adolescente vibrar con fuerza extrema al son de *The Power of Love*. Me sentí abrumado tanto por la voz de Céline como por el profundo efecto que esta podía tener sobre una persona. Para un montón de críticos altaneros de los 90, esa sensación abrumadora es motivo de descalificación, resulta casi inhumana: Céline Dion canta canciones de amor tan crispadas que es imposible que retraten a personas normales que se enamoran. Si quieres mostrarte supergruñón con este tema, quizá la razón por la que algunos de sus mayores éxitos pertenecen a bandas sonoras —*Beauty and the Beast*, o *When I Fall in Love* de *Algo para recordar*, o *Because You Loved Me* de *Íntimo y personal*— sea que esas películas te proporcionan historias de amor tangibles, de carne y hueso, humanas. Esto a su vez libera las canciones para que se concentren por completo en su volumen incomprensible y su intensidad y su pompa.

Y luego está *My Heart Will Go On*, de ese coloso que fue el *Titanic* de James Cameron, con sus tropecientos millones de recaudación, que vi en el cine durante una cita doble para luego esforzarme por llorar en el coche, durante el trayecto de vuelta a casa, a fin de parecer más sensible. Acuérdate de Céline Dion sobre el escenario de los Oscar de 1998, con una estructura de dos pisos ligeramente parecida a un barco y cargada con una orquesta completa elevándose a su espalda, dejándose los pulmones con esa canción. ¿Se golpeó el pecho durante la interpretación? Creo que ya sabes que sí. ¿Ganó Céline el Oscar en cuestión? Creo que ya sabes que también.

Ahora acuérdate de Elliott Smith, otro de los nominados a la Mejor Canción Original de ese año, quien ya estaba consagrado como un cantautor genial, querido y frágil antes de subirse al escenario solo, con un traje blanco arrugado, rasgueando la acústica, vibrando bajo una ansiedad que no hacía más que realzar su credibilidad. Era evidente que no quería estar allí, así que cantó su canción bella y frágil —*Miss Misery*, de *El indomable Will Hunting*, también conocida como el *Titanic* de Boston— y acto seguido se dio el piro. Y aquí nos encontramos con que el conflicto creado de manera deshonesta entre estas dos canciones interpretadas por sendos seres humanos hace tangible una inmensa división cultural y filosófica. Céline abrazó a Elliott entre bambalinas; Elliott dijo que ella se había mostrado muy agradable. Pero no dejaron de representar dos religiones opuestas. El tipo callado y triste, con su guitarra acústica, y la grandilocuente diva del pop con su orquesta completa. Nunca le pidas a un crítico de rock que pontifique sobre ese momento y la división filosófica que representa. Confía en mí. Y tómate la libertad de darme una bofetada si algún día me pillas a mí pontificando.

Históricamente, la crítica contra Céline ha consistido en acusarla de cursi, sensiblera, plana y desvergonzada. La idea es que se trata de una solista de una intensidad tan absurda que esta se entromete en su genuina conexión humana con la canción, con la gente que escucha la canción, con el tema de la canción. Canta sobre emociones humanas esenciales con una fuerza y precisión inhumanas. Es desconcertante. Es tan real que casi parece falsa.[1] Pero el nuevo nivel de maestría que

---

1. Ese tipo de cháchara propia de críticos de rock flojeras se apaga al enfrentarse a los momentos de absoluta humanidad y tragedia muy pública que ha vivido Céline, in-

Céline pone en *My Heart Will Go On* consiste en que ha descubierto la manera de cantar altísimo en voz baja. Hay matices. Hay drama. Hay un desarrollo de la acción calibrado de manera precisa. Esa canción es como que te ataque un oso en una biblioteca. Y eso solo conduce a que el estribillo final *(«You'rrrrrre herrrrrrre»)*, rugido con la fuerza de un vendaval, resulte más estimulante y apabullante. Porque, históricamente, ese estribillo final es donde Céline Dion canta con más fuerza y se gana la mayor parte del sueldo y es más de puta madre. Es un volcán capaz de cantarse serenatas a sí mismo que se hace pasar por una mujer mortal. Y resulta convincente incluso cuando entra en erupción.

Tardaría unos treinta segundos en llevarte desde el vestíbulo de mi instituto hasta el despacho sepulcral de nuestro periódico estudiantil, donde un día una chica llamada Jessica me habló entusiasmada de su verso favorito de la canción *Doll Parts* de Hole: *«My pain is so real I am beyond pain»*. Sigue siendo mi verso favorito de esa canción, pero en realidad no aparece en la canción. Con cualquier pieza musical —cualquier artista, cualquier circunstancia, cualquier versión de esta década o de cualquier otra—, la memoria personal tiene más importancia que la realidad. No lo olvides. En cualquier caso, *Doll Parts* incluye el verso *«I fake it so real I am beyond fake»*. Ese es mi segundo verso favorito, y me gusta imaginar que también se encuentra entre los preferidos de Céline.

A partir de una serie de mediciones objetivas —el ancho de las columnas de opinión de la prensa amarilla, los temas con insultos furiosos por parte de estrellas rivales del rock, las montañas de polvo debidas a todo ese rechinar de dientes—, Courtney Love, cantante,

---

cluyendo la muerte de René Angélil, su marido, en 2016, y el anuncio, en 2022, de que le habían diagnosticado una rara enfermedad neurológica llamada síndrome de la persona rígida, episodios que desencadenaron un estallido de cariño y apoyo por parte de sus fans tan abrumador y real como cualquier canción que ella haya interpretado.

guitarrista y cabecilla de Hole, ha sembrado un caos mayor que cualquier otra estrella del rock de su época y de las demás. *Doll Parts*, la balada de poder delicada y demoledora del segundo disco de la banda, *Live Through This*, de 1994, se compuso y se grabó mucho antes de que Kurt Cobain, marido de Love, líder de Nirvana y acosado tótem generacional, se suicidara el 5 de abril de 1994. Pero el disco se publicó una semana más tarde y el dolor abrasador de Courtney en *Doll Parts* será para siempre sinónimo del sufrimiento, la aflicción y la rabia de toda una generación (en buena parte dirigidos contra la propia Love).

La frase de la nota de suicidio de Kurt que nunca olvidaré no aparece de hecho en la nota —digamos que fue un comentario editorial al margen que Courtney ofreció mientras leía el texto, bañada en lágrimas, en la grabación que se reprodujo durante la vigilia a la luz de las velas que se celebró en Seattle pocos días después de la muerte de Cobain—. Ella la leyó así: «Así que recordadlo *—pero no lo recordéis, porque es una puta mentira—*: es mejor consumirse de golpe que desvanecerse poco a poco». Ese «puta mentira» se me ha quedado grabado por el gruñido desconsolado con que lo dijo mientras hacía rechinar los dientes y generaba una montaña de polvo.

Intento no pensar en ello.

«Es mejor consumirse de golpe que desvanecerse poco a poco.» Dios... Pese a haber apostatado del mito de la estrella del rock, en ese momento espantoso, como gesto público final, Kurt Cobain va y cita a Neil Young. Prolonga la estirpe de las estrellas del rock. Por mucho que hubiera dedicado buena parte de su vida pública a insistir en que no lo deseaba, en cierto sentido aspiraba a participar de esa estirpe. No te creas el *hype* de su rechazo del *hype*: Kurt quería ser una estrella del rock, y tanto da la furia con la que insistiera en que no era así. Pero una razón por la que la gente sigue arrojando piedras contra la figura de cartón de su esposa más de treinta años después es que a ella se le dio mejor que a él eso de ser una estrella del rock.

Intento pensar en los recuerdos felices que guardo de la Courtney Love de los 90, en todas las maneras en que su sombra tamaño Godzilla se cernió sobre mí. Exasperaba a la gente con cada mirada, la contrariaba cada vez que abría la boca. Lucía el caos como si fuera un vestido elegante para ir a los Oscar. Reunió a los primeros Hole en Los Ángeles con un anuncio solicitando músicos en el periódico que incluía la frase: «Mis influencias son Big Black, Sonic Youth y Fleetwood Mac». En 1991, el disco debut de la banda, el graciosísimo y escabroso *Pretty on the Inside*, fue coproducido por Kim Gordon, de Sonic Youth, y no sonó para nada como Fleetwood Mac. Pero, en cierto modo, *Live Through This* sí lo hizo, y eso también cabreó a la gente. Mi insulto preferido de Courtney Love, el que lanzó a los fans que la abucheaban en un concierto de Atlanta porque las nuevas canciones les parecían demasiado melodiosas y redondas y radiables, es: «Yo he crecido, vosotros no, el sexo ya no es tan bueno como antes y ¿sabéis qué? Que siempre habrá alguna otra banda de mierda con chicas que no sepan tocar».

Pero, cuando la gente escuchó *Live Through This*, Courtney ya tenía un nuevo papel como nuestra viuda más famosa y polarizadora, y la décima de segundo de silencio que separa el primer estribillo y el segundo verso de *Doll Parts* fue la música más aterradora que yo hubiera escuchado. Es que no te puedes ni imaginar el miedo que me dio ese silencio, como quinceañero tontolaba en 1994, sumando mi dolor al suyo. No puedes concebir la cantidad de aflicción, la cantidad de furia, la cantidad de subversión, la cantidad de caos, la cantidad de malinterpretación que llegó a caber en ese espacio diminuto. «*My pain is so real I am beyond pain.*» Mírala a los ojos y dime que ese verso no aparece en la canción.

Pero su corazón siguió adelante. Su capacidad de provocación no hizo más que intensificarse, diversificarse. La mejor canción de Hole aparece en 1998, en esa delicia de *power pop* que fue *Celebrity Skin*, el tercer álbum de la banda, que suena mucho a Fleetwood Mac y alcanza su cénit con *Boys on the Radio*, una balada monstruosa sobre el amor y el odio y el luto y el desafío y, sí, la capacidad para acabar derrotándolos a todos —incluso al chico de la radio, en efecto—. Ella ha sobrevivido a todas esas cosas; nos sobrevivirá a todos. Cuando llegue el apocalipsis será bajo la forma de una entrada divina de Instagram —Dios publica para toda la red y su entrada aparecerá en tu muro aunque no le sigas, no sé si me explico— y el último comentario de esa entrada será de Courtney Love. Te dejo que decidas qué emoticono es más probable que use para conmemorar esa ocasión tan solemne. No será el de la mueca, eso lo tengo claro.[2] Por eso yo soy el que se estremece bajo su sombra y ella quien la proyecta.

Suelo usar mucho la frase «No quiero ser simplista», por lo general justo antes de soltar alguna idiotez simplista del tipo «Courtney Love fue la Madonna de los 90». ¿Lo ves? Simplista. Pero Madonna me eriza el pelo del cogote de la misma manera, invoca en mí el mismo sentido eufórico de la provocación. Me acuerdo de la escena de *Ellas dan el golpe*, clásico de 1992 donde se aseguró que en el béisbol no se llora, en la que el encantador (por grosero) entrenador al que da vida Tom Hanks irrumpe en el vestuario de su equipo femenino, se dirige tambaleándose al urinario y se pasa como 45 segundos meando. Es una gran escena. No estoy siendo simplista. En un primer momento, todas las chicas retroceden asqueadas —a excepción, claro está, del personaje de Madonna, que se le acerca poco a poco, maravillada, y coge un reloj para cronometrarle—. Eso es Madonna para mí. Claro que ella suele ser la que está parada delante del urinario.

2. Hace poco, en Instagram, Courney me llamó «miembro de la fraternidad de machitos de voz estentórea», confirmó que nunca utilizaría el emoticono de la mueca y, en su lugar, manifestó su preferencia por el de la ola, en su adaptación de *La gran ola de Kanagawa*, el famoso grabado en madera del artista japonés Hokusai. Piensa lo que quieras al respecto.

Pido disculpas hacia mis padres, cariñosos y comprensivos, pero me crie con la MTV. Y, que Cristo me perdone (y mi madre de nuevo), adoré a los dioses de la MTV de los 80: Michael Jackson, Janet Jackson, Prince y, bueno, ella. Te ofrezco un repaso rápido a las mejores jugadas de Madonna durante los 80... Mejor álbum: *Like a Prayer*. Mejor canción: *Like a Prayer*. Mejor balada: *Crazy for You*. Segunda mejor balada: *Live to Tell*. Mejor vídeo: *Material Girl*. Segundo mejor vídeo: *Open Your Heart*. Mejor interpretación en directo: *Like a Virgin* en los MTV Video Music Awards de 1984, dando vueltas con su vestido de novia. Mejor accesorio de moda: de manera muy sorprendente, el turbante con un lazo inmenso del vídeo de *Borderline*. Mejor película: *Shanghai Surprise* (es broma). Mejor controversia: el discurso de *Papa Don't Preach*, que de manera admirable sirvió para cabrear tanto a los conservadores (por su embarazo fuera del matrimonio) como a los seguidores de la planificación familiar (por ser ligeramente antiaborto). Mejor declaración: «Los crucifijos son sexis porque muestran a un hombre desnudo». Eso es Madonna para mí, para todos. En 1990 cumplió los treinta y dos. El futuro era tan brillante que tuvo que ponerse gafas de sol.

Este formato me viene bien, la verdad, así que hagamos un repaso rápido a las mejores jugadas de Madonna durante los 90... Mejor álbum: *Ray of Light*, de 1998, una maravilla de éxtasis bailable y un tanto espiritual. Mejor canción de *Ray of Light: The Power of Goodbye*. Mejor controversia: el semiporno alegre del vídeo de *Justify My Love* (mi madre lo detestó). Mejor película: elígela tú entre *Ellas dan el golpe* y *Truth or Dare*, su documental demente de 1991, en el que le realiza una felación a una botella de cristal y esa es solo una de las diez cosas más locas que hace. Mejor libro: hum, el *Sex*. Álbum más raro: *I'm Breathless*, el caótico acompañante con cháchara cortesana de *Dick Tracy*, adaptación al cine de las tiras cómicas en la que actuó al lado del gruñón de Warren Beatty, su novio en aquel momento. Segunda mejor canción de *I'm Breathless*, de manera muy sorprendente: *Hanky Panky*. Mejor canción de *I'm Breathless*: la puta *Vogue*.

«*Vogue!*» Nunca estuvo tan glamourosa, tan sensual, tan inmaculada, tan atemporal; sobre todo, en el vídeo absurdo y exquisito de David Fincher. ¿Por qué aparece esta canción perfecta en la puta banda sonora de *Dick Tracy*? ¿Por qué no? ¿Recita Madonna el nombre de todas esas estrellas glamourosas y atemporales —Greta Garbo, Marilyn Monroe, Grace Kelly, Ginger Rogers— porque quiere que las adores o porque intenta convencerte de que es una de ellas? ¿Por qué no ambas cosas? ¿Se apropia Madonna burdamente del arte sagrado del *voguing*, tal y como lo describió en 1991 Jennie Livingston con *Paris Is Burning*, un documental reconfortante y desgarrador, o lo celebra, lo honra, proyecta sobre él una cálida luminosidad popular? ¿Por qué no todo lo anterior?

Cuando escucho *Vogue*, pienso en Venus Xtravaganza, la artista transgénero de *Paris Is Burning*, película que describe con cariño la escena del *ballroom* neoyorquino, su léxico («autenticidad, lectura, pulla») que la cultura cursi-popular absorbió hace tanto tiempo, sus artistas de talento inmenso, divididos en «casas» porque a menudo se distanciaban de sus familias biológicas a raíz de lo que eran o de lo que querían ser. Venus Xtravaganza cuenta que comenzó a vestirse de mujer a los trece o catorce años, y que no tardó en irse de casa para no avergonzar a su familia. Habla de cuando se prostituía en Nueva York para ganar dinero, soportando insultos y amenazas físicas. Cuenta que quería ser modelo. Que quería ser una mujer completa. Hacia el final de la película hay un hermoso plano de Venus al borde del muelle de Nueva York, durante la puesta de sol, en el que se asoma sobre una barandilla al lado de una radiocasete gigante de los 80 mientras le encienden el cigarrillo. En ese momento, alguien comienza a contar que tuvo que informar a su familia biológica de que Venus había sido asesinada.

Pienso en Venus cuando dice en la película: «Me gustaría ser una chica blanca, rica y malcriada. Siempre consiguen lo que quieren cuando quieren. Y la verdad es que no tienen problemas de dinero, ni para conseguir cosas bonitas, ropa bonita, para ellas no representa ningún problema». Pienso que básicamente está describiendo a Madonna, sobre todo en el vídeo de *Material Girl*, pero la verdad es que describe a Madonna en general, a Madonna a perpetuidad. Fue una osadía, por no decir algo peor, que Madonna lanzara *Vogue*, que evocara esa cultura de sustento, transgresora y asediada. No fue algo que agradara a todo el mundo, por no decir algo peor. Pero, en caso opuesto, no habría sido Madonna.

No pretendo ser simplista, pero ¿quién fue la Madonna ochentera de los 90? ¿Es posible que hubiera cinco? ¿Fueron sus nombres, quizá, Spice Deportista, Spice Pelirroja, Baby Spice, Spice Pija y Spice Salvaje? Las Spice Girls —un quinteto inglés atolondrado a extremos siderales que había sido reunido por una agencia paternofilial en un intento por capitalizar el bum de las bandas de chicos del Reino Unido que nos había dado a Take That, East 17, Boyzone, A1, Let Loose, MN8 y tantos otros grupos correctos que a nadie le importaron una mierda en Estados Unidos— cayeron como una bomba en 1996. *Wannabe* es una mezcla desenfrenada entre *Material Girl*, *Ray of Light* y *Hanky Panky*; su vídeo, tan indeleble a su manera como el de *Vogue*, nos muestra a las Spice Girls haciendo estragos a nivel lucha de almohadas durante una celebración privada en un restaurante de lujo. Spice Deportista hace un salto mortal hacia atrás encima de una mesa cubierta de candelabros, a un caballero estirado y escandalizado se le cae el monóculo fruto de la sorpresa, Spice Salvaje sube una escalera a la carrera para unirse a sus compañeras en ese simpático y feroz baile del primer estribillo que sin duda te acaba de venir a la cabeza, movimiento por movimiento.

La próxima vez que vuelvas a ver el vídeo de *Wannabe*, la número 50.000, fíjate en Spice Pelirroja, que no hace más que zapatear por ahí con tacones altos e intenta mostrarse espontánea mientras se esfuerza de manera superevidente por ocupar el lugar que le corresponde para no tapar a las demás. Toda la diversión y todo el negocio de golpe. Eso, para mí, es la esencia del Girl Power, el infame lema/grito de guerra/eslogan publicitario del grupo que, dependiendo de tu edad y disposición en aquel momento, te pareció o bien empoderador, o bien infantil, calculador o dolorosamente sincero. Pero ¿por qué no todo a la vez? En 2019, al informar de una nueva reunión de las Spice Girls —esta vez sin la Spice Pija, ay—, Caity Weaver, periodista del *New York Times*, resumió la onda del grupo como «las payasadas de una fiesta de pijamas hechas carrera profesional», y lo dijo, por supuesto, como un cumplido enorme. «Su principal habilidad —añadió— consistió en representar la idea que tenían las niñas sobre la edad adulta.»

Y esa habilidad se trasladó a *Spice World*, el muy tontorrón film que el grupo realizó en 1997. «A los doce años ME ENCANTÓ *Spice World* —me dijo una vez una amiga, antes de añadir que nunca volverá a verla porque—: No tengo la menor intención de descubrir lo mucho que me equivoqué.» Es la actitud correcta. Yo estaba en mi primer año de universidad y era un enamorado de Radiohead cuando estalló el fenómeno de las Spice Girls. Y ahí estaba yo, en el comedor de una facultad del Medio Oeste, puliéndome otro cucurucho con un helado en espiral de chocolate y vainilla, observando con frialdad el vídeo de *Wannabe* desde la distancia altanera del pinchadiscos radiofónico universitario mientras este salía por 50.000.ª vez en las pantallas del lugar. ¡Exuberancia! ¡Bobadas! ¡Caos absoluto! ¡Amigas para siempre! Sí: ¡Girl Power! Estaba fascinado, pero era lo bastante listo para hacer como que se trataba de una fascinación irónica, desdeñosa. Claro que no engañaba a nadie.

Como tampoco engañé a nadie unos años más tarde, en mi nueva guisa de editorialista altanero de un periódico universitario, cuando describí sobre el papel a los Backstreet Boys como «muebles eróticos andantes». No tenía ni idea de a quién le había robado esa frase, ni lo que intenté expresar con ella. Lo único que sabía era que, en 1999, esos tipos —y sus colegas de la *boy band* colosal en ciernes que fue *NSYNC— se habían unido a las filas de los nuevos jefes supremos del pop. Eso convirtió al poderoso programa *Total Request Live* de la MTV en la base de nuestra nueva religión, y al superproductor/compositor sueco Max Martin en nuestro nuevo y misterioso Mago de Oz, con el *I Want It That Way* de Backstreet Boys como nuevo himno internacional.

«Dime por qué», ¿qué? ¿A qué se refiere ese «por qué» del estribillo? ¿Quién es el sujeto de ese «Quiero que sea así»? ¿Eres tú o soy yo? ¿Y cuál es la naturaleza de ese «así»? ¿«Así» cómo? ¿Cómo es posible que una canción que comienza rimando «fuego» y «deseo» se desplome con tanta rapidez hacia el caos semántico? ¿Y por qué encontramos ese caos tan purificador, tan edificante, tan satisfactorio? ¿Qué hace que *I Want It That Way* sea matemática, y pop, y arte, y ley, e indiscutiblemente el mejor sencillo que haya amparado una *boy band* jamás?

La respuesta —con mis disculpas hacia Nick, AJ, Brian, Kevin y Howie— apunta hacia Max Martin, el hombre jovial e hirsuto que estaba detrás de la cortina, quien coescribió (junto con Andreas Carlsson) y coprodujo (junto con Kristian Lundin) *I Want It That Way*, un ejemplo temprano de esa filosofía compositora de la Matemática Melódica que pronto se haría tan famosa. Cada frase más o menos embrollada en esta canción, desde el «*Tell me why*» en adelante, es un triunfo de las sílabas sobre las palabras, de la melodía sobre la coherencia, de la matemática sobre el lenguaje. Martin, un superviviente del glam rock que había aprendido a los pies del querido gurú sueco Denniz Pop, mantuvo esa majestuosa tradición tras la muerte de este en 1998, a causa de un cáncer de estómago, con solo treinta y cinco años. Y muy pronto el pop sueco —con sus colaboradores tempranos de Ace of Base como ejemplo, cuyos éxitos astronómicos (incluyendo *The Sign* y *All That She Wants*) son de lo más excitantes en su matemática y vagos en sus letras— se convirtió en pop a secas. Una fábrica resplandeciente y dominante de éxitos internacionales sin un foco de atención, ni un cabecilla en exposición. Solo una montaña de engranajes brillantes en la máquina de hacer música pop más maravillosa e incomprensible jamás construida.

Las de Max Martin nunca son piezas en solitario; a menudo hay media docena más de compositores y productores en la mezcla, y el número de personas involucradas te da una idea de lo difícil que es generar placeres tan sencillos. Los éxitos de ventas resultantes son ecuaciones antes que canciones, pero se trata de ecuaciones de lujo en las que una estrella del pop u otra te ronronea un sinsentido lindante con lo sexy directamente al oído. Al principio quizá te parezca antiséptica, o falto de autenticidad, o carente de esa intimidad en la que un solo ser humano escribe y a continuación le canta una canción perfecta a otro ser humano, pero has de conocer la matemática para apreciarla de verdad. Piensa en aquel «Finjo de una manera tan realista que estoy más allá de cualquier falsedad» a escala industrial, solo que generando himnos de estadio grandilocuentes y de una inmediatez estremecedora, evocadores del fuego y el deseo, que embelesan a millones, a miles de millones de personas. Ese era el brillante futuro atómico de la música pop, y amenazó con cegarnos a todos independientemente de que lleváramos gafas de sol o no.

Pero ese futuro no le gustaba a todo el mundo, y no todo el mundo lo demostró con educación. La reacción violenta al pop juvenil —con los (a veces) encantadores secuaces del *nü-metal* como Korn y Limp Bizkit al timón—[3] se extendió entre finales de los 90 y principios de

3. Las dos bandas aparecieron en ese infierno infame que fue Woodstock, '99 con The Offspring, grupo punk de Orange County cuyo líder, Dexter Holland, entretuvo a la multitud apalizando a cinco maniquís de los Backstreet Boys con un bate gigante de color rojo entre vítores fraternales y eufóricos.

los 2000, pero nadie construyó un puente entre los siglos XX y XXI con más entusiasmo y desdén que Eminem. *The Slim Shady LP* —que sirvió para que el ancho mundo supiera del salvaje rapero de Detroit también conocido como Marshall Mathers, bajo la coautoría en aquel momento crucial del mismísimo Dr. Dre— estalló en 1999 y se aseguró de que tuviéramos que lidiar con el tipo durante todo el siguiente milenio, tal y como comenzamos a hacer, estamos y seguiremos haciendo.

A los 40 segundos del gran éxito que fue *My Name Is*, Eminem reflexiona sobre a qué miembro de las Spice Girls le gustaría dejar preñada. Acto seguido reflexiona sobre los pechos de Pamela Lee. Acto seguido grapa los cojones de su profesor de inglés a una hoja de papel. Acto seguido anuncia que su madre se coloca más que él. Acto seguido le importunan para que firme un autógrafo en una hamburguesería White Castle y él escribe: «Querido Dave, gracias por tu apoyo, *gilipollas*», algo que me hace reír cada vez que lo escucho. Acto seguido se pone a reflexionar sobre los pechos de su madre. El vídeo de la canción, extravagante a muerte, se desarrolla como una nueva versión cruda y no recomendada para menores de la serie *Pee-Wee's Playhouse*; en 1999, los chavales se pasaron todo el verano viéndolo deslumbrados (¡en *Total Request Live*!) y es probable que se preguntaran cómo iba a llegar nadie vivo al invierno del año 2000. Eminem constituía por sí solo un aterrador efecto 2000... claro que el año 2000 resultó ser una trola mientras que, al cabo de un año, nuestro novísimo y rarísimo candidato al título de Mejor Rapero Vivo estaba sembrando un caos mayor que todos los agentes del caos noventero juntos.

Verás, Eminem era un rapero blanco que le daba varias vueltas vertiginosas a sus compañeros idiotas del *crossover* de principios de los 90, como Vanilla Ice y Snow. De hecho, Jim Carrey, que parodió cruelmente a los citados cabeza de chorlito durante su paso por *In Living Color* antes de saltar al estrellato, fue el segundo mejor rapero blanco de la década. ¿Afirmar eso es simplista? Quizá sí. ¿Es simplista decir que Beck fue el segundo mejor rapero blanco de la década? ¿Es posible reproducir el primer momento en que nos expusimos a *Loser*, la presentación ante el gran público del astuto trovador angelino Beck Hansen, quien lo mismo te bailaba *breakdance* que te graznaba un blues que te cantaba un tema folk que flirteaba con el rap? Solo en una ocasión puedes escuchar al tipo decir a ritmo de rap que es un mono en una era de chimpancés por primera vez.

Y entonces, si estabas vivo en 1994, pudiste escuchar *Loser* 50.000 veces más, con su *riff* de *slide guitar* radiante y mugriento, su descarga de incongruencias *(«Drive-by body-pierce!»)*[4] y su experta chapucería, como si te pasaras toda la canción intentando sacarla de un estupor inducido por las drogas. Esa onda se prolongó al vídeo, ubicuo en la MTV, desde la Segadora que limpia parabrisas con sangre hasta la calistenia de cementerio que reedita a las animadoras góticas de *Smells Like Teen Spirit* con ánimo de comedia, pasando por la amable discordancia del propio Beck, quien se pasea por ahí como si fuera un viajero del tiempo procedente de 1972 o de 3072.

Mi colega Mike vio a Beck en vivo a mediados de los 90 y me informó de que este no dejaba de gritar «¿QUIÉN TIENE LA CHISPA?», ante la confusión general, para acabar clarificando: «TODOS, TODOS TENÉIS LA CHISPA». Y así es como me lo imagino desde entonces (a Beck, no a Mike), exigiendo saber QUIÉN TIENE LA CHISPA con varias apariencias espléndidas y confusas, desde el sincero artista surrealista folk de *Mutations*, álbum de 1998, hasta el semental gonzo clasificado S y parecido a Prince de *Midnite Vultures* (1999, su mejor álbum), pasando por el trovador extremadamente sincero y desconsolado de *Sea Change* (2002). ¿Quién tiene la chispa?

4. «¡Tiroteo al volante, cuerpo perforado!» *(N. del t.)*

¿Y en qué consiste esa chispa? ¿Es Beck una estrella del rock, una estrella del pop, un rapero, un cantautor folk, un elemento perturbador de la juventud o un tótem chirriante y establecido que algún día le robará a Beyoncé el Grammy al Mejor Álbum del Año? ¿Por qué no todo ello, durante una línea temporal lo bastante larga? Que un blanco baile *breakdance* vestido con una camisa de franela, ¿es apropiación cultural? ¿Cuántas veces puedes reírte del verso «*Get crazy with the Cheez Whiz*»[5] sin pasarte? Que te rías cada vez, ¿es pasarse?

La verdad es que la MTV siguió educándome en los 90, pero el paisaje cultural que mostraba se había atomizado; mientras que en 1987 ya flipaba suficiente con solo ver a un astronauta plantar una bandera de colores en la Luna, en los 90 cada nuevo vídeo alumbraba una nueva galaxia, una nueva religión, un nuevo tipo de estrella del pop, una nueva persona radiante en torno a la que construir toda tu existencia. Hay una escena en el vídeo de *Make 'Em Say Uhh!*, el éxito de arbitrariedad arrolladora que Master P lanzó en 1997 —aquella en la que una persona disfrazada de mono, vestida con un camiseta con la palabra «*HUSTLERS*» estampada al frente, ejecuta un mate fenomenal saltando desde un trampolín colocado en la línea de tiros libres mientras varios cañones disparan confeti— que a mi juicio dialoga con la gloriosa absurdidad absoluta del *Loser* de Beck, por mucho que ese diálogo diga: «Apartad de mí al blanco ese tan rarito que está bailando *breakdance*». En ese momento, no es tanto que veas a Dios como que ves a Master P viendo a Dios. Lo mismo sucede con el tanque chapado en oro que entra en la pista de baloncesto al comienzo de la canción y que acaba disparando un misil contra uno de los tableros. Shaquille O'Neal —estamos hablando de la primera y maravillosa época de Shaq en los Lakers— se encuentra entre los invitados especiales de *Make 'Em Say*

5. «Suéltate el pelo con la salsa de queso.» *(N. del t.)*

Uhh!, y ni en un partido de verdad verás tamaña colección de tipos vestidos con camisetas de baloncesto.

Nadie fue más revolucionario, estridente, prolífico, polarizador, de consumo tan llamativo, ni exitoso entre 1997 y 1998 que Master P, el rapero y empresario genial y legítimo de Nueva Orleans. Solo en el 98, su sello, No Limit Records, publicó veintitrés discos —de gente como Snoop Dogg, Silkk the Shocker, Mia X, Mystical y Fiend (favorito de servidor)—, y curiosamente todos ellos duran entre 75 y 79 minutos. Estamos hablando de una experiencia auditiva cercana a la duración de las comedias románticas. Y es evidente que también fueron experiencias satisfactorias, porque dieciséis de esos trabajos fueron o bien discos de oro (500.000 copias vendidas), o bien de platino (un millón). No Limit llegó a su cénit en el mismo momento en que la industria musical comenzaba a hacerlo con la era del CD. Y, gracias a uno de los contratos más célebres de la historia del rap —el de distribución con Priority Records, más popular e ingenioso que cualquiera de las canciones que lanzó—, Master P se llevó una parte inmensa de todo ese dinero, en comparación con el artista medio de a pie en uno de los grandes sellos. En 1998, Master P le dijo al *New York Times*: «Supongo que quiero convertirme en el Bill Gates del gueto». Unos párrafos más abajo, Ice Cube describía a P como «uno de los mejores empresarios con los que me haya cruzado».[6]

En cuanto mero rapero mortal, la verdadera innovación de Master P, tal y como sugiere su canción más famosa, fue la palabra «UHH»: su utilidad desbordante, su versatilidad emocional. Dependiendo de la

6. Sería simplista comparar a Master P, en calidad de dueño astuto e intransigente de una discográfica independiente, con el lumbreras de Ian MacKaye, de Fugazi/Minor Threat; o, por extensión, comparar a No Limits con el recto y ascético oráculo del punk que fue desde Washington D. C. el Dischord Records de Ian, así que no lo haré, pero quiero que sepas que quería hacerlo de verdad y que, en esencia, es lo que acabo de hacer.

canción, «UHH» puede ser una expresión de aflicción, de amenaza, de melancolía, de juerga, de virilidad, de insatisfacción y de la profunda satisfacción que acompaña a los multimillonarios que se han hecho a sí mismos. *Make 'Em Say Uhh!* apuesta sin duda por la juerga, si no por la virilidad descarada, en su procesión rompecuellos de versos de P, acto seguido de Fiend, acto seguido de Silkk, acto seguido de Mia X, acto seguido de Mystical... y toda esa energía se combina en una contagiosa Noche de Fiesta con los Amigotes, una pelea de almohadas con baño dorado y una munición para tanque escondida en cada funda, un festival de atolondramiento chillón igual de adorable que el vídeo del *Wannabe* de las Spice Girls. La fiesta no le duró mucho a No Limit, pero es lo que pasa con las mejores celebraciones, y en su momento Master P llegó a destrozar bastantes monóculos, muchos de los cuales quedaron aplastados en el suelo al paso de su tanque chapado en oro.

La gente que odia a las bandas nuevas que se ponen de moda puede definir la identidad de esas bandas igual de bien que quienes las aman; se aprende lo mismo de la persona que huye del caos que de la que corre hacia él. Siempre me pareció una trola propia de la mitología de la industria musical, pero el rumor cuenta que, cuando el vídeo del *Firestarter* de Prodigy se emitió por primera vez en el Reino Unido, durante un *Top of the Pops* de 1996, la BBC recibió un número récord de quejas por parte de sus espectadores. No porque el vídeo de *Firestarter* fuera terriblemente ofensivo —en esencia, es una grabación en blanco y negro del cantante/rapero/foco de atención desconcertante Keith Flint mientras zapatea por un viejo túnel del metro londinense—, sino porque Keith, con su infinidad de piercings y su cabello arcoíris en punta y sus maneras diabólicas, es un tipo deliciosamente inquietante. De modo que una serie de ingleses estirados y con monóculo llamaron escandalizados a la BBC para pedir algo así como: «Por favor, saquen a ese pirómano que da tanto miedo de mi televisor». Lo cual es fantástico, por mucho que se trate de una trola propia de la mitología de la industria musical.

En 1997, cuando *Firestarter* lanzó *The Fat of the Land*, el exitoso tercer disco de la banda —editado en Estados Unidos por Maverick Records, el sello de Madonna, que sabe dónde se cuecen las habas—, hacia la infamia inexplicable de lo más alto de las listas, el rock'n'roll estaba muerto y había sido reemplazado para siempre por la electrónica, o al menos eso afirmaron varias respetables revistas musicales que yo devoraba en aquel momento. The Prodigy —fundado en 1990 por Liam Howlett, productor/compositor/genio misántropo, pero, desde el momento en que el vídeo de *Firestaster* vio la luz, sinónimo en la imaginación popular del semblante malicioso de Keith Flint— no eran ajenos a la infamia por entonces. En 1991, su primer gran sencillo, el perturbadoramente infantil *Charly*, resultó tan molesto (e influyente) que Howlett apareció en la portada de la revista de música dance *Mixmag* con una pistola contra la cabeza y el titular de «¿Ha acabado *Charly* con las *raves*?». La vieja regla periodística según la cual «si en el titular aparece una pregunta la respuesta es NO» se puede aplicar aquí, pero en cualquier caso es justo reconocer que esa peña puso de inmediato a todo el mundo de los nervios.

Yo no era lo bastante guay (ni mayor, ni inglés) para devorar *Mixmag* en 1991, pero puedes tener la seguridad de que sí era un devoto lector de *Rolling Stone* cuando la mirada maliciosa de Keith Flint apareció en su portada en el verano de 1997, al lado de un titular mucho menos salvaje que decía: «Fenómeno ardiente: los Prodigy en llamas». Puedo decirte que fue el verano del 97 porque leí toda la historia de la muerte del rock'n'roll y el ascenso implacable de la electrónica mientras me relajaba en Myrtle Beach, de vacaciones con la familia de mi amigo Mike, arrullado por el romper de las olas, hundiendo los pies en la arena, planeando volver a casa y tirar todos mis CD de Nirvana. «Es algo bastante profundo», le dijo Flint a Chris Heath, periodista de *Rolling Stone*, señalando los versos de *Firestarter* «*I'm the self-inflicted mind detonator*» y «*I'm the bitch you hated*».[7] «No sé si quiero hablar de ello. Podría explicártelo a ti, pero no lo explicaría para la revista.» Maldición.

¿Eran esos tipos tan perturbadores algo bastante profundo en un sentido discreto, confidencial? Y una mierda. Pero *Firestarter* sonaba mucho más turbulento y rebelde y peligroso que la mayor parte de la música rock de 1997, y además la canción contenía un *sample* del *riff* de guitarra aleatorio y tirando a surfero de *S.O.S.*, la canción de 1993 de las Breeders, la formidable banda de rock alternativo de Dayton, que era una debilidad personal en aquel momento y lo sigue siendo ahora, así que siempre me ha llenado muchísimo imaginar que, cada vez que *Firestarter* comienza a sonar en alguna parte, un mueble bonito se materializa en la casa de Kim Deal, la cantante y compositora de las Breeders.

Pero el período de los Prodigy como zorras internacionalmente conocidas a las que odiar fue, por fortuna, breve. La controversia de la BBC con *Firestarter* no fue nada en comparación con la animosidad con que se recibió *Smack My Bitch Up*, el otro gran sencillo de *The Fat of the Land*, que para comenzar lleva ese título[8] y que además contó con un vídeo largo, estúpido, escabroso, violento y semipornográfico que se emitió en la MTV durante algo así como una semana, precedido por el descargo de responsabilidades de un Kurt Loder sudoroso, y que alcanzó su clímax con la revelación de que el personaje desde cuyo punto de vista se cometía toda esa violencia escabrosa y semipornográfica era una mujer. Confía en mí: para 1997, se trató de un asunto inquietante, provocativo y verdaderamente alucinante. Un par de años

---

7. «Soy el detonador mental autoinfligido» y «Soy la zorra a la que odiabas», respectivamente. (*N. del t.*)
8. Algo así como «Revienta a mi zorra a golpes». (*N. del t.*)

después, no obstante, el *Goodbye Earl* de las Chicks lo dejó a la altura del betún.

¿Cuándo fue la última vez que viste ese vídeo? Hostia puta. *Goodbye Earl* es una alegre fantasía de venganza contra la violencia doméstica y una canción para cantar a coro procedente de *Fly*, que en 1999 fue el segundo álbum consecutivo del trío country de Dallas (después del *Wide Open Spaces*, de 1997) en convertirse en disco de diamantes, lo cual significa que vendió más de diez millones de copias solo en Estados Unidos. Las artistas por entonces conocidas como Dixie Chicks —con la poderosa voz de Natalie Maines uniéndose a las miembros fundadoras y hermanas Martie Maguire y Emily Strayer— fueron, de manera incomprensible, enormes a finales de los 90, convulsionaron Nashville a la vez que ejercían de adalides exitosas de su música en una réplica viviente y escupefuegos de los bobalicones del barrio de Music Row, tan congestionados, corruptos, carentes de imaginación, chovinistas, arruinados en lo artístico y lo emocional, asustadizos, impersonales y pollafrías.

Pero sí, el vídeo de *Goodbye Earl* es una fiesta de baile. Con un sol cegador. Colores primarios y chillones. Las Chicks esbozan sonrisas brillantes mientras un grupo juguetón de ciudadanos encantados, que acaba incluyendo a niños, mueve el esqueleto a su alrededor en una habitación de hospital. El argumento es el siguiente: Earl agrede a su mujer, que a continuación comienza a conspirar con su amiga Mary Anne para matarle con unos frijoles de ojo negro envenenados, para deleite de todos. No soy fan del cine de terror —¡sorpresa!—, así que de ninguna manera pienso ver *Midsommar*, pero el videoclip tiene la misma onda de luminosidad cruel que me imagino al leer sobre esa película en la Wikipedia. Jane Krakowski interpreta a Wanda, la mujer agredida, y me atrevería a decir que el maquillaje de su herida en el ojo del vídeo de *Goodbye Earl* es, deliberadamente, la imagen más perturbadora que se haya emitido nunca en la Country Music Television y, ya que estamos, en la VH1 o la MTV, en parte porque Krakowski aparece sonriendo. Lauren Holly interpreta a su amiga/cómplice Mary Anne, y Dennis Franz al Earl del título, el marido convertido en maltratador y en cadáver zombi durante un rato. El actor sintoniza con el excéntrico humor negro del asunto y se comporta como un títere de *sketch* cómico que además coge la cámara brevemente y la sacude con violencia, como si esta fuera su esposa.

Hace poco, cuando volví a ver el vídeo de *Goodbye Earl*, se me llenaron los ojos de lágrimas, no porque sea gracioso como el emoticono del llanto, ni porque intente alterar con sus sustos, ni porque resulte sensiblero o melodramático. Fue tan solo una reacción de perplejidad ante una obra de arte pop para consumo masivo de tono denso y horroroso, pero a la vez tontorrona, pero a la vez mortalmente seria. Como videoclip de distribución nacional, no puede ser más impactante. Y joder, al rato estoy leyendo por encima los comentarios de YouTube y alguien afirma que el verso más demoledor del tema es «*Right away Mary Anne flew in from Atlanta on a red-eye midnight flight*», porque presenta a una mujer que lo deja todo para acudir en ayuda de una amiga maltratada, y los ojos se me llenan de lágrimas otra vez. Por supuesto, *Goodbye Earl* nunca estuvo dedicada a Earl, pero tampoco al largo sufrimiento de su esposa. En parte, habla de la amiga que acude en su auxilio. Y el tema de la canción es que alguien la ayuda.

Es tentador considerar en este momento que *Goodbye Earl* fue el preludio a una tragedia de la industria musical en cuanto punto final de esa era de la música country, la de finales de los 90, que al menos en imperfecta retrospectiva se viene entendiendo como un Jardín del Edén glorioso y copioso para las superestrellas femeninas de ese estilo musical: Shania, Faith, Lee Ann, Trisha, Martina, Reba, *et al.* La tragedia consistió en que esa era llegó a su fin, sin duda, a principios de los 2000, cuando Estados Unidos regresó a posturas propias de tiempos de guerra y la radio country marginó a las mujeres con ferocidad descarada, hasta el punto de que, como todo el mundo sabe, en la actualidad muchos DJ «no deben pinchar a dos mujeres seguidas». Así que piensa en Adán y Eva antes de que Adán se calara la gorra de béisbol del revés y jugara con una baraja de los militares iraquís más buscados y quedara con Nelly y se comprara una camioneta tan grande que no podía ver más allá de su capó y se pusiera a cantar exclusivamente sobre su reina de la belleza descalza y con los vaqueros rasgados. Mientras, a Eva la echaron de la radio y la confinaron en un jardín mucho más diminuto de la cultura americana.

Pero no caigamos en eso. No reduzcamos a las Chicks a meras víctimas. Earl es la víctima definitiva de *Goodbye Earl* y la multitud que gira jubilosa con el rostro resplandeciente alrededor de la banda en el vídeo, mientras le entierran de manera no exactamente metafórica, es la prueba del poder eterno de la canción y de ese momento. Es como si hubieran construido un avión entero a partir de la caja negra en la que Johnny Cash cantó «*I shot a man in Reno just to watch him die*», solo que se les ocurrió un motivo mucho mejor para cometer un asesinato.

La doble entrega carcelaria que Johnny Cash disparó a finales de los 60, *At Folsom Prison* y *At San Quentin*, fue de hecho lo que me convirtió en fan de los discos en directo. Me fascinó el desorden bullicioso y amenazador de aquellas multitudes que ululaban al son de los cuentos de asesinato y misantropía de Johnny con lo que imagino de manera hiperbólica que era una «sed de sangre». En *At Folsom Prison*, Johnny incluso se ríe a carcajadas cuando expone su *Long Black Veil* y, mientras habla de yacer en los brazos de la esposa de su mejor amigo, alguien entre el público comienza a aplaudir. Me encanta ese tipo de ambiente eléctrico, esa interacción volátil e inmersiva entre el intérprete y sus espectadores. También me encanta la tonticháchara de escenario: «La que sigue es la primera canción de nuestro nuevo álbum», se dice con voz entrecortada en el *Cheap Trick at Budokan* de 1978, que los Beastie Boys *samplearon* afectuosamente para abrir su *Check Your Head* trece años después.

Pero no hay nada mejor que el arrebato casual de la multitud, la alteración inesperada que se adueña de la canción entera, del disco al completo. Tenemos a la mujer que chilla eufórica en mitad del *Lost Someone* de James Brown en su *Live at the Apollo*, de 1963. Tenemos al público prisionero en su totalidad que abuchea al *sheriff* para dar inicio al *Live in Cook County Jail* de B. B. King, en 1971. Tenemos a los más que posibles borrachines que solicitan categóricamente el tema *Gary's Got a Boner* en el *The Shit Hits the Fans* de los Replacements, en 1985. Tenemos la risa nerviosa que sigue a la broma de Kurt Cobain («¿Qué están afinando, un arpa?») y que perfora brevemente la reverencia sobrecogedora que preside el *MTV Unplugged in New York* de Nirvana, en 1994. Y, por encima de todo, tenemos los gritos enajenados y misántropos de varias mujeres entre el público cuando Erykah Badu, gigante del neosoul, abre su nuevo tema, *Tyrone*, con los versos: «*I'm getting tired of your shit / You don't ever buy me nothin'*». Gritan como si adoraran esa canción desde hace años, y como si conocieran a Tyrone, y como si le hubieran tratado, y como si le detestaran, y como si estuvieran aprovechando, eufóricas, la oportunidad de compartir ese odio con el resto del mundo mundial.

Erykah Badu tiene mi voto como la mejor intérprete en vivo de su generación. Es la más aguda, la más astuta, la más guay, la más pasional. La debo de haber visto media docena de veces y, en consecuencia, es la persona por la que más tiempo he esperado hasta que se subiera al escenario, con la única excepción de Lauryn Hill. Erykah procesa el tiempo de una manera diferente. No me siento orgulloso de ello, pero al parecer me quejé en Twitter sobre lo mucho que tardó en comenzar su espectáculo en dos incidentes diferentes del mismo año 2010. Dos conciertos separados por unos seis meses. Y, en ambas ocasiones —cada vez—, toda esa espera valió la pena. Te pasas de pie una hora o dos, te enfadas, jugueteas con el móvil, te duelen los pies, consideras la posibilidad de largarte, no te largas, esperas un rato más y, como noventa minutos después, Erykah al fin se digna a subir al escenario, y en cuanto lo hace te olvidas de todo, porque es la mejor intérprete en vivo de su generación.

Baduizm (1997), el debut humeante y luminoso de la cantante de Dallas, fue una temprana validación del concepto del movimiento neosoul, una estrategia de marketing un tanto sudorosa que buscó elevar a estrellas jóvenes y enigmáticas como D'Angelo y Maxwell[9] a la vez que las relacionaba en espíritu con todos los gigantes de los 60 y 70: los Marvin, Stevie, Aretha... En efecto, Erykah siempre ha estado agradablemente desvinculada de su presente: la sedosidad mística, el vibrato jactancioso, el flexible *scat* jazzero que la inspiró en un primer momento para adoptar el nombre escénico de Badu, su regia ridiculez (su primer empleo fue como camarera en el Comedy House de Steve Harvey en Dallas, pero no tardó en abrirse paso a golpe de voz hasta el escenario). Podrías convencerte a ti mismo para alabar *Baduizm* como una recreación versada en el hip-hop de un pasado idealizado, pero sería una lástima, por otro lado, comparar a Erykah con alguien o con algo procedente de cualquier otra época. Y su radiante singularidad queda capturada a la perfección en el álbum que tituló sencillamente *Live* y que lanzó también en 1997, menos de seis meses después del enorme éxito cosechado por su debut, porque todo el mundo tenía que saber lo cautivadora que era encima del escenario lo antes posible.

Antes de comenzar con *Tyrone*, Erykah explica que se trata de su siguiente sencillo, que acaba de grabarlo y que nació como una improvisación en directo con su banda durante una prueba de sonido en

9. Kedar Massenburg, representante tanto de Erykah como de D'Angelo, acuñó y registró el término de neosoul, que sinceramente parece un nombre un poco grosero para con el soul normal, ya sabes, pero es que cuesta vender a los nuevos artistas, tío.

Londres. Es justo suponer que la mayoría de la gente presente en esa grabación en directo no estaba familiarizada con la canción; puedo sonar ingenuo al decir eso, pero es vital para mí mantener la convicción de que las mujeres del público que gritan con dicha malévola después de cada verso que canta Erykah Badu están experimentando una reacción instintiva ante la maldad y la indignación desternillante de la canción. Son gritos malévolos y dichosos de reconocimiento, de conmiseración. Esas mujeres comparten el momento con Erykah, que está cantando, en esencia, una canción bastante sencilla e improvisada con evidente rapidez sobre un novio de mierda al que está a punto de echar de casa porque está arruinado y todos sus colegas de mierda andan siempre por ahí (el Tyrone del título no es el novio de mierda, sino uno de los amigos de mierda del novio de mierda; la cualidad más importante de Tyrone es que su nombre rima con *«but you can't use my phone»*).

El diálogo que aquí se establece entre la intérprete y su público embelesado, la catarsis de masas que comparten la artista de nueva cuña y sus fans repentinamente devotos, es una de las experiencias musicales más adorables que he vivido. Y cada vez que vuelvo a la versión de *Tyrone* en *Live* me acuerdo de mi primer concierto de Erykah Badu, a principios de los 2000, y en concreto del momento en que interrumpió una canción —no recuerdo cuál, y esa vaguedad me pone triste, aunque también me parece maravilloso pensar que se debe a que en ese momento me dio un vahído de pura felicidad— para quitarse la peluca afro gigante y ponerse a botarla sobre el escenario como si fuera una pelota de baloncesto XXL. Nada más que BOOOOOING. Me quedé conmocionado. Me quedé estupefacto. Y ella se convirtió en la Reina del Mundo.

A1
A2
B1
B2
C1
C2
D1
D2
'90s

VENDIDOS (O NO) (O QUIZÁ SÍ)

CANCIONES TRATADAS:

Enter Sandman, Metallica

Walk, Pantera

Hunger Strike, Temple of the Dog

Gangsta's Paradise, Coolio

It Was a Good Day, Ice Cube

Sell Out, Reel Big Fish

The Impression That I Get, The Mighty Mighty Bosstones

Just a Girl, No Doubt

Merchandise, Fugazi

Longview, Green Day

Lars Ulrich es el Derek Jeter de los baterías. No me produce ningún placer decirlo, lo hago desde el cariño. No, un momento, perdón, no es verdad: sí que me produce un gran placer decirlo. Lo siento. Dejemos claro desde ya que es divertido burlarse de Metallica. Es divertido cuando los odias y cuando te son indiferentes. Pero es superdivertido cuando los amas, cuando los adoras, cuando representan la totalidad de tu estilo de vida. De esa manera, puedes encontrar la mayor de las felicidades burlándote de ellos desde el mayor cariño posible.

Así que Lars Ulrich = Derek Jeter. Lars es un dios, un clásico, un miembro del Salón de la Fama, lo que sea. Pero también es un batería la hostia de sobrevalorado. Es el fogonazo por encima de la aptitud. Es ostentoso. Se hace con las bolas rasas y fáciles, se tira por todo el campo sin necesidad y se tira contra la grada sin que haga falta. La experiencia con Lars Ulrich, sobre todo en los primeros años thrash de la banda, es un enorme relleno de batería: BRUMBUDDABRUMBUMBUMBUM. Escuchar alguno de los discos ochenteros de Metallica es parecido a caerse por las escaleras durante una hora. Y, sin embargo, tal y como han observado muchos, a Lars le cuesta mantener el ritmo. Sus propios compañeros lo han observado. «Hasta la fecha, no ha sido el Batería del Año —confesó James Hetfield, el líder de Metallica, a la revista *Playboy* en 2001—. Todos lo sabemos.»

¡Y así es! Pero la verdad más extensa —dado que burlarse de esta banda se vuelve más divertido cuanto más la quieres— es que Lars es un Batería del Año eterno precisamente porque sabemos que no lo es, es miembro del Salón de la Fama porque está la hostia de sobrevalorado, es un dios porque se trata de un mortal dotado de profundas imperfecciones. En 1991, mientras estaba en el estudio grabando el popularísimo disco homónimo de Metallica —más conocido como el *Black Album*, que con todo el sentido inaugura la inmortal *Enter Sandman*—, Lars le contó al periodista/biógrafo Mick Wall que había tenido como ídolos a los baterías más aparatosos que quepa imaginar, como Neil Peart de Rush o Ian Paice de Deep Purple, pero que había aprendido a querer a tipos más firmes y relajados, y menos llamativos, como Phil Rudd de AC/DC o Charlie Watts, de los Stones. «Antes pensaba que era fácil hacer eso —confesó—, pero no lo es».

Por tanto, *Enter Sandman* marca el momento en el que Lars acepta hacer al fin los movimientos rutinarios.

Enter Sandman también marca el momento en que Metallica se vendió. Quizá. Lo digo desde el cariño. La idea de venderse —de sacrificar tu arte por dinero, por fama, por validación popular— dominó por completo la década. En su libro *Los noventa*, de 2022, el gran autor/crítico/filósofo pop Chuck Klosterman describió el tema de venderse como «el aspecto más noventero de los noventa». Ahora, en los 2020, la moda predominante es la de maravillarse ante lo anticuado[1] y cómo de irrelevante nos parece esa cuestión cuando se anima incluso a los artistas más guais de cualquier medio a volverse lo más ricos posible apelando a toda la gente posible. Pero, en aquel momento, ser popular era una vergüenza inmensa e incluso cualquier modesta ambición era pecado mortal. Se trata de una simplificación excesiva, pero ¿hay algo que no lo sea, hay algo que no lo fuera? ¿Y quién puede culpar a Metallica, entonces o ahora, por perseguir el verdadero estrellato pop con *Enter Sandman* y triunfar por encima de sus sueños más salvajes?

---

1. Tal y como señala Chuck, incluso una comedia romántica tontita como *Bocados de realidad*, de 1994, se nos antoja ahora como propia de ciencia ficción al afirmar con expresión seria que no mola nada que te paguen por hacer lo que te gusta, y que en realidad no mola nada tener cualquier tipo de trabajo. Además, fijo que Winona Ryder acabó con el pavo equivocado.

Los fans de Metallica, ellos pueden culparlos. Los primeros tres discos de la banda de Los Ángeles —*Kill 'Em All* de 1983, *Ride the Lightning* de 1984 y el divinizado *Master of Puppets* de 1986— son una santísima trinidad del thrash metal,[2] infernalmente rápidos y pesados y rigurosos e intransigentes. También son los tres discos de Metallica en los que participa Cliff Burton, su querido bajista original, cuya impactante muerte en un accidente de autocar durante la gira sueca de 1984, cuando solo contaba veinticuatro años, representa la tragedia determinante de la banda, en parte porque su recuerdo viene acosando al resto de sus compañeros desde entonces. Todo cuanto Metallica hace, todos los discos que la banda ha lanzado desde aquel momento están bajo sospecha, son sacrilegio. «¿Qué habría hecho Cliff? ¿Cliff lo habría hecho así?»

Para empeorar la cosa, Cliff era la encarnación de la integridad de Metallica, de la fidelidad a sus raíces. Pero también era el miembro con mayor amplitud de miras, en lo musical y en lo visual. Uno lee sobre Metallica en la actualidad y no puede dejar de recordar constantemente que Cliff se ponía pantalones de pata de elefante, que parecía un hippie, que estaba obsesionado con Bach y escuchaba a Yes y a Lynyrd Skynyrd y a Kate Bush y a R.E.M. Así que la Metallica post-Cliff está jodida si sigue haciendo lo mismo, porque Cliff no hubiera actuado así, pero está superjodida si se presta a una evolución radical y se vuelve más comercial, porque Cliff tampoco hubiera actuado así.

La Metallica post-Cliff sin duda se entrega a un inicio juguetón en 1989 con el escabroso y laberíntico *...And Justice for All*, donde, en

2. En el episodio original dedicado a *Enter Sandman*, deseché una pieza superdesternillante en la que comparaba a las cuatro grandes bandas del thrash con los personajes de *Sexo en Nueva York*, pero para que quede registro de ello: Metallica = Carrie, Slayer = Samantha, Megadeth = Miranda (pelirrojos) y Biohazard = Charlotte (lo cual no funciona en absoluto y de ahí que lo desechara).

una desternillante novatada contra Jason Newsted, el nuevo bajista, no se oye para nada el bajo. Pero el desgarrador e intenso canto fúnebre antibélico que es *One* les proporcionó una buena cantidad de espacio radiofónico y una tonelada de espacio en la MTV. El universo comienza a doblegarse ante la voluntad de la banda y en un primer momento es la cultura dominante la que abraza a Metallica, y no al revés. *One* no suena a una banda que esté haciendo concesiones para ser famosa; suena a una banda que se hace famosa por su rechazo a hacer concesiones.

Enter Sandman es... diferente. Más brillante. Más luminosa. Más pegadiza. Más enorme. «La idea —según explicó una vez el propio Lars sobre la totalidad del *Black Album*— fue que todo el puto mundo se tragara a la puta Metallica.» Muy bien. Con un nuevo productor de primera al timón, un tipo literalmente llamado Bob Rock, el *Black Album* se concibió desde el principio como el típico disco para que una banda de heavy obtenga un éxito sideral. Piensa en el *Back in Black* de AC/DC. Piensa en el *Hysteria* de Def Leppard, mi álbum favorito de todos los tiempos a los nueve años. Piensa en los más de dieciséis millones de copias que se vendieron solo en Estados Unidos. Piensa en el *riff* indeleble e indestructible con que el guitarrista Kirk Hammett abre *Enter Sandman*, que millones de adolescentes destrozaron a diario en cada Guitar Center o Sam Ashe. Piensa en las letras de James Hetfield, cómicas en su hosquedad pero pese a todo vulnerables, sobre pesadillas infantiles, sobre demonios invencibles, sobre el país de Nunca Jamás.

El *Black Album* definió la música heavy de los 90 igual que el *Nevermind* de Nirvana, pero Metallica se pasó el resto de la década permitiendo que los 90 los definieran a ellos. Nirvana, la explosión del grunge y de la música alternativa en un sentido más amplio, sacudió de lo lindo a nuestros héroes. Las reinvenciones de Metallica, los cambios de imagen, las estrategias para dominar el *zeitgeist* del siguiente cuarto de siglo o así, comenzando en 1996 con la provocación aún más tramposa (los cortes de pelo, los piercings) de *Load*, donde todo es desconcertante. Un comportamiento de lo más extraño. Ni siquiera es necesariamente terrible. Algunos de los trabajos de Metallica en los últimos veinticinco años son buenos de verdad: por ejemplo, su *Some Kind of Monster*, de 2004, es el mejor documental musical que se haya filmado nunca. Pero es que todo resulta muy raro. ¡El disco con Lou Reed! ¡El disco de la silla plegable y la caja de tambor! ¡La canción literalmente titulada *The Unforgiven III*! Ojalá todas las bandas de rock buscaran la aclamación popular con un éxito tan atroz, ojalá todos los artistas se vendieran con tanto entusiasmo.

Buscando otra perspectiva sobre el *Black Album* de Metallica, miremos a Rex Brown, bajista de Pantera, quien en 2013 escribió en su libro de memorias *Official Truth, 101 Proof: The Inside Story of Pantera*: «Nos pareció una mierda, claro... quiero decir que nos pareció terrible. No pillamos para nada su sonido comercial, y eso nos empujó con más fuerza a que nuestro siguiente disco fuera más heavy que cualquier cosa que hubiéramos intentado antes».

¡De acuerdo! Nacidos en Pantego, Texas, en 1981, Pantera —cuya primera formación estable incluía al dios generacional de la guitarra Dimebag Darrell, al salido quejumbroso de Terry Glaze en la voz, al futuro autor de libros de memorias Rex Brown en el bajo y al hermano mayor de Dimebag, Vinnie Paul, en la batería— se pasó la mayor parte de su primera década siendo un grupo de zopencos vestidos con pantalones de licra y estampado de armadillo que en diversos momentos podían sonar a KISS, Iron Maiden, Motörhead, Slayer, Ozzy Osbourne, Journey (!!) y, sí, a los primeros Metallica.[3] Pero, en 1990, con

3. Pantera han renegado más o menos de sus primeros cuatro discos, que no se encuentran en su *streaming* oficial y ni siquiera forman parte del canon, pero puedo informar de que su debut, *Metal Magic*, de 1983, tiene una de las portadas más gra-

el poderoso *Cowboys From Hell*, el segundo disco de la banda en el que aparecía su nuevo líder, el supergruñón Phil Anselmo, Pantera se reinventaron como mercenarios del groove-metal con su preferencia por los *riffs* descomunales, revientacabezas, intransigentes, en un esfuerzo continuado por, en palabras del propio Anselmo, «acabar con todas esas chorradas, tío».

Ahora deja que te cuente un secreto. Hay un montón de bandas de rock, incluso de bandas decentes de rock, que, cuando anuncian de manera superostentosa que van a acabar con todas las chorradas y se reposicionan como bandas de rock'n'roll ajenas a cualquier tipo de mierdas, no tardan en descubrir que su sonido era una auténtica mierda y que, si acabaran de verdad con todas las chorradas, tendrían que quedarse literalmente en silencio. El rock'n'roll, en una definición amplia, dependiendo de la época y el subgénero y la banda en concreto, se mueve entre el 85 y el 99,7 % de *chorradismo*. Esa es la cuestión. Las chorradas son la cuestión. Tanto si intentan venderse como si no, muy pocas bandas de la historia del rock tendrían la posibilidad de dejarse de chorradas y, en esencia, ninguna de ellas debería hacerlo.

Pero Pantera pudo. Pantera lo hizo. Y los Pantera de los 90 no tardan en emerger como un valiosísimo contrapunto para los Metallica de los 90: no hacen concesiones, no son condescendientes, no tienen piedad y, desde luego, no están para chorradas. No se vendieron. No sé si estoy de acuerdo con su afirmación de que el *Black Album* de Metallica sea una mierda, pero el mejor cumplido que puedo dedicar a *Vulgar Display of Power*, su estimulante y brutal trabajo de 1992, es que suena como si lo hubiera hecho una peña convencida de que el *Black Album* de Metallica es una mierda. Y esa brutalidad llega a su cima con

---

ciosas de la historia, y de que una vez viví una experiencia profundamente espiritual en un Home Depot con la canción *Heavy Metal Rules*, de 1984.

Walk, conducida por un contundente y traumático *riff* de Dimebag Darrell, tan sencillo en apariencia que casi cualquier guitarrista aficionado puede aprender a tocarlo de mala manera, pero que ningún otro guitarrista sobre la faz de la tierra puede tocar tan bien. Con el ritmo de Dimebag, con su tacto semipornográfico, con su arrogancia, con su alma. Por eso, Dimebag apareció en unas 10.000 portadas de revistas de guitarra a lo largo de su vida; por eso, la revista *Guitar World* le quiso tanto como la revista *People* a la princesa Diana.

Lo voy a decir de esta manera: si alguna vez tienes que teletransportarte a un club de estriptis, ponte un disco de Pantera en los 90 y acuclíllate (lo intentaría ahora mismo, pero es que estoy en pijama). Es más, a medida que la década progresaba, los chavales se volvieron más grandes a medida que se volvían más desagradables: *Far Beyond Driven*, de 1994, es por consenso universal el álbum más duro y pesado y menos complaciente que haya llegado al número uno de la lista Billboard. Como decía, en 1996, Metallica se cortaron el pelo, se hicieron unos piercings exóticos y sacaron *Load*, una desconcertante jugada de ataque con sensaciones «alternativas» que distanció todavía más a su núcleo duro de seguidores thrash; Pantera, mientras tanto, sirvió el grandilocuente festival de alaridos de *The Great Southern Trendkill*, que suena como si lo hubiera hecho una peña convencida de que *Load* es el peor puto álbum de la historia.

La historia de Pantera acaba con acritud, disolución y una tragedia inimaginable: en 2004, Dimebag Darrell fue tiroteado y asesinado en Columbus, Ohio, mientras estaba sobre el escenario con Damageplan, la nueva banda que había emprendido con su hermano Vinnie, quien a su vez falleció por una enfermedad del corazón en 2018. Pero su legado es irreprochable. Nadie ha vendido más discos esforzándose tanto por alcanzar extremos en apariencia nada comerciales. Pantera acabó con todas las chorradas, y todo el mundo quiso un trozo de su pastel.

A todo esto, ¿qué motivó el provocativo y un tanto vergonzante cambio de imagen de Metallica entre 1991 y 1996? Pues el «rock alternativo», claro, con su nueva camada de estrellas del rock radicadas en Seattle y su ambivalencia, si no hostilidad directa, hacia la idea misma del estrellato del rock: sus compromisos, sus depravaciones morales, sus exigencias comerciales. Piensa en *Hunger Strike*, el clásico de karaoke que firmó en 1991 el supergrupo de Seattle Temple of the Dog, donde Chris Cornell, líder de Soundgarden, y Eddie Vedder, el recién nombrado líder de Pearl Jam, dos bandas que estaban a punto de vender millones de discos, cantan tiernamente a dúo una canción sobre sus reticencias a vender millones de discos.

«Estábamos viviendo nuestro sueño, pero también existía una desconfianza hacia lo que ese sueño significaba —le explicó Cornell a *Rolling Stone*, describiendo su crisis existencial cuando Soundgarden desató por primera vez una guerra de pujas entre las grandes discográficas—. ¿Nos convierte esto en una banda de rock comercial? ¿Hará que cambie nuestras motivaciones al componer una canción o grabar un disco? *Hunger Strike* es una declaración por la cual me comprometo a ser fiel a lo que haga sin importar lo que se derive de ello, pero nunca cambiaré lo que hago a fin de obtener el éxito o dinero.»

Así que, cuando Eddie y Chris cantan sobre robarle el pan de la boca a los decadentes, se refieren en realidad a cobrar los cheques de las multinacionales. A modo de arruga moral añadida, el único disco de Temple of the Dog, homónimo y aparecido en 1991, fue en su totalidad un homenaje a Andrew Wood, líder de la ascendente banda de glam rock de Seattle Mother Love Bone, cuyo álbum de debut con un gran sello, *Apple*, de 1990, tenía que publicarse unos días después de que Wood muriera a los veinticuatro años a causa de una sobredosis de heroína.[4]

---

4. Temple of the Dog también incluía a dos tipos de Mother Love Bone (el bajista Jeff Ament y el guitarrista Stone Gossard); al batería de Soundgarden, Matt Cameron,

Según dicen, Wood era muy afín a la idea de la estrella del rock: su fanfarronería, su majestuosidad, su devoción, sus pañuelos... Piensa en los Pantera de los 80, no en los de los 90; piensa en Guns N' Roses, no en Metallica. Es evidente que a Andrew Wood no le hubiera importado vender millones de discos. Con *Hunger Strike*, Cornell rindió homenaje a su querido amigo[5] a la vez que él mismo afloraba como estrella generacional del rock, pero era una estrella que prefería pasar hambre antes que hacer las cosas por las razones equivocadas.

No obstante, ¿cuáles son las razones correctas para ser una estrella del rock? Es imposible que el dilema deje de sonar un poco frívolo al compararlo con la crisis existencial a la que se enfrentaban las jóvenes superestrellas de hip-hop del momento. En 1991, el rapero Artis Leon Ivey Jr., también conocido como Coolio, criado en Compton, se acercaba al final de la veintena habiendo sobrevivido a la pobreza y a la cárcel y a la adicción, y era capaz de describir esas diversas vidas con ferocidad y viveza juveniles. Era tan encantador que casi se daba miedo a sí mismo. «*Should I dance on it for a couple of dollars?* —rapeaba en ese mismo 1991 como miembro del grupo angelino WC and the Maad Circle—. *Or sell away my soul to put a rope on my collar?*» Coolio es tristemente consciente de la manera en que se les vende la música rap —de la manera en que se les vende a los raperos mismos— a los fans del género que no se hayan criado en South Central, Los Ángeles. Y es

---

y al casi nuevo guitarra principal Mike McReady. Por supuesto, todos ellos forman parte en la actualidad de Pearl Jam, con lo que disfrutan de ese estrellato rock estratosférico que a Wood le parecía tan seductor y que Vedder encuentra tan alienante.

5. Cornell se suicidó en 2017, y eso hace que en la actualidad cueste escuchar el cálido pero fúnebre disco de Temple of the Dog; en especial, la magnífica balada de poder *Say Hello to Heaven*.

consciente de los sesgos culturales y nacionales que esos mismos extraños entusiastas esperan que confirme.

Ha llegado el momento de contarte que, como alumno bobalicón de educación secundaria a principios de los 90, adoré el *Wild Thing* de Tone Loc, y el *Bust a Move* de Young MCs, y el *Ice Ice Baby* de Vanilla Ice, y el *U Can't Touch This* de MC Hammer, todos ellos exitazos tremendos, alegres, propios del cambio de década dentro de la fusión de estilos del rap, y además bailables (con gran torpeza). Ha llegado el momento de contarte que sigo estremeciéndome un poquito a cuenta de MC Hammer cuando escucho el *Check the Rhyme* del divinizado grupo rapero de Queens A Tribe Called Quest, cuyo líder, Q-Tip, le critica al manifestar que: «*Rap is not pop / If you call it that, then stop*».

Los temas de rap, ¿son menos creíbles cuando saltan a lo alto de las listas de música pop, a los barrios residenciales? ¿Te tomas los éxitos del rap con menor seriedad cuando hacen que te entren ganas de bailar, cuando son divertidos, cuando hasta los chavales blancos los bailan, cuando los chavales blancos se ríen con ellos? ¿Quién tiene permiso para reírse, y de qué, y de quién? Este conflicto no nació con Coolio, pero a pocos raperos de los 90 que dominaran las listas y transmitieran ese amor por la diversión se les dio mejor unir a los norteamericanos, y casi nadie sintió que esa experiencia fuera tan alienante. En lo que a él respecta, el éxito y la incomodidad tocaron techo en 1995 con *Gangsta's Paradise*.

Un año antes, *It Takes a Thief*, el álbum de debut de Coolio, se inicia con una cancioncilla eufórica y unificadora titulada *Fantastic Voyage*; el éxito que tuvo el vídeo de la canción en la MTV le convirtió en una estrella enorme y enormemente incomodada. Su carisma. Su rareza. La genialidad de la barbacoa playera. Las trenzas arácnidas de su cabello. El tipo es sorprendente y, en lo musical, parece avanzar por el carril de la juerga y el humor tonto y la evasión ligera, por mucho que exista un abismo, físico y metafísico, entre aquello de lo que podrían escapar sus fans de nuevo cuño alimentados por la MTV y aquello de lo que el propio Coolio está huyendo.[6]

Gangsta's Paradise fue su esfuerzo por tender un puente sobre esa brecha, o quizá su esfuerzo por quemar el puente que unía esa brecha. Es inolvidable su recreación galáctica de *Pastime Paradise*, el clásico de 1976 de Stevie Wonder, y lo mismo se puede decir acerca del atronador verso inicial, en el que Coolio avanza por el valle de la sombra de la muerte. Por la impactante intensidad de su voz, del mismo calibre que la de Tupac; por su desesperación genuina, por su majestuosidad predicadora. Coolio se deleita en su carisma, y en su ferocidad, e incluso en su fanfarronería, pero no se ríe y esta vez no hay nadie que lo haga.

Porque nadie se está riendo, ¿verdad? La canción comenzó petándolo en la banda sonora de la película *Mentes peligrosas*, drama de 1995 con Michelle Pfeiffer como protagonista, que Butt-Head, del distinguido dúo de la MTV *Beavis and Butt-Head*, describió una vez sagazmente como «esa peli en la que, bueno, ya sabes, la chati blanca llega al barrio y enseña a todo el mundo a sacar buenas notas». En efecto, el vídeo de *Gangsta's Paradise* consiste sobre todo en ver a Michelle Pfeiffer sentada en una habitación llena de humo mientras escucha rapear a Coolio, y siempre me ha sorprendido eso, la intensidad con que le escucha. Es una exhibición muy intensa del acto físico de escuchar. Es como si alguien le hubiera dicho que existía un premio Pulitzer, o al menos un MTV Video Music Award, para la Mejor Escucha.

---

6. En 1995, después de que *Fantastic Voyage* lo petara, Coolio le dijo a la revista *Rolling Stone* que le preocupaba haberse distanciado de su público principal, así que, como siguiente y último sencillo de aquel disco, escogió la mucho más cruda y funky *Mama, I'm in Love Wit a Gangsta*. También afirmó: «No creo que se pueda clasificar el rap como parte del pop. La gente solo lo hace cuando comienzan a pinchar rap en las cadenas de radio blancas».

¿Alguien le oyó, no obstante? ¿Su dolor? ¿Su devastación? ¿Su aislamiento? ¿Estamos seguros de que nadie se reía? Dejemos paso a «Weird Al» Yankovic, a quien adoro con todo mi corazón y toda mi alma, y que luce las trenzas arácnidas de Coolio en la portada de su disco *Bad Hair Day*, de 1996, que a su vez incluye una parodia trascendental de *Gangsta's Paradise* titulada *Amish Paradise*.[7] Coolio la detestó. «A mí no me va eso —les dijo a los periodistas entre las bambalinas de los Grammy de 1996, después de que *Gangsta's Paradise* derrotara tanto a Biggie como a Tupac como mejor interpretación solista de rap—. No. Yo no lo aprobé. Creo que mi canción era demasiado seria. No es que fuera como *Beat It*. *Beat It* es un tema festivo. Pero creo que *Gangsta's Paradise* representa algo más que eso. Y la verdad, siendo completamente sincero, no me gusta que haya profanado la canción de esa manera.»

Bien, Weird Al siempre pide permiso al artista antes de hacer una de sus parodias, y la mayoría de los artistas se lo toman como un gran honor —a Kurt Cobain le hizo mucha ilusión, por ejemplo—. Pero, en este caso, la discográfica de Al habló con la discográfica de Coolio, pero Coolio no se enteró de ello, y Al no se enteró de que Coolio no se había enterado, y Al se molestó y le supo muy mal, y Coolio acabó suavizando su postura hacia *Amish Paradise*. En 2015 manifestó ante *Rolling Stone* que su oposición inicial a la parodia era, «probablemente, una de las cosas menos inteligentes que he hecho a lo largo de los años». El enfrentamiento entre Weird Al y Coolio es ahora una trivialidad ya inofensiva, que podemos abordar con seguridad y nostalgia, pero que Coolio utilizara el verbo «profanar» en los Grammy sigue dejándome

7. Entre los cinco mejores momentos históricos de «Weird Al» se encuentra esa escena del vídeo de *Amish Paradise* en la que aparece batiendo la mantequilla y, cuando la atractiva señorita amish pasa a su lado, se pone a batir más fuerte. La clave está en su sutileza.

de piedra. En el fondo, *Gangsta's Paradise* es una canción muy seria. Una canción angustiada. Una canción trágica. Y una canción pop tanto si a Coolio le gusta como si no. Y la lectura menos generosa de *Amish Paradise* que te puedo ofrecer dice que, para un amplio porcentaje del público objetivo de Weird Al (que es el público menos objetivo de Coolio), el estilo de vida amish y el estilo de vida pandillero son igual de remotos, igual de exóticos, igual de inimaginables.

Ice Cube también fue consciente de ello. «Hago discos para los chavales negros —le dijo una vez a la venerada autora feminista bell hooks—.[8] Los chicos blancos están básicamente espiando mis discos.» Muchas de esas canciones —incluyendo la todopoderosa *Fuck tha Police*, de 1988, extraída de su breve pero icónico paso por N.W.A., el supergrupo de Compton que acabaría ingresando en el Salón de la Fama— formaban parte ya del rap más vivamente beligerante y crudo que se hubiera hecho hasta 1992, cuando Cube lanzó *The Predator*, su tercer trabajo en solitario. Pero en ese disco desveló su faceta más seductora desde la provocación de llevar el rap hacia el pop, y lo que les vendió con destreza a sus entusiastas espías no acabó de ser lo que muchos de ellos pensaban al comprarlo.

It Was a Good Day es la canción de Ice Cube que todo el mundo parece conocer, adorar, saberse de memoria. Su recreación galáctica de *Footsteps in the Dark*, el clásico de 1977 de los Isley Brothers, es asombrosamente hermosa y, en efecto, casi todas las palabras que salen de la boca de Cube son citables hasta el absurdo: el desayuno sin productos porcinos, el triple doble, la victoria de los Lakers ante los Supersonics, el restaurante Fatburger, el AK que ni siquiera tiene que usar... Todo

8. La cita aparece al principio de *Who Got the Camera? A History of Rap and Reality*, el gran libro de Eric Harvey que en 2021 rastrea de manera sagaz los universos interconectados de *America's Most Wanted* (el injustificable programa basura de crímenes reales) y *AmeriKKKa's Most Wanted* (el electrificante y malvado disco de Ice Cube).

es muy gracioso. Un divertimento. Ice Cube se lo pasa bien y quiere que tú también lo hagas. Pero es un buen día porque no tiene que usar el AK, y eso quiere decir que por lo general lo hace. Es un buen día porque no incluye coches de policía, helicópteros de la policía. Es un buen día porque *«nobody I know got killed in South Central L.A.»*. Es un buen día porque lo comenzó *«Thinkin', will I live another 24?»*. No puede creerse que haya sido un buen día.

Muchas de las personas que escuchan y aman y recitan *It Was a Good Day* son espías. Pongámoslo así. Yo lo fui. Lo soy. Pese a toda la rabia de Ice Cube (vertida de manera deliciosa a lo largo y ancho de su catálogo en solitario) contra los raperos que se vendieron, que se pasaron al pop, que pueden darse al New Jack Swing sobre sus cojones, esta canción, según sus reglas, es música pop inmaculada, venerada, perdurable. Es graciosa. Un divertimento. Puedes rapearla. O rapearla en su mayor parte. Pero, según quién seas y de dónde provengas y las experiencias que hayas tenido con el lugar del que Ice Cube procede, respeta que tus versos favoritos quizá suenen un poco diferente en tus labios. La siguiente canción de *The Predator* se llama *We Had to Tear This Muthafucka Up*. Trata sobre los disturbios que tuvieron lugar en 1992 después de que cuatro agentes del Departamento de Policía de Los Ángeles fueran absueltos pese a haber molido a palos y haber dejado medio muerto al conductor Rodney King delante de una cámara, aunque tampoco es que eso importara mucho durante el juicio. *It Was a Good Day* es una canción sobre un día concreto. El resto del catálogo de Cube habla de cualquier otro día, de todos los días.

Ay caray, se supone que venderse es fácil, se supone que es divertido. ¿Y hay algo más divertido que el ska? Hagamos tres canciones de ska en plan rápido. Bueno, 2,5 canciones de ska. Quizá 2.005 canciones de ska. Te vas haciendo una idea. «*The record company's gonna give me lots of money* —recitan los bribones de Orange County Reel Big Fish—. *And everything's gonna be alright.*» Entonces entran los instrumentos de viento. El año es 1996. La canción, ay, demonios, sí, se titula *Sell Out*. El álbum es el segundo trabajo de Reel Big Fish y su debut en un gran sello, skardónicamente[9] titulado *Turn the Radio Off*, y resulta que fue el primer CD de ska que me compré. De nada, colegas.

Sell Out es una canción ska bulliciosa, autoflagelante, vertiginosamente contagiosa y absolutamente provocadora. Aaron Barrett, el líder de Reel Big Fish, la compuso en defensa de sus amigos de la banda ska-punk del norte de California Dance Hall Crashers, que habían tenido que soportar vehementes acusaciones de ser unos vendidos por el doble sacrilegio de a) firmar con un gran sello, y b) deshacerse de su sección de viento para dar énfasis al elemento punk de su estilo abrupto y candente. «Me pareció ridículo lo que pasó con los Dance Hall Crashers —le contó Barrett a Aaron Carnes, autor de *In Defense of Ska*, libro molón de 2021—. Yo soñaba con que mi banda actuara delante de la mayor cantidad de gente posible. Es lo que todos intentamos hacer.»

A Barrett le funcionó y le siguió funcionando aunque *Sell Out* fuera la canción más importante de la banda en términos de magnitud y aunque, diez años después, su antigua discográfica lanzara un álbum de grandes éxitos de Reel Big Fish titulado *Greatest Hit... And More*. Feo. Pero, en cualquier caso: ¡ska! Fue un estilo muy importante entre 1996 y 1997, quizá porque para variar queríamos oír algo animado. ¡La gente ganaba dinero haciendo ska! ¡Lo cual llevó a que varias bandas de ska sufrieran una crisis existencial![10] ¡Vaya! A veces, venderse signi-

9. Me acabo de inventar esa palabra.
10. Nunca me cansaré de contarle a todo el mundo que en 1997 toqué el bajo en una banda de ska de una universidad del Medio Oeste llamada Skantily Plaid [«Con cua-

fica «cambiar de sonido para ganar popularidad» y a veces simplemente significa «ganar popularidad porque de repente el ska se ha vuelto popular». Los Mighty Mighty Bosstones, balas perdidas de Boston que podían presumir ya de una merecida reputación como banda con un directo fantástico, iban por su quinto álbum en siete años cuando la contagiosa arenga de *The Impression That I Get*, un éxito sorpresa de su *Let's Face It* de 1997, lo petó en la radio y los condujo hasta el programa *Saturday Night Live* (las imágenes en las que Chris Farley brama «Damas y caballeros, los MIGHTY MIGHTY BOSSTONES» son tremendos).

Como fan del ska que a los diecinueve años de repente tenía un poco de criterio, mis sensaciones al respecto, sin un orden en especial, fueron a) el tipo de los Mighty Mighty Bosstones cuyo único papel consistía en bailar sobre el escenario tenía el mejor empleo de todo Estados Unidos, b) la mejor canción de los Bosstones era o bien *Simmer Down* o *Someday I Suppose*, y, sin embargo, c) es muy guay que Dicky Barrett, el líder entre adorable y gruñón de la banda, dé inicio al estribillo de *The Impression That I Get* así:

«No!».

«Well...»

«IIIIIII.»

Es una gran canción; también, evidentemente, un tema ska de la cabeza a los pies. En lo que a los éxitos radiofónicos de chiripa se refiere, a veces estás en el lugar correcto en el momento adecuado y a veces encuentras pronto tu lugar y te pasas en él tanto tiempo que al final se convierte en el lugar correcto.

---

dros eskasos»], fantástico nombre que no se me ocurrió a mí. El grupo se separó en menos de un año y volvió a reunirse sin mí como banda emo, lo cual evidentemente tampoco se me ocurrió a mí.

Lo cual nos conduce a una canción semivendida que solo cuenta con un 0,0005 % de ska como mucho, si es que tiene algo. Bueno. *Just a Girl*, el superdivertido y superexitoso sencillo de 1995 de la banda semiska No Doubt, es muchas cosas. Es un acelerado himno feminista.[11] Un enérgico monumento New Wave digno de Cyndi Lauper o de las Go-Gos o de los B-52's. Una máquina expendedora que nos dio a la cantante Gwen Stefani, la estrella pop deslumbrante y apropiadora cultural ferozmente autodidacta que combinó el atractivo de Jessica Rabbit, Olive Oyl, la Cher de *Fuera de onda* y la Jem de *Jem y los Hologramas*. Pero también es el principal sencillo extraído de un disco (*Tragic Kingdom*, de 1995, el tercero que publicaban) del que se vendieron dieciséis millones de copias en todo el mundo. Se pueden comprar muchos sombreros de copa baja[12] y trombones y discos de Skankin' Pickle con ese dinero.

Tragic Kingdom, el disco de los 90 que más subestimé por su carácter de mastodonte comercial cuando regresé a esa década como adulto nostálgico realizador de un pódcast, documenta la OPA hostil más alegre del mundo, en la que los compañeros de banda de Gwen (incluyendo a su hermano, el cofundador saliente Eric Stefani) se vieron barridos del escenario por el aterrador poder de su presencia bajo los focos. No es que la banda abandonara por completo sus raíces ska en ese disco (véanse los primeros y los últimos diez segundos del himno antiacoso telefónico que es *Spiderwebs*), pero esas raíces dejan de ser el eje temático (véase el resto de la canción, un enérgico tema New Wave por derecho propio). Pero es posible que, en lo referente a *Just a Girl*,

11. Para el episodio de No Doubt iba a hacer un fragmento supermegagracioso comparando la tercera ola del ska con la tercera ola del feminismo, lo cual hubiera sido como veinte veces más estúpido que el desastre de la comparación entre bandas thrash y los personajes de *Sexo en Nueva York*.

12. Lo siento, pero es que sigo flipando con la palabra «skardónico». Se me ha ocurrido así, de repente. Es increíble. De donde yo vengo, eso es un día entero de trabajo.

lo mejor sea imaginarse a No Doubt como un transbordador espacial en el que los cohetes aceleradores se consumen y separan al alcanzar la órbita del estrellato verdadero y, en este caso, esos cohetes aceleradores abandonados llevan las etiquetas de «SKA» y «TODOS LOS MIEMBROS DE LA BANDA MENOS GWEN». Eso no es venderse; eso es una cosita bastante diferente que se conoce como «crecimiento personal».

Hay una cualidad abstracta en todas estas acusaciones, una vaguedad reconocible a la vista, un ideal imposible. ¿Qué —o, incluso mejor, quién— es el opuesto exacto de venderse? ¿Con quién se está comparando de manera poco favorable a todos estos apóstatas codiciosos? Fugazi. La respuesta es Fugazi. Los canonizados Fugazi. Los intocables Fugazi. Fugazi, la deidad posthardcore igual de alta e imponente como monumento de Washington D. C. que el mismísimo obelisco dedicado a George Washington. Fugazi, que no firmarían con un gran sello aunque este les pagara diez millones de pavos (según se cuenta, fue la oferta real que les hicieron). Fugazi, quienes limitaron el precio de los conciertos a los cinco dólares por entrada, con espectáculos para todos los públicos, con varias casetas y oradores sobre el escenario que patrocinaban las diversas causas políticas de la banda, justas todas ellas. Fugazi, que se separaron en 2001 después de lanzar el que es su mejor disco, *The Argument*, y que hasta el momento se han negado a hacer una gira de reunión sacacuartos pese a que eso me toque las narices poderosamente. Fugazi, que ni siquiera vendían camisetas. Fugazi, que escribieron una canción sobre el hecho de que no vendieran camisetas y la llamaron *Merchandise*.

Cuando era un chaval de instituto que no se enteraba de nada, supe de Fugazi por el improbable medio de unas camisetas pirata con el lema de «ESTO NO ES UNA CAMISETA DE FUGAZI», lo cual me pareció espantosamente confuso, pues que me aspen si no parecían camisetas de Fugazi. ¿De verdad eran una peña tan irónica? ¡Genial!

¡Me encanta la ironía! No creo que llegara a reparar en la cita de *Merchandise* que había en la parte trasera de esas camisetas: «*You are not what you own*». Esto sucedió años antes de que escuchara la canción en *Repeater*, el segundo mejor álbum de Fugazi, aparecido en 1990, cuyo listado de canciones me pareció una declaración de integridad monástica que hacía también las veces de provocación despiadada. Primero escuchas la formidable *Repeater* (canción número 2), con una de las mejores bases de bajo y batería que hayan visto la luz, y piensas: «Esto me encanta, voy a hacer que esta banda marque todo mi estilo de vida, y por ello pienso comprarles UN MONTÓN de camisetas». Y entonces llegas a *Merchandise* (canción número 4), en la que el Sumo Pontífice del Punk, Ian MacKaye, te informa de que no piensa venderte ni una puta camiseta porque tiene demasiada integridad. Uno no puede venderse si solo pone a la venta sus discos y las entradas para sus conciertos no cuestan más que cinco dólares.

Siento verdadero alivio al no haberme introducido a lo bestia en Fugazi hasta la edad adulta, porque habría sido completamente insufrible como adolescente Fugaziero. De haber escuchado de verdad *Merchandise* a los dieciséis, me habría paseado por ahí con aires de santurrón, acusando a quien tuviera el descaro de intentar venderme algo —desde cualquier banda ska hasta los tipos de *merchandising* en los conciertos, pasando por los empleados de los restaurantes Wendy's— de haberse vendido. No es que el concepto carezca de virtudes, es una forma mucho más directa y guay de decir «Sé fiel a ti mismo y no transijas ante los idiotas». Pero Fugazi, como banda lo mismo que como ética, funciona a la perfección para mí en cuanto, sí, de verdad, ideal imposible. Nunca harás algo tan importante como *Merchandise*, la canción; nunca alcanzarás la pureza de *Merchandise*, la ética. Hay un consuelo auténtico en ello, en mantener los pies en el suelo mientras sopesas las dificultades filosóficas de intentar llegar hasta las estrellas.

Lo cual nos lleva, como suele acabar pasando con todos los caminos, hasta Green Day. Deja que te cuente la historia de un tonto afín al melodrama. Es el sábado 10 de septiembre de 1994. Green Day —el trío punk de East Bay que acaba de publicar *Dookie*, su disco de debut con un gran sello, del que se venderán veinte millones de copias en todo el mundo— tocan en el Blossom Music Center, un señorial anfiteatro de la región de Cleveland con terribles problemas de aparcamiento. A cinco dólares la entrada (¡Fugazi!). Un concierto de locura con todo el papel vendido. Un concierto legendario. Green Day son la principal banda de Estados Unidos, la más guay. Y ahora tenemos a unos 23.000 adolescentes deleitándose en el césped del Blossom Music Center, yo incluido.

Bienvenido al paraíso.

Es un sábado de principios de septiembre, así que hay una atmósfera sobreexcitada provocada por el regreso a la escuela, y una aterradora cantidad física de energía nerviosa adolescente y explosiva que esparcir. Conozco a un tipo, en la actualidad también crítico de rock, que fue a ese mismo concierto de Green Day en limusina y, cuando acabó, vio cómo le montaban un pogo dentro del vehículo. Un concierto legendario. Que acabó con una pelea de hierba. Una pelea de hierba del tamaño de un anfiteatro. Había llovido hacía poco, creo, así que imagínate a 23.000 adolescentes arrancando terrones de hierba húmeda y tirándoselos entre sí. Me veo a mí mismo parado en una colina con una vista panorámica del césped de Blossom, con Green Day sobre el escenario y hierba volando en todas las direcciones; un campo de batalla salvaje y jovial como sacado de una secuencia de *Apocalypse Now* o de *Braveheart*. Estoy casi seguro de estar embelleciendo el recuerdo de manera interesada, panorámica, melodramática, pero eso es lo que hacen los adolescentes, tío.

Así que me compro una camiseta, en la caseta de productos de la banda, en ese gran concierto de Green Day. Una camiseta de color verde oscuro. «Green Day» en grandes letras de burbuja, flotando encima de una gran pila marrón de, hum, caca (el disco se llamaba «*Dookie*»,[13] no había nada que hacer). También me compro una pegatina de Green Day para el parachoques y la pongo orgulloso en la parte trasera de mi Chrysler LeBaron de 1987, con el que voy al instituto el lunes siguiente por la mañana con la camiseta verde oscuro de Green Day puesta. Y pienso: «Ahora mismo soy el tipo más guay de todo Estados Unidos. Mira qué camiseta. Esta es mi identidad de ahora en adelante. Esta es la expresión de mi individualidad. Nadie más piensa como yo ni escucha la misma música guay que yo. Todas las chatis del insti se van a volver locas por mí con esta camiseta de Green Day. Esto me va a separar del resto de los tontos del culo». Etc. Y, al entrar al instituto, literalmente todo el mundo llevaba puesta la misma camiseta.

Sí. Un auténtico mar embravecido de camisetas de color verde oscuro de Green Day. ESTO SÍ QUE ES UN DÍA VERDE. ¿Crees que exagero? Vale: al menos un tercio del cuerpo estudiantil lleva la misma camiseta de Green Day. Centenares de camisetas de color verde oscuro con pilas de caca marrón recorriendo los pasillos. Somos todos unos iconoclastas. Somos robustas encarnaciones de la individualidad punk. Pensaba que la banda seguía siendo una especie de pequeño secreto, pero me equivocaba.

Y Green Day se vendió para ello. De manera célebre. De manera infame. El capítulo que Dan Ozzi dedica a Green Day en su fantástico libro de 2021, *Vendido: La locura de las grandes discográficas que barrió el punk*, *el emo y el hardcore* es verdaderamente atroz y hará que te sientas fatal por esa peña, o todo lo fatal que puedas sentirte por una peña que vendió veinte millones de copias de uno solo de sus discos. La

13. «Boñiga.» (*N. del t.*)

banda tocó su primer concierto bajo el nombre de Green Day en Berkeley, California, el 28 de mayo de 1989, como teloneros del legendario grupo de ska-punk Operation Ivy. Fue en el número 924 de la calle Gilman, también conocido como la Alternative Music Foundation, también conocido sencillamente como Gilman, uno de los locales del punk rock más austeros y moralmente rectos y más venerados para siempre de todo el país, si no del mundo. Gilman es el Fugazi de los edificios y sus principales inquilinos están pintarrajeados directamente en la pared: «NO AL RACISMO, NO AL SEXISMO, NO A LA HOMOFOBIA, NO AL ALCOHOL, NO A LAS DROGAS, NO A LAS PELEAS, NO A LANZARSE DESDE EL ESCENARIO». También, e igual de importante aunque lo añadieran más tarde: «No a las bandas de los grandes sellos».

Y a Green Day eso le encantaba, y lo vivía en un sentido visceral. «Ese lugar y esa cultura me salvaron la vida», declaró Billie Joe Armostrong, su líder, en el primero de los cinco artículos de portada que les dedicó *Rolling Stone*, mucho después de que dieran el salto entre el diminuto Lookout! Records de Berkeley y una discográfica importante, lo que en teoría debería haberles valido el exilio a perpetuidad de Gilman y la justa animosidad de gran parte del público que habían cultivado hasta ese momento. «Eran muy jóvenes y sintieron que la escena que tan vital e importante había sido para ellos los rechazaba —explica Larry Livermore, cofundador de Lookout y, por tanto, responsable de su antigua discográfica, en el libro *Vendido* de Dan Ozzi—. Tuvo que dolerles mucho. Por un lado tienes a todo el mundo, a veces incluso a celebridades a las que has admirado durante toda tu vida, diciéndote: "¡Oh, sois unos genios, sois maravillosos, sois fantásticos". Y, por el otro, estás pensando: "Sí, pero mis viejos amigos me odian". Creo que eso estuvo muy cerca de acabar con ellos.»

Nadie se vendió mejor que Green Day —veinte millones de discos... ¡y, al parecer, también diez millones de camisetas!—, pero nadie pagó tanto por hacerlo. Cuesta describir el impacto global de *Dookie* sin parecer un chiflado ni sonar hiperbólico; el álbum salió en febrero de 1994, dos meses antes de que Kurt Cobain se suicidara, y su auténtico torrente de exitazos, desde *Longview* hasta *Basket Case*, pasando por *Welcome to Paradise* (una favorita personal) ofreció una alternativa pegadiza, juguetona y chillona al carácter adusto y resentido del grunge al estilo *Hunger Strike* y su odio hacia sí mismo. Aún recuerdo la primera vez que vi el vídeo de *Basket Case* en la MTV, con sus colores hipersaturados. La guitarra verde azulada de Billie Joe. El escenario del psiquiátrico, tan *Alguien voló sobre el nido del cuco*, aunque a los dieciséis yo no pillara esa referencia. La silla de ruedas de Tré Cool, el batería. Y el asombro que provocó, su energía, ese entusiasmo tan poco conocido. Es posible que los viejos amigos de Green Day odien ahora a la banda. Pero ¿sabes quién la ama? Yo.

A mediados de los 2000, me mudé de Ohio a Oakland para aceptar un empleo como editor musical en un semanario alternativo llamado *East Bay Express*, y eso me dio la oportunidad de ver Gilman con mis propios ojos.[14] Cuando acudo a una sala de conciertos famosa, el CBGB o el Preservation Hall o lo que sea, me pongo rollo: «Sí. Sí. Cuánta historia. Este lugar mola. Mirad cómo mola. Mirad como molo, estando aquí, en este lugar histórico y molón». Pero, parado en Gilman, escuchando a la banda que estuviera tocando en ese momento, tuve la idea tangible de que: «Esto no es mío. Esto nunca ha sido mío y nunca podré hacer que lo sea». No fue una sensación hostil, antagónica, de no pertenecer a aquel sitio; simplemente supe que yo no le pertenecía y que él no me pertenecía a mí, y que nunca podría obtener lo que el

14. Solía editar el listado semanal de conciertos de la revista y es por eso por lo que puedo decirte que mi banda favorita entre todas las que tocaron en Gilman se llamaba Ye Olde Buttfuck [«El Viejo Quintopino»]. En realidad no asistí a ese concierto, como no he escuchado una sola de sus canciones, pero recordaré su nombre durante el resto de mi vida.

lugar había dado a la gente que sí le pertenecía. Y me pareció hermoso, lo respeté muchísimo. Pagaría mucho dinero para obtener lo que Gilman le dio a tanta gente, Green Day incluidos. Pero no es de ese tipo de cosas que uno pueda comprar.

WOMEN
IN
ROCK

LAS MUJERES CONTRA «LAS MUJERES DEL ROCK»

CANCIONES TRATADAS:

I Kicked a Boy, The Sundays

Zombie, The Cranberries

Only Happy When It Rains, Garbage

Man-Size, PJ Harvey

You Oughta Know, Alanis Morissette

Cornflake Girl, Tori Amos

Cannonball, The Breeders

No Scrubs, TLC

Nothing Compares 2 U, Sinéad O'Connor

Criminal, Fiona Apple

If It Makes You Happy, Sheryl Crow

Me comprometo humildemente ante ti, querido lector, a no decir nunca más que una chica es «chunga». No lo hagas. Yo lo he hecho. Voy a dejar de hacerlo ya mismo. Perdón.

Entiendo lo que me impulsó a hacerlo, lo respeto (en realidad, no). Tomemos a la banda Sundays, por ejemplo. De Bristol, en Inglaterra. Melancolía indie tintineante. Esplendor deprimente. En los albores de los 90, dieron en el clavo si te gustaban los Smiths —por siempre jamás los reyes de la melancolía inglesa deprimente y tintineante, por mucho que su homónimo líder Morrissey acabara revelándose, con el tiempo, como un zopenco enorme—, y dieron en el clavo sobre todo si te gustaban tanto los Smiths que no habías salido de casa desde su disolución, en el 87. Quizá recuerdes su primer exitazo, suntuoso y deprimente, *Here's Where the Story Ends*, extraído de su disco de debut, *Reading, Writing and Arithmetic*, de 1990. Quizá recuerdes su dolorosamente dulce versión del *Wild Horses* de los Rolling Stones, en 1992, que aparece en *Pasión obsesiva*, la película barata del 96 sobre un *bro* acosador, durante la escena en la que Mark Wahlberg y Reese Witherspoon (ejem) se suben juntos a una montaña rusa.

Pero deja que dirija tu atención hacia un tema menos conocido de *Reading, Writing and Arithmetic* llamado *I Kicked a Boy*, una canción de lentitud maliciosa en la que Harriet Wheeler, la cantante principal de los Sundays, recuerda un (se supone) incidente de infancia en el que «pateó a un niño hasta las lágrimas». Sí, lo que me atrajo hacia esta canción fue su título. Sí, me quedé turulato cuando Wheeler canta los versos: «*Oh I could've been wrong / But I don't think I was*». Sí, mi reacción inicial a esos versos fue: «Vaya, qué tía tan chunga».

No. Para ya. «Guau, qué chunga. Qué tía tan chunga. Hay tantas cantantes chungas.» Es una frase que se ve mucho, igual que se ve mucho las respuestas negativas que suscita, con razón. Creo que, si te educaste en los 90 y principios de los 2000, durante la era dorada de las mujeres del rock en las portadas de las revistas, tendrás que deshacerte de esa torpeza arraigada y sudorosa que te lleva a elogiar a las artistas femeninas asegurando torticeramente que son más duras que los hombres. Es un impulso que se enrarece y se vuelve condescendiente con mucha rapidez, ¿sí? «Harriet Wheeler le da mil vueltas a Morrissey.» No. No hagas eso. Deja de hacerlo.

Bien, que Harriet cantara los versos «*Oh I could've been wrong / But I don't think I was*» con una voz tan radiante que impactaba, como una pelota de playa que va rebotando por la arena, en una canción titulada *I Kicked a Boy*... eso es objetivamente guay, y la discordancia entre la naturaleza cáustica del título de la canción y la naturaleza mucho menos cáustica de la manera en que acomete esos versos tiene mucho que ver con su atractivo. Son unos versos deliciosamente malvados que ella canta con una dulzura genuina hasta el delirio. Pero relajémonos. Podemos (plural mayestático) reconocer ese carácter molón sin caer en la tontería afectada y presuntuosa del Girl Power. Creo. Espero (aunque mantengo todo lo que he dicho sobre Céline Dion). Estoy intentando mejorar. Hagámoslo ya mismo. No me quites el ojo de encima y veamos si puedo prodigarme en elogios hacia el *Zombie* de los Cranberries sin enterrarlo bajo mis divagaciones de *señoro*.

Una frase de la que suelo abusar pero que no da tanta vergüenza es la de «contraprogramación grunge». Vengo empleándola heroicamente para describir cualquier cosa que pusieran en la radio entre 1991 y 1995, y que sonara más tranquila, más dulce, menos corrosiva y autoflagelante, y más melódica que Nirvana o Soundgarden o lo que sea. Piensa en Counting Crows, o en Hootie and the Blowfish, o en Gin Blossoms, o incluso en el power pop dulce pero mordaz de un *bro* como Matthew Sweet. Y luego están los Cranberries, recién salidos de Limerick, Irlanda, y que, liderados por la cantante/compositora/guitarrista Dolores O'Riordan hicieron arder el mundo de manera imprevisible con *Everybody Else Is Doing It, So Why Can't We?*, su supermelódico debut de 1993. Con temas tremendos y resplandecientes como *Linger* o *Dreams*,[1] ese álbum dominó la radio alternativa en 1993 pese a que la radio alternativa de 1993 solía estar dominada por tipos robustos y tempestuosos y autoflagelantes que promocionaban, con grado diverso de efectividad, su chunguez.

Mientras tanto, Dolores O'Riordan no tenía que cantar un tema rock superpesado y megadistorsionado para prosperar entre los miles de temas rock superpesados y megadistorsionados que existían en aquel momento. El primer disco de los Cranberries (producido, a todo esto, por Stephen Street, cómplice habitual de los Smiths) acabaría vendiendo cinco millones de copias solo en Estados Unidos, lo que los convirtió fácilmente en la principal banda del rock irlandés después de cierta otra banda de rock irlandés más tempestuosa e importante. Pero el siguiente disco de los Cranberries, publicado un año después, en 1994, y titulado *No Need to Argue*, se volvió aún más grande y acabó por vender siete millones de copias, y puede presumir de tener un sencillo verdaderamente impactante, capaz de patear a varios chicos.

Basándose en sus conocimientos previos y afinidad hacia los Cranberries, el chaval de dieciséis años que era yo en 1994 no esperaba el estallido aterrador de distorsión pura, justificada, gruñona y más grunge que el propio grunge con que comienza *Zombie*. El susto de la introducción está diseñado, con bastante destreza, para convertirse en uno de esos momentos en los que dices «Hostia puta». Los Cranberries se han dejado de mandangas. A los Cranberries les importa una mierda

1. Faye Wong, actriz de Hong Kong y fenómeno pop, que cointerpretó *Chungking Express*, historia de amor vertiginoso de Wong Kar-wai, cantó también en cantonés una fenomenal versión de *Dreams* para la banda sonora de la película. Además, se pasa como el 45 % del metraje cantando *California Dreamin'*.

que obtengas lo que quieras por mucho que lo pidas por favor. Los Cranberries acabarían contigo antes de que... ay, mierda, estoy volviendo al tema de la chunguez, ¿verdad? Lo siento.

Pero esto es lo que recuerdo de manera más vívida acerca de *Zombie*: la guitarra gigante de Dolores O'Riordan. Dolores medía metro cincuenta y ocho (¡era más baja que Bono!). Eso no siempre es evidente, dada la tremenda vitalidad de su voz y ese carisma que la elevó con naturalidad como estrella del rock, pero la guitarra eléctrica que usó cuando los Cranberries interpretaron *Zombie* en *Saturday Night Live* y en *Late Night with David Letterman* —una Gibson ES-335, creo, y si no es así no quiero que me corrijáis— parece inmensa, y parece pesada, y multiplica exponencialmente la pesadez de la canción. *Zombie* es una más entre los doce mil millones de canciones que aparecieron en los 90 y que alternaron versos engañosamente tranquilos con estribillos increíblemente ruidosos, pero lo que me deja el culo torcido es el aspecto extra de ataque por sorpresa que tiene: el abandono traumático de la dulzura y la ligereza que habían hecho de *Dreams* y *Linger* una experiencia tan indeleble. Perdón, lo siento. Tiene que haber una manera mejor de expresarlo, pero aún no la he encontrado.

Zombie está inspirada en (y dedicada a la memoria de) Jonathan Ball y Tim Parry, los dos niños asesinados por la bomba que el Ejército Republicano Irlandés plantó en una papelera de una transitada calle de Warrington, al noroeste de Inglaterra, el 20 de marzo de 1993. Tim tenía doce años; Jonathan, tres. Dolores leyó la noticia en el periódico. Como adolescente de dieciséis años que ignoraba el contexto histórico de la canción —y que en realidad lo ignoraba todo—, recuerdo mi perplejidad al oírla cantar aquello de: «*With their tanks / And their bombs / And their bombs / And their guns*». Incluso con las canciones y compositores pop más sencillos y directos, existe un instinto natural a evitar la (a mis oídos) tosca repetición de «*bombs*», a buscar otra rima, a buscar una manera más inteligente de decirlo. Pero ahora ese redoble de «*bombs*» se me antoja un énfasis impactante, indignado, casi infantil, que no hace más que subrayar el hecho de que *Zombie* es la canción rock más dura, ruda, audaz, aterradora y emocionante que se editara en 1994. Y quizá el truco para no despeñarse por la Montaña de la Condescendencia Chunga consista en decir eso y seguir adelante.

En 2018, cuando Dolores O'Riordan murió, a los cuarenta y seis años, en la bañera de una habitación de hotel de Londres, en lo que se declaró oficialmente como un ahogamiento accidental tras beber demasiado, me descubrí inesperadamente destrozado por la reacción de Shirley Manson, cantante de la gran banda de rock alternativo Garbage. «Creo que lo que más me impactó al enterarme de su fallecimiento —le dijo al *Huffington Post*— fue que me sacudiera la idea de que "Ay, ahora vienen a por los de mi generación. Se acabó".» La muerte de David Bowie, por ejemplo, la había dejado hecha polvo, pero Bowie era, bueno, más viejo. Dolores, en cambio, era una igual. Una contemporánea.

Lo que de algún modo me alteró a mí, en cambio, fue que Shirley y Dolores nunca hubieran trabado amistad. «No la conocía, nunca tuve el placer de coincidir con ella —prosiguió Manson—. Pero siempre fuimos como barcos que se cruzan en la noche: a menudo estábamos en los mismos carteles, o en noches diferentes de los mismos festivales. Sé que compartimos a muchos fans, a mucha gente que adora a nuestras bandas. Cuando *Linger* llegó a la cima de su popularidad, nosotros estábamos grabando nuestro primer disco, así que tengo unos recuerdos muy intensos de ella, y me encantaba su voz.»

Ese estupendo primer álbum de Garbage, en 1995, homónimo y brutalmente pegadizo, con la inquietante cubierta de color rosa, es el que contiene *Only Happy When It Rains*, con ese estribillo eufórico apenas un poco más ruidoso y amenazador que sus versos bulliciosamente taciturnos, donde el tormento interior de Shirley resulta indistinguible de su triunfo feroz. Y, al leer su oda a Dolores, de repente experimenté una visión fotorrealista en la que ambas mujeres ametrallaban juntas el estribillo de la canción desde lo alto de un escenario, gritándose a la cara ese *«Pour your misery down on me»* con una felicidad pura, feroz, compartida, tal y como se reirían en los morros de cualquier tontolculo que tuviera la temeridad de llamarlas «chungas». Me habría sentido humillado; me habría sentido honrado.

Un recuerdo: soy un tontolaba de quince años obsesionado con la MTV y de repente me quedo petrificado ante la visión de Polly Jean Harvey, nativa de Dorset, Inglaterra, en el vídeo de *Man-Sized*, extraído del segundo álbum de PJ Harvey, su banda epónima: el monstruo gótico-blues-punk titulado *Rid of Me* (1993). *"I'm coming up man-sized / Skinned alive"*, canta juguetona en *semiplayback*, pero su voz está remezclada a un volumen tan bajo entre la discretamente inquieta guitarra eléctrica y la conmoción de la caja de la batería que tengo que acercarme al televisor para oírla, y eso que estamos ante una más de los millones de canciones de los 90 con versos engañosamente tranquilos que conducen a estribillos increíblemente ruidosos, pero esta resulta, por alguna razón, paralizante. Ella es la razón. PJ está sentada en una silla, haciendo muecas tontas y amenazantes, jugando con su pelo, sacudiendo la cabeza, guiñando un ojo, agitando las manos, proyectando de algún modo tanto una calma oceánica como una fuerte inquietud. «*Douse hair with gasoline* —concluye, mientras la habitación se oscurece a su alrededor—. *Set it light and set it free.*» Hostia puta.

Un titular: «CADERAS. LABIOS. TETAS. PODER». De la portada de la revista *Q* de mayo de 1994, por encima de una foto de PJ Harvey, Björk y Tori Amos, quienes al parecer «se han beneficiado a las listas de éxitos con su mezcla especial de rareza espeluznante e izquierdista, y sus reflexiones marinadas en estrógenos», según explica con amabilidad la venerable publicación del Reino Unido. Oye: *Los estrógenos no funcionan así. Los estrógenos no son un adobo, so chalados. CONTROLAOS.*

Quiero dejar claro que las revistas de música —*Rolling Stone* y *SPIN*, sobre todo, pero también otras como *Q* y *The Source* y *Mojo* y *XXL* y *Vibe* cuando me volví un poco más guay y amplio de miras— me han formado, o por lo menos me han convertido en el obseso profesional de la música que se arrastra hoy ante ti. No pretendo sacar a la luz titulares semivergonzosos de hace treinta años como método pomposo para reivindicar mi superioridad moral en el presente, porque sería ridículo (y pomposo). No caigamos en la autocomplacencia. No estoy burlándome de ese titular, ni de ese tipo de titulares en general, sino de mis tambaleantes tentativas, por aquel entonces, para procesar esos titulares y reconciliarlos con el vigor de la música que intentaban describir.

Así que un recuerdo: soy un zopenco de diecisiete años obsesionado con la MTV que milagrosamente tiene novia y ella está obsesionada con Alanis Morissette, el prodigio canadiense del pop que ha alcanzado el megaestrellato de la noche a la mañana gracias a *You Oughta Know*, su éxito monstruoso de 1995. Se trata de una canción de ruptura, se trata de una canción de traición romántica, se trata de una canción sobre un tío de mierda (según los rumores, Dave Coulier, la estrella de *Padres forzosos*), y, en esencia, hace las veces de ejecución pública del citado tipo de mierda bajo la forma de una serie de preguntas que le hace al tipo de mierda sobre la chica por la que ha desdeñado a Alanis, siendo la más contundente y soez: «*And are you thinkin' of me when youuuuuuu fuck her?*». Yo, personalmente, no quería pensar en que Dave Coulier pensara en follarse a alguien mientras se estaba follando a otra persona, pero en los 90, cuando internet era apenas un brillo en la mirada del mayor empollón que conocías, a menudo no podías elegir lo que escuchabas, ni aquello en lo que pensabas.

Así que ahí estamos, mi (milagrosa) novia y yo, pasando el rato en el salón de su casa al salir de clase, (por desgracia) acompañados por su madre, y mi novia tiene puesto a todo volumen *Jagged Little Pill*, que en 1995 le procuró a Alanis un éxito absurdo, y cada vez que suena *You Oughta Know* ella tiene que toser estratégicamente para que su madre no escuche la palabra bomba. «*And are ya thinkin' of me when you* [TOS] *her?*» Es imposible que eso funcionara de verdad, pero su madre nunca nos hizo quitar el disco.

Un titular: «MUJER BLANCA CABREADA». De la portada de la revista *Rolling Stone* de noviembre de 1995, al lado de una foto de Alanis Morissette. Se trata de una referencia a la película de fémina acosadora *Mujer blanca soltera busca*, que lo sepas. Bien, la rabia electrizante de *You Oughta Know* es innegable, pero lo que cuesta capturar en tres palabras es lo graciosa que puede llegar a ser Alanis, y que cuanto más se cabrea más graciosa se vuelve, lo cual es una mala noticia para el tipo de mierda, pero una gran noticia para nosotros, tanto que el mejor momento de la canción se debe a la vehemencia con la que escupe las palabras: «*I hate to bug you in the middle of dinner*».

Es desternillante. En serio. «No me importa que me reduzcan de manera violenta a una visión unidimensional y a una sola emoción, por complejos que sean los seres humanos —explicó Alanis en 2020 en *Watch What Happens Live*, el programa de entrevistas de Andy Cohen en Bravo—. Creo que me quedo con la rabia.» Muestra fugazmente un pulgar hacia arriba, sonríe, se carcajea, es graciosa incluso cuando no bromea. Andy le pregunta si el titular de «MUJER BLANCA CABREADA» le cabreó especialmente, a lo que ella contesta: «Sí, me cabrean un montón de cosas, pero también tengo otras 750.000 emociones». Lo dice sonriente; Andy sonríe al escucharla.

Un recuerdo: el concierto de Tori Amos que nunca vi. Puedo recrearlo con gran fidelidad pese a que nunca estuve allí. La quietud colectiva, la veneración religiosa, el chisporroteo eléctrico del sacrilegio. De todas las estrellas alternativas de los 90 a las que no vi durante los 90, la que más me apena es Tori Amos (los demás candidatos incluyen a Morphine y Fugazi). Ah, he oído las historias y he visto los vídeos: soy consciente de que, en directo, Tori no es apta para un ambiente laboral. Describiría su postura típica sobre el escenario como «*manspreading*». La mirada puesta en su público silencioso/reverente, bajo una atmósfera de orgullosa falta de decoro. De alguna manera, Tori en directo rezuma vibraciones a lo Prince. Es el pequeño Corvette de color rojo. Se pasa la mayor parte del tiempo tocando el piano como si estuviera intentando dejarlo preñado.

Con estas imágenes, estoy siguiendo su ejemplo. «Muchas mujeres dicen que las he ofendido —le contó a la revista *US* en 1994—. Y mi respuesta es: "Cuando te subas al escenario, no pienso tocarte las narices. Si quieres quedarte ahí parada sin mover las caderas y piensas que eso es feminismo, me parece bien". Pero no hago esto en favor de ningún movimiento. Se trata de despertar mi ser interno. Y parte de ese ser es sexual. ¿Sabes cuando hablan de "La Diosa"? ¡No es una entidad árida! ¡Es quien fertiliza los campos de maíz! ¡Es quien hace crecer las cosas! ¡Es un concepto muy jugoso!»

Estoy muy cabreado conmigo mismo por no haberme sentado nunca en ese maizal. Me pasé una buena parte de los 90 siendo un adolescente ciclotímico que salía a conducir por los barrios residenciales de Cleveland, Ohio, y que se deprimía bajo la potente penumbra industrial de los atardeceres grises y metálicos del Medio Oeste, embelesado por la canción de Tori Amos que estuviera sonando en ese momento en la radio. La supersusurrante y pulverizadora hiperbalada *Winter* mientras la espurriante calefacción de mi coche no lograba competir con el frío de febrero. La sacrílega veneración de *God*, con su hierro 9 en el asiento trasero y el ronroneo irónico de Tori cuando canta: «*Do you need a woman to look after you?*». La ristra de comentarios ingeniosos que asimismo da vida a *Crucify*, sobre todo «*Just what God needs / One more victim*». El verso «*Boy, you better hope I bleed real soon*» en *Silent All These Years*, la provocación más graciosa y escalofriante de todas. Y *Past the Mission*, donde reduce amorosamente la voz de Trent Reznor —¡de Trent Reznor, el ser humano más salvaje y furioso e indomable que se me pudiera ocurrir en aquel momento!— a un murmullo obediente y siniestro.

Todos esos temas surgen de *Little Earthquakes* (1992, su primer disco si no contamos esa rareza de 1988 con banda de glam metal que es *Y Kant Tori Read*, cosa que ella no hace) o de *Under the Pink* (1994, el disco que contiene *Cornflake Girl*). Hablando de contraprogramación grunge... cuesta expresar en este momento lo extraña que sonaba *Cornflake Girl* en las emisoras del 94 cuando aparecía emparedada entre, pongamos, *Heart-Shaped Box* e *Interstate Love Song*. Para bien. Lo que hizo que esa canción[2] concreta de Tori apareciera en la radio fue su extrañeza improbable e intangible, su ritmo incómodo, la inquietante melodía que silba antes de comenzar a cantar nada (Tori tuvo que pelear en serio para conseguirlo), la mandolina, la superimprobable pero muy agradecida presencia de Greg Porter Jr., el bajista de los Meters; y, sobre todo, la verdadera ferocidad del solo de piano que Tori toca hacia el final, una exhibición tan catártica y virtuosa como, digamos, la avalancha molona de Mike McCready, el guitarrista de Pearl Jam, en *Alive*. Podríamos decir que «Tori le da mil vueltas a Mike», pero no lo hagamos y digamos simplemente que podríamos haberlo hecho.

Un titular: «Una chiflada pelirroja». La descripción consiguiente: «Es una zumbada con motor turbo, de primera categoría y clase ejecutiva, pero la belleza sureña TORI AMOS podría ser el antídoto a la sucesión de empalagosas muñecas rubias de bote que vienen acaparan-

---

2. No es un tema agradable de conversación, pero Tori nunca ha tenido reparos en contar que *Cornflake Girl* se inspira en la novela *En posesión del secreto de la alegría*, que Alice Walker publicó en 1992, concretamente en la descripción que se hace en él de la mutilación genital femenina, y por extensión de las cosas terribles que las mujeres hacen a veces a otras mujeres, a otras chicas, porque se supone que es por su bien. Mi yo adolescente no tenía ni idea; te aseguro que el tema que mi yo adolescente adjudicó a esta canción fue extremadamente estúpido.

do toda la atención». Salió en el número de enero de 1992 del *NME*, revista aún más venerada del Reino Unido. Dios. Bien, una parte inmensa del encanto de Tori se debe a su inclinación a informar, pongamos que a la revista *US*, que «he sido una vikinga en muchísimas otras vidas. Sé de qué va eso de robar niños en las costas de Irlanda». Pero esa tendencia de los medios a reducir su audacia y su excentricidad a la frase «zumbada con motor turbo» se vuelve especialmente desagradable cuando te pones en materia con la canción *Me and a Gun* de *Little Earthquakes*, en la que describe a capela, con detallismo impávido e insoportable, una agresión sexual que sufrió.

Un titular: «Tori Amos ha sido pianista clásica, una intérprete de temas lounge trillados, una metalera con botas militares de plástico que le llegaban por el muslo y la víctima de una violación. Es una mujer con una misión» (eso de *SPIN*). Un titular: «Esta voz valiente y novedosa canta sobre la violación y la rabia. El giro consiste en que hace que nos sintamos sensuales, poderosos y vivos» *(Glamour)*. Un titular: «Tori Amos ha pasado de cantar sobre la violación a adorar a la diosa de la fertilidad» (sí, *US*). Por supuesto, ninguno de esos titulares son una absoluta falta de respeto, pero hay algo que chirría en el uso de esa palabra en caja alta como un punto de datos, un tema de conversación, un relleno para la típica construcción revistera de: «Tori nos habla sobre X, Y y Z».

Tampoco es que eso importe mucho, la verdad. Lo que importa es que, en 1994, Tori Amos se convirtió en la primera portavoz de la Red Nacional contra la Violación, el Abuso y el Incesto [RAINN, en sus siglas inglesas]. Lo que importa es que, durante el resto de su vida, podrás encontrarte a Tori hablando con los fans entre las bambalinas de sus conciertos, manteniendo las únicas conversaciones sobre *Me and a Gun* que pueden tener importancia. Un entrevistador de *Rolling Stone* sacó a colación una vez a una amiga que le había dicho: «Tori Amos es una de las razones por las que sigo aquí». La respuesta de

Tori: «Cuando la gente me dice eso, yo le contesto: "Tú te has salvado a ti misma"».

Otro titular: «Las mujeres del rock». *Rolling Stone*, septiembre de 1997. Tina Turner, Madonna y Courtney Love en la portada. Otro titular: «Las mujeres en el rock». *Rolling Stone*, octubre de 2002. Britney Spears, Mary J. Blige y Shakira en la portada, con Alanis, Avril Lavigne y Ashanti en el desplegable. Un titular: «Mujeres que rockean». *Rolling Stone*, octubre de 2003. Missy Elliott, Alicia Keys y Eve en la portada. Si he de ser sincero, no son tantos titulares de «Mujeres (preposición + artículo/pronombre) rock» en *Rolling Stone* como pensaba, pero en cualquier caso son suficientes.

¿Has visto alguna vez el vídeo que hicieron las Breeders de *Shocker in Gloomtown*, su versión del tema de Guided By Voices? El hecho de que ambas bandas sean de Dayton representa más o menos el 85 % de las razones por las que estoy orgulloso de ser de Ohio. GBV, liderados por el ultraprolífico y caballeresco *bro* Bob Pollard, son unos dioses del rock desaliñados y amigos de la bebida que han publicado aproximadamente un millón de discos de rock de esos en los que un sótano se convierte en un concierto de estadio, con unos trece mil millones de canciones en su interior. Las Breeders, lideradas por las hermanas gemelas Kim y Kelly Deal, los complementan con su energía propia de sótano reconvertido en concierto de estadio y son una de mis bandas favoritas de todos los tiempos porque la voz de Kim —la voz física con la que canta y habla— es uno de mis instrumentos musicales favoritos de este planeta. Incluso en sus momentos más fríos, en su voz hay una seducción oscura, una calidez atolondrada y siniestra, como de bibliotecaria de la sección infantil.

Como quizá recuerdes, Kim Deal comenzó siendo la bajista y, de manera (muy) ocasional, la voz principal de los Pixies, la legendaria banda de Boston cuya carrera inicial, entre 1987 y 1991, definió más o menos el rock alternativo tal y como se entendió en los 90 (una de las cosas más guais que puedo decir de mi paso por la secundaria es que vi en directo a los Pixies cuando telonearon a U2 en su legendario Zoo TV Tour; una de las cosas menos guais que puedo decir de mi paso por la secundaria es que pensé que los Pixies habían sido una mierda). Es a los Pixies a quienes hay que agradecerles la fórmula de versos engañosamente tranquilos y estribillos increíblemente ruidosos; como quizá recuerdes, Kurt Cobain los citó como inspiración clave para el *Smells Like Teen Spirit* de Nirvana, que definió los 90 tal y como los 90 se entendieron a sí mismos.

Pero las Breeders son mejores que los Pixies. Confía en mí cuando te digo eso y también cuando te cuento que numerosos inviernos glaciales de Ohio se han derretido gracias a las melodiosas tensiones de *Cannonball*, tema de ese *Last Splash* de 1993 con el que la banda se dio a conocer y triunfó. La estupenda línea de bajo cortesía de Josephine Wiggs. La perceptible sonrisa navajera de las hermanas Deal cuando armonizan en el verso «*Spitting in a wishing well*». La décima de segundo de espacio muerto justo después de que las Deal armonicen de manera superdulce en el verso «*the bong in this reggae song*».[3] La mareante insubordinación de ese silencio, que contiene una personalidad más intensa que el ruido de cualquier otra banda.

El caso es que el vídeo de *Shocker in Gloomtown* se limita a mostrar a las Breeders tocando esa canción en un garaje mientras los miembros de Guided By Voices les dirigen miradas maliciosas desde las ventanas, y la verdad es que ese es el único comentario que deberías necesitar de parte de las Breeders sobre el hecho de ser mujer del (o en el) rock. Claro que siempre es divertido que Kim se explaye. En 1995, concedió

3. «La cachimba en esta canción reggae.» (*N. del t.*)

una entrevista realmente larga, beligerante y guay a Charles Aaron para una historia de portada de la revista *SPIN* en la que se quejó de la idea de que lo único que las Mujeres del Rock podían hacer era imitar a los hombres, o que las protegieran hombres como, hum, el tipo ese de Fugazi. «Ahora tienes a tíos como Ian MacKaye, que "salvan" a las chicas del *mosh pit* —dijo, burlona—. Eh, tío, que te den. Las chicas saben lo que se hacen al meterse ahí. No necesitan que las salves.»

«Eh, tío, que te den.» Puedo oír esas palabras en la voz de Kim Deal con la misma claridad con que las oigo en la cacofonía vocal de TLC en todas las canciones que hicieron, incluso las alegres, incluso las calenturientas, incluso las que no fueron para nada beligerantes. «Eh, tío, que te den. Sabemos lo que nos hacemos. No necesitamos que nos salves.» Y no lo necesitaban, pero nosotros (un plural de verdad, esta vez) sin duda las necesitábamos a ellas. El trío pop de Atlanta formado por Tionne «T-Boz» Watkins, Lisa «Left Eye» Lopes y Rozonda «Chilli» Thomas es, según los números y también las sensaciones, el mayor grupo femenino de todos los tiempos, lo cual, en retrospectiva, fue bastante evidente si nos basamos solo en el desenfrenado vídeo de *Ain't Too Proud to Beg*, el sencillo con el que debutaron en 1992: los exuberantes colores primarios, los sombreros gigantes, los pantalones holgados, los monos y, por supuesto, las gafas con un condón sobre el ojo izquierdo que le valieron a Lisa Lopes su mote. Se trataba claramente de un grupo con 750.001 emociones y un éxito —además de una apariencia completamente distintiva y suntuosa— para cada una de ellas.

Las gafas con condón de Lisa son una provocación, claro, pero no podrían estar más alejadas de la provocación hueca. Se trata de una provocación que impacta por su integridad. «Eh, tío, ponte esto», dice con sus gafas. A medida que las apuestas en torno a TLC iban creciendo —a medida que vendían muchos más discos y generaban polémicas mucho mayores—, debías tener en cuenta que no eran unas mujeres que fueran a conformarse con el mero impacto. Sus éxitos principales hablan de manera explícita sobre algo. *Waterfalls*, el tremendo éxito de ese disco de diamante que en 1994 fue *CrazySexyCool*, dedica su segunda estrofa a la crisis del VIH: «*Three letters took him to his final resting place*». *Waterfalls* es una provocación superíntegra, un himno sideral y karaokero sobre el autocontrol, sobre la cautela. Se titula *Waterfalls* porque TLC te aconsejan que no vayas tras ellas. «No hagas eso» es un mensaje extrañísimo para un exitazo pop, una fábula que se vuelve mucho más efectiva por su carácter completamente subliminal, puesto que todos sus oyentes están ocupados haciendo el baile del vídeo en el que TLC se transforman, a lo *Avatar* pero en 1994, en personas hechas de agua. Es una canción tan «comprometida» como cualquier tema de rap comprometido que quieras mencionar, y es unas 50.000 veces más divertida que el rap comprometido. TLC están ahora en la vanguardia de la música pop. Cada uno de sus movimientos forma parte de la nueva tradición. Además: *CrazySexyCool* apareció en noviembre de 1994, cuatro meses o así después de que Left Eye quemara la casa de su novio, la superestrella de la NFL Andre Rison.

Un titular mucho mejor: «TLC prende la mecha». Revista *Vibe*, noviembre de 1994. Aparecen vestidas de bombero (el titular del artículo interior se supera: «Ponen la mano en el fuego»). En ese momento, el grupo tenía un control mayor sobre su relato de lo que era habitual, y se había dado a un tipo de provocación un poco menos íntegra. Pero el artículo de *Vibe* también detalla la difícil relación entre Lopes y Rison, sus enfrentamientos y las acusaciones de abuso que ella había realizado antes del incendio. Lisa también rechaza la idea de que ella sea «la loca», idea erróneamente derivada del propio título de su disco. «*Crazysexycool* es una palabra que creamos para describir lo que hay dentro de toda mujer —dice Lisa—. Todas las mujeres tienen una parte alocada, una parte sexy y una parte guay. Cuando les contamos la idea, muchos de nuestros productores la malinterpretaron:

querían hacerme una canción alocada a mí, una canción sexy para Chilli y una canción guay para Tionne. Tuvimos que explicarles que *CrazySexyCool* no nos describe individualmente, sino que describe las diferentes partes de una misma mujer.»

Lo que de verdad es una locura, si no te molesta que te lo diga, es la idea de que algún tío de mierda se ponga al volante de un coche —que ni siquiera es suyo— y, al ver a una de estas tres superestrellas internacionales caminando por la calle, tenga la osadía de pensar: «Voy a gritarle algo por la ventanilla para que quiera acostarse conmigo». ¿Quién demonios eres? ¿Qué diablos estás haciendo? En aquel momento tuve la sensación de que *Waterfalls* era la mayor canción pop que pudiera imaginarse, pero *No Scrubs*, del elegante y seductor *Fanmail* (1999) ha resultado ser el éxito de TLC que rige por encima de todos los demás, y resulta especialmente gracioso que se trate de una canción sobre esos tarados sin blanca que de repente intentaban flirtear de manera inepta con alguna de las TLC. «No lo hagáis», dice la canción, esta vez con un poquito menos de amabilidad.

No Scrubs también es mi éxito favorito de TLC por la (reconozco que) egoísta razón de que en él se define de inmediato la palabra «*scrub*»: «*A scrub is a guy that thinks he's fly* —explica Chilli—. *And is also known as a busta*».[4] Increíblemente útil. Lo digo en serio. A todas las canciones pop que recurran a la jerga en los títulos de sus canciones se les debería exigir por ley que definan ese término en los cuatro primeros versos del tema. Habría que modificar la Constitución. Lo llamaríamos la Doctrina Scrubs. También ayuda que, en el momento de definir el concepto, Chilli se esté balanceando en ese columpio blanco enorme de la gigantesca nave espacial en la que tiene lugar el vídeo de *No Scrubs*, una visión futurista que, para mí, define la mejor de las predicciones que

4. «Un notas es un tío que se cree muy molón. También se le conoce como arrastrao.» (*N. del t.*)

en 1999 había del siglo XXI. Nos ofrecen un nuevo baile que aprender; nos ofrecen un retablo visual novedoso y fascinante, como si Kubrick hubiera dirigido *Barbarella*, que asociar durante lo que nos quede de vida a otro éxito fantástico.

Lisa Lopes murió en un accidente de coche en Honduras, el 25 de abril de 2002. Sin ella, sin unas TLC a todo trapo para guiarlo, el siglo XXI está mucho más vacío. Cuando la VH1 estrenó el *biopic CrazySexyCool* en 2012, este se convirtió en la tercera película en cable mejor valorada del año, y en el programa mejor valorado de toda la historia de la VH1, y en parte eso se debe a la emoción lasciva de ver a la actriz y rapera Lil Mama convirtiéndose en Left Eye al tirar un montón de zapatillas que sospechosamente no parecen de su talla dentro de la bañera del Andre Rison del film para a continuación prenderles fuego. Pero, en el verano de 1994, aquel incendio empezó siendo uno de esos ocasionales escándalos entre famosos que se siguen en tiempo real, casi como una comedia física propia de la prensa amarilla, algo con lo que la CNN y las noticias de la MTV podían soltar una risita y descartar a continuación como «una locura cometida por una estrella locatis del pop» sin preocuparse mucho por sus motivos.

Lo cual nos lleva a pensar en Sinéad O'Connor y su propio roce con la más lacerante infamia sensacionalista, y todo ello a causa de un incidente mucho menos destructivo. Lo único que hizo fue romper una foto. Del papa. En *Saturday Night Live*.

Es casi embarazoso reconocer ahora lo perplejo que me dejó en 1990 el vídeo del *Nothing Compares 2 U* de Sinéad O'Connor. Ahí tenéis al notas que era yo a los doce años, mirando boquiabierto los primeros planos de esa mujer irlandesa dueña de sí misma con la cabeza rapada y un jersey negro de cuello cisne y unas lágrimas que rodaban por sus mejillas. Y se limitaba a cantar: no había explosiones, no había cortes rápidos, ninguna señal de ese hiperactivo estilo de montaje de la MTV del que la gente siempre se estaba quejando. Solo había calma, solemnidad, una severidad maravillosa. ¿Cuántos televisores había visto estallar durante los primeros diez años de la MTV? ¿Cuántos tipos en mallas habían intentado dejarme impactado? Pero ninguno de ellos me impactó la mitad que el desdén palpable de Sinéad cuando canta sobre el médico que le había dado el gran consejo de: «*Girl you better try to have fun no matter what you do*».

Según *Remembranzas*, su brutal libro de memorias aparecido en 2021, Sinéad se afeitó la cabeza antes de lanzar su primer disco, *The Lion and the Cobra*, en 1987, cuando los encargados de la discográfica le dijeron que «dejara de llevar el pelo tan corto y comenzara a vestirme como una chica». Ella los acusó de intentar que se pareciera a sus amantes; el peluquero griego que le afeitó la cabeza se echó a llorar. Al sello tampoco le gustó su aspecto en la portada de *The Lion and the Cobra*, la cabeza recién afeitada, la boca muy abierta. Pensaron que parecía enfadada, como si estuviera gritando. Pero ella insistió en que no era así: simplemente estaba cantando. Y ese era el aspecto que tenía al cantar. Sinéad O'Connor fue la encarnación del «Eh, tío, que te den».

Y ahora hace acto de presencia Prince. *Nothing Compares 2 U* es una canción de Prince en el sentido de que él la compuso, de que él mismo la grabó en 1984 y la lanzó con su proyecto paralelo Family en el 85, reclutando a su protegido Paul «St Paul» Peterson para que se dejara los pulmones cantándola. Pero la realidad es que *Nothing Compares 2 U* había sido una canción de Prince, y que Sinéad se adueñó de ella en cuanto comenzó a cantarla. Y ese fue su gran desafío, su gran acto de confrontación, allí donde se mostró más dueña de sí misma. Fue una OPA hostil. Sinéad se encarnó en esa canción a nivel molecular. Alteró su sentido fundamental. La robó. Se hizo con ella. Menuda osadía. La grandeza y la temeridad que requiere. Que Sinéad O'Connor dijera «Voy a robarle una canción a Prince» es como si Nicolas Cage hubiera dicho «Voy a robar la Declaración de Independencia». Pero eso es lo que hizo.

La canción alcanzó el número uno de la lista pop del Billboard Hot 100 la misma semana de 1990 en que su álbum materno, *I Do Not Want What I Haven't Got*, llegaba al número uno en la lista de trabajos de larga duración. Al recibir la noticia, Sinéad rompió a llorar, y no fueron lágrimas de felicidad. Otra gran canción de ese disco es la más rápida y pop *The Emperor's New Clothes*, que vibra con la misma energía *pateachicos*: «*Maybe it sounds mean* —canta—. *But I really don't think so*». Fantástico. «*You asked for the truth* —añade—. *And I told you*».

En *Remembranzas*, Sinéad cuenta una historia larga, extraña y perturbadora sobre el enfrentamiento que tuvo con Prince unos nueve meses después de que *Nothing Compares 2 U* llegara a lo más alto de las listas. La convocan a la casa de él en Los Ángeles. Prince le pide que deje de usar palabras soeces en las entrevistas. Ella le dice que se vaya a la mierda. Él intenta que se tome una sopa. Ella se niega. Él le propone una pelea de almohadas, y es evidente que ha metido un objeto pesado dentro de la funda. Ella sale corriendo de la casa. Él la persigue. Es de noche, ella está sola, no tiene ni idea de dónde se encuentra, no tiene otra manera de regresar a su propia casa que no sea corriendo. Se mete en el bosque. Al fin llega a una calle, pero Prince se presenta conduciendo un coche, sale y la persigue durante unos instantes. Ella corre hasta una casa cercana, llama frenética al timbre, y él al fin se marcha en el coche. Ella concluye: «No quiero volver a ver nunca más a ese demonio».

No puedo decirte la manera en que todo esto debe hacerte sentir. No puedo decirte la manera en que debe alterar tus sentimientos hacia él, o hacia ella, o hacia la canción. No hay una manera cierta, limpia, definitiva de separar al arte del artista. Cuando se lo separa del artista, el arte deja de ser eso, arte, en un sentido esencial. El artista presta significado al arte. Pertenezco a ese tipo de personas a las que incluso ahora se les llenan los ojos de lágrimas solo por escribir las palabras: «Prince murió de una sobredosis accidental de fentanilo el 16 de abril de 2016». Puedo llorar al artista. Puedo llorar a la persona, pero solo hasta el punto en que se puede llorar a alguien a quien no has llegado a conocer. Pero también puedo llorar mi imagen ingenua y santa de esa persona cuando me presentan pruebas aún más concluyentes de que ser uno de los grandes artistas de tu generación no te convierte automáticamente en uno de los grandes seres humanos de esa generación.

En 1992, durante su segunda aparición como invitada musical en *Saturday Night Live*, Sinéad escogió como segunda canción el *War* de Bob Marley, que cantó a capela, y, después de recitar el último verso —«*We have confidence in the victory of good over evil*»—, rompió una foto del papa Juan Pablo II y gritó: «Combatid al enemigo de verdad». Resultó que la foto había pertenecido a su madre. Que la había descolgado de la pared de la habitación de su madre el día que esta murió. La rompió para protestar contra los abusos infantiles en el seno de la Iglesia católica. Sean cuales sean tus sensaciones sobre este tema —quizá sobre todo si te molesta—, se trató sin la menor duda del gesto más punk del rock de los 90. En el libro cuenta que regresó al hotel y encendió el televisor: «Estaban comentando el asunto en las noticias y me enteré de que la NBC me había vetado de por vida —escribe—. Fue mucho menos doloroso que las violaciones que sufrieron esos niños irlandeses».

Le pediste la verdad y ella te la contó.

Otra estrella pop beligerante, otro escenario prominente, otra verdad mal recibida que habíamos solicitado y necesitábamos escuchar: sí, ahí está Fiona Apple, quien, al aceptar el premio al mejor artista nuevo en vídeo durante los MTV Music Video Awards de 1997, declara que «este mundo es una puta mentira». Y se apresura a añadir que «no deberías conformar tu vida en torno a lo que pienses que consideramos que es guay y lo que nos ponemos y lo que decimos y tal. Sé tú mismo.

Sé tú mismo». Pero lo que todo el mundo recuerda principalmente es la parte de la puta mentira.

Te recomiendo que no vuelvas a ver el vídeo de *Criminal*. Como quizá recuerdes, solo muestra a Fiona Apple —nativa de Nueva York, prodigio del piano, aficionada al jazz, fan del hip-hop, cantautora lacerante y arquitecta de *Tidal*, el sofocante álbum con el que debutó en 1996— retorciéndose y frunciendo el ceño y enfurruñándose y semiflirteando entre diversas modelos estilo *heroin-chic*, sin rostro y sin sentido. No se trata de una objeción moral ni nada que se le parezca. Es solo que, en la actualidad, el vídeo de *Criminal* hace que te imagines al Joker dirigiendo un anuncio de Abercrombie & Fitch, y al infierno con eso (su director, Mark Romanek, también fue responsable del vídeo de la versión de *Hurt* a cargo de Johnny Cash, que me hace llorar cada vez que lo veo, así que en conjunto no tengo el menor problema con él). Me declaro exhausto ante el laberinto retórico en el que me pregunto si es un vídeo que explota a Fiona Apple a sus diecinueve años o si se trata de una sátira inteligente sobre el resto del mundo intentando explotar a Fiona Apple.

En 1997, Fiona Apple se sumó al programa inaugural de Lilith Fair, el festival veraniego compuesto exclusivamente de artistas femeninas que había creado la estrella canadiense Sarah McLachlan, una de sus cabezas de cartel junto a un elenco rotativo que aquel año incluyó a Sheryl Crow, Tracy Chapman, Jewel, Paula Cole y Lisa Loeb; el cartel de 1998 contó con Sinéad O'Connor, Erykah Badu, Missy Elliott, Bonnie Raitt y Liz Phair. En mi opinión, *Possession*, el éxito de McLachlan de 1993 —un tema rock espectral y torrencial inspirado en las perturbadoras cartas que había recibido por parte de un acosador, quien a continuación intentó demandarla por haber citado sus palabras— sentó el tono de la obra de Fiona; concretamente, el uso de las canciones a modo de terapia, el uso de las canciones a modo de arsenal. Canciones compuestas por ti que luego alguien usa para atacarte, canciones que compones a continuación para defenderte de los ataques generados por las canciones anteriores. El problema del propósito equivocado. De la malinterpretación. De la apropiación indebida. La primera opción con la que Fiona Apple intentó enfrentarse a todo eso fue cantando unas letras mordaces e inconfundibles con toda la intensidad posible.

Así que ahí tenemos a una Fiona que clama, estruendosa, «*I have never been so insulted in all my life*» en *Sleep to Dream*, sencillo de *Tidal* y un nuevo emocionante destripamiento de otro tío de mierda. Pero *Criminal* fue con claridad el momento de la revelación: su percusión retumbante, su ritmo acelerado entre la miríada de baladas espectrales de *Tidal* y el emocionante salto del ángel en el puente de la canción, cuando ella aúlla: «*What would an angel say? / The devil wants to know*». Pero *Criminal* como canción fenomenal tuvo que competir constantemente con *Criminal* como vídeo controvertido, y la Fiona Apple compositora tuvo que competir constantemente con la Fiona Apple franca y contundente que acudía a las entrevistas para contarte la verdad si tú se lo pedías.

Fiona también escribió sobre su violación. En 1998, en un artículo de portada de la revista *Rolling Stone*, la descripción que hace de ese hecho se extiende a lo largo de seis, siete, ocho párrafos de detalles vívidos y perturbadores, incluyendo el número de cerrojos que hay en la puerta de su apartamento. Como conclusión: «Pensé que, a fin de cuentas, pase lo que pase, si miento con este tema, no me gusta lo que eso diría de mí». Y llevó ese compromiso con la verdad a todas las conversaciones, sin importar el tema, sin importar el interlocutor, aunque le doliera, por mucho que la malinterpretaran de mala manera a cada paso, por mucho que se quedara mermada y exhausta al saber que todo el mundo la estaba escuchando, por no decir que la estaban mirando con lascivia.

«Si quieres verme llorar, ven a una sesión de fotos —le dijo a la revista *SPIN* en 1997—. Me tratan como si fuera una habitación de hotel: me desordenan toda y luego se largan.» Esa sería la revista *SPIN* que tituló en portada: «Fiona Apple: Ha sido una chica muy muy mala». Además, se trata del «Número de las chicas», que incluyó a «Alanis, Ani, Gwen, Xena, Chloe, Chelsea, Daria, la WNBA y muchas más». Además, se trata del infame artículo de *SPIN* que dejó a Fiona sintiéndose tan malinterpretada, tan expuesta al sensacionalismo, que escribió un poema sobre la experiencia y lo usó como título de su siguiente álbum, que en efecto se llama (sí, esto pasó): *When the Pawn Hits the Conflicts He Thinks Like a King What He Knows Throws the Blows When He Goes to the Fight and He'll Win the Whole Thing 'fore He Enters the Ring There's No Body to Batter When Your Mind is Your Might So When You Go Solo, You Hold Your Own Hand and Remember That Depth Is the Greatest of Heights and If You Know Where You Stand, Then You Know Where to Land and If You Fall It Won't Matter, Cuz You'll Know That You're Right.*[5] El ciclo de las Mujeres en el Rock continúa. Es un «nunca me había sentido tan insultada» a perpetuidad.

Otra estrella joven y grandilocuente, otra verdad necesaria, otro estribillo fenomenal y con susto incorporado: «*If it makes you happy / It can't be that bad*». Pero el mero hecho de escribir esos versos no hace justicia ni al estribillo, ni a la canción, ni a Sheryl Crow. Recuerdo la primera vez que escuché *If It Makes You Happy*, el exorcismo a fuego lento de calibre monumental de su segundo y epónimo álbum de 1996; recuerdo la ronquera electrizante de su voz cuando llega el estribillo, el aterrador estallido de potencia de fuego vocal pura, justificada, gruñona e inesperada, una vez más, para mi yo de dieciocho años.

¿Cómo es posible que ese engaño fantástico no haga más que pillarme por sorpresa? Esta es una más entre los doce mil millones de

5. «Al llegar a la lucha piensa como un rey el peón es lo que sabe de palo el jarabe al llegar a la batalla de todo es campeón sin entrar a la instalación pues nadie hay a quien apalear cuando tu mente es pura agalla así que, si estás sola, tu propia mano tomarás y recuerda que la profundidad es elevada muralla y que saber dónde estás es también saber dónde te posarás y que si caes dará igual, porque la razón será tu medalla.» (*N. del t.*)

canciones con versos engañosamente tranquilos y estribillos increíblemente ruidosos, y, en nuestra primera toma de contacto, vi venir ese estribillo de todas todas, ¿verdad? Tuve que verlo venir. Y, sin embargo, el exultante escopetazo con que Sheryl gime *«IF IT MAKES YOU HAPPY»* me dejó tirado en el suelo, me dejó tirado en el techo. He leído decenas de miles de palabras sobre ella, incluyendo el artículo de *Rolling Stone* titulado «Sheryl Crow: ¿Por qué demonios está tan triste?». Y la he visto surcar también la absurda tormenta de la fama y el exceso de atención y la malinterpretación gratuita y la compartimentación de las Mujeres del/en el rock. Pero su grandeza, su necesidad no me parecieron nunca tan evidentes como cuando rimó *«bad»* con *«sad»*. Una vez más, en el sector de mi cerebro que ocupa el crítico de rock mordaz, durante un breve período me estuve preguntando si no habría una forma más ingeniosa de decirlo. Y, una vez más, no tardé en darme cuenta de que ese punto más de ingenio no es el objetivo ni a la hora de componer canciones, ni en la crítica de rock, ni en la vida. Y una vez más sucumbí ante una canción verdaderamente fenomenal que me impactó y me hizo caer rodando de nuevo por la montaña de la condescendencia chunga, convertido en otro chico bienintencionado pero descontrolado que necesitaba una buena patada.

UNA GEOGRAFÍA VÍVIDA, O TODO EL MUNDO ODIA A LOS TURISTAS

CANCIONES TRATADAS:

C.R.E.A.M., Wu-Tang Clan

Shook Ones, Pt. II, Mobb Deep

N.Y. State of Mind, Nas

Common People, Pulp

Hyperballad, Björk

The Rain (Supa Dupa Fly), Missy Elliott

Elevators (Me & You), Outkast

Back That Azz Up, Juvenile

Been Caught Stealing, Jane's Addiction

Black Hole Sun, Soundgarden

I Got 5 on It, Luniz

Eres un adolescente ojiplático. Vives allí donde vivas. Tu paga semanal (o tu empleo de salario mínimo, o lo que sea) controla todo lo que te rodea. Es el invierno de un año 1993 que comienza a desangrarse camino de 1994. Te informan —una revista, el programa *Yo! MTV Raps*, el chico más guay de la clase— de que el disco más guay que puedes escuchar es *Enter the Wu-Tang (36 Chambers)*, de Wu-Tang Clan, un equipo de Staten Island en expansión conformado por (tal y como te informa la introducción de una de sus canciones): «the RZA, the GZA, Ol' Dirty Bastard, Inspectah Deck, Raekwon the Chef, U-God, Ghostface Killah y Method Man» (además de Masta Killa y, con el tiempo, Cappadonna). Es una serie satisfactoriamente caótica de palabras, números, motes y paréntesis que, con toda probabilidad, no llegas a entender. Pero ese caos, esa confusión, solo hacen que todo suene más guay.

Así que gorroneas para conseguir el dinero y compras esa cosa y te tiras 45 minutos contemplando a los inquietantes tipos sin rostro de su portada. Y, cuando al fin pones el disco, las primeras palabras que escuchas —*«Shaolin shadowboxing! And the Wu-Tang sword style!»*— son un *sample* extraído de *Shaolin and Wu Tang*, una peli de explotación hongkonesa de 1983 que con toda probabilidad no has visto. Pero la música suena tan mugrienta y exquisitamente sombría y elegantemente ultraviolenta como te imaginas que debe de ser la película, y de repente cerca de una docena de voces diversas —raperos, luchadores, personalidades vibrantes, estrellas— comienzan a pelearse por el oxígeno, por tu atención, por tu adoración.

Bring Da Ruckus. Wu-Tang Clan Ain't Nuthing ta F'Wit. Protect Ya Neck. Method Man,[1] la canción. Method Man, el hombre. Es abruma-

---

1. «Que haya jarana. Al Wu-Tang Clan no se le tocan las pelotas. Protégete el cuello. Hombre de método.» (*N. del t.*)

dor, es agresivo, es sucio, es contundente, es cruel, es exuberante, es invierno en todo momento, es electrizante, es desconcertante, es divertido. Y, sin duda, cuanto mayor es el desconcierto más divertido se vuelve, y la gelidez implacable y general se va tornando más fría cuanto más acalorado te sientes, cuanto más cómodo te encuentras.

Y luego está *C.R.E.A.M.*; según no tardan en informarte, el acrónimo de «*Cash Rules Everything Around Me*», una canción contundente pero de legítima belleza en la que estos tipos te cuentan de dónde vienen, y lo que sienten al saber que no tienes ni idea de ese lugar. Y lo que de verdad quieren que sepas es que, sea cual sea tu edad o localización o circunstancias, cuanto menos dinero tienes, más controla este todo lo que te rodea.

Wu-Tang Clan son uno de los más importantes grupos de rap de la historia, y su logo, esa W superheroica en negro y amarillo, es uno de los mejores de la historia. Y punto pelota. Con el estallido de *Enter the Wu-Tang*, el logo comenzó a aparecer por todas partes: garabateado en cuadernos, grabado en pupitres escolares, estampado en como diez mil millones de camisetas... Pero, antes de *C.R.E.A.M.*, un buen porcentaje de los fans que pronto iban a lucir esas camisetas —un montón de adolescentes de barrios residenciales, para comenzar— no tenían ni idea de cómo eran los inviernos de Staten Island para los jóvenes negros sin dinero. Esa desconexión entre el artista y sus fans iba a representar un problema enorme para la banda, y quizá para el resto de la música rap a medida que el género se fuera volviendo más popular, más dominante. No todo el mundo lo pilló[2] de primeras.

2. Por ejemplo, en un primer momento pensé en *Enter the Wu-Tang* como una colección excelente de mensajes para el contestador telefónico, incluyendo el que sigue a *C.R.E.A.M.*, donde Raekwon y Method Man comparan jovialmente métodos de tortura: «*Yeah, I'll fuckin' lay your nuts on the fuckin' dresser, just your nuts layin' on the fuckin' dresser, and bang them shits with a spike fuckin' bat. Wussuh: BLAOOW*» [«Sí, te pondré los huevos encima de la puta cómoda, joder, tus huevos encima de la puta

En *The Tao of Wu*, su libro de 2009, RZA —líder espiritual y productor principal del Wu-Tang Clan, además de intrépido coleccionista de gatos— escribe que, para la formación de la banda, fue crucial que Staten Island fuera una isla geográfica. «Cuando ves una película de Godzilla, ves que se van a una de esas islas remotas y diminutas para encontrar a Mothra —explica—. Con nosotros fue igual. Una peña hip-hopera de nueve tíos, basada en las matemáticas, el ajedrez, los cómics y las pelis de kung-fu no iba a brotar en medio de la escena artística de Manhattan.[3] Algo como King Kong solo puede crecer hasta alcanzar toda su capacidad en una isla remota.» También le recomienda a todo el mundo que ponga «una isla en su vida» (que es casi un eslogan de cerveza) y que desconecte «las ondas electromagnéticas que te están embutiendo a la fuerza» (que en realidad no).

El sample en torno al que RZA erigió *C.R.E.A.M.* —extraído de los segundos iniciales de un etéreo tema soul de 1967 titulado *As Long as I've Got You*, compuesto y producido por Isaac Hayes y David Porter, e interpretado por las Charmels, un grupo femenino de Stax Records— tiene una impactante cualidad espectral y arqueológica, parece más fruto de haber saqueado respetuosamente un sepulcro que de haber rebuscado en un cajón. Es inquietante, es fabuloso, es inolvidable. Pero esa belleza no hace más que realzar el dolor en la voz de Raekwon cuando describe su infancia pobre «*on the crime side, the New York Times side*», y el dolor en la voz de Inspectah Deck cuando usa la palabra

---

cómoda, y te los haré mierda con un puto bate de pinchos. Kapassa: PACHOFF»]. Biiiip. Desternillante. Para partirse, vamos.

3. RZA, nacido Robert Fitzgerald Diggs, debutó técnicamente bajo el nombre de Prince Rakeem en *Ooh I Love You Rakeem*, una broma novedosa y muy tontorrona de 1991, una idea muy propia de «la escena artística de Manhattan» que malinterpretó terriblemente su atractivo y su potencial. Porque, al parecer, si vivías en Manhattan a principios de los 90, Staten Island, que se encontraba solo a 35-40 km de distancia, bien podría haber sido una montaña de China.

«deprimido» dos veces en dos segundos y anuncia que *«Survival got me buggin', but I'm alive on arrival»*[4] (a los demás les encantó ese verso).

Como todo el mundo sabe, *Enter the Wu-Tang* apareció el 9 de noviembre de 1993, el mismo día que el *Midnight Marauders* de A Tribe Called Quest, otro clásico atemporal del rap, aunque más amable y menos beligerante. Los Tribe provenían de Queens y esos dos discos representaron un valiente esfuerzo del hip-hop de la Costa Este por devolverle el golpe a *The Chronic*, el monumento candente y resplandeciente de Gangsta Funk que Dr. Dre había lanzado en 1992 y que había conquistado los barrios residenciales mientras amenazaba con convertir a Compton en la nueva capital del hip-hop. Mientras tanto, el Wu-Tang Clan no tardó en expandirse hacia su propio multiverso de estrellas individuales y álbumes en solitario convertidos en clásicos de todos los tiempos. Pero, después del éxito superexpandido de *Wu-Tang Forever*, el disco doble de 1997 que contó con toda la tripulación, el centro ha aguantado solo de manera intermitente. El grupo estuvo a punto de venirse abajo ese mismo año, cuando salió de gira con Rage Against the Machine, monstruos del rap-metal que contaban con una mayor afinidad entre los barrios residenciales («Yo no quería ir —explicó Method Man en el documental *Wu-Tang Clan: Of Mics and Men*, emitido por Showtime en 2019—. Porque, para mí, el público negro era lo principal, y había visto a diferentes tipos pasarse al público blanco para no volver nunca y tal, así que me daba un poco de miedo»). Y, a continuación, con la muerte de Old Dirty Bastard a causa de una sobredosis en 2004, ya nunca volvieron a estar completos. La fase que sigue al momento en que te adueñas del mundo parece muy diferente a la fase en la que estás creando tu propio mundo.

4. «Sobrevivir ha sido un incordio, pero he ingresado con vida.» (*N. del t.*)

Pero cualquier discordancia entre los artistas y su público no hace más que resaltar la grandeza de *Enter the Wu-Tang*, álbum lleno de himnos estridentes y pendencieros, pero que también, de manera muy buscada, es dueño de una frialdad que raya en la gelidez letal. Te tienen ganado solo con detallar de manera precisa lo que se siente cuando te echan de casa al frío de la calle. Según RZA, *C.R.E.A.M.* se grabó cuatro o cinco veces; uno de sus títulos provisionales fue *Lifestyles of the Mega Rich* en un momento en que ninguna de las personas involucradas en crear la canción pertenecía a esa categoría.[5] Wu-Tang Clan quisieron imaginar una salida, mientras que un porcentaje importante de sus primeros fans tuvo que imaginarse una entrada. Y ellos sabían que sabías que, si no lo sabías, no lo sabías.

Eres un padre exhausto de cuarenta y tantos. Vives allí donde vivas. Un momento, vale, lo siento: ahora estamos hablando concretamente de mí. Estamos hablando de aquella vez en que me pasé todo el fin de semana del Día de los Caídos —soleado y a más de veinticinco grados en su mayor parte— escuchando el catálogo entero de Mobb Deep con los auriculares mientras perseguía a mi hija de un año por los bucólicos barrios residenciales del Medio Oeste. Varias aceras, varios parques, varios retablos patrióticos en el centro, todo ello con una banda sonora de rap criminal extraordinariamente lúgubre, de hierro fundido, amargo como el viento hibernal, acribillado por las balas de los de Queensbridge.

Columpié a mi hija mientras escuchaba a Mobb Deep. La vi caminar con dificultad a través de una buena hectárea de banderas norteamericanas que ondeaban al viento mientras escuchaba a Mobb

5. «Estilos de vida de los megarricos.» (*N. del t.*)

Deep. Recuperé varios juguetes y pelotas de la calle mientras escuchaba a Mobb Deep. Ella no hacía más que tirar cosas a la calle. Yo no podía evitar que tirara cosas a la calle. «Tírame la pelota a mí, chiquilla. No la tires a la calle.» Y es algo que me hace mucha gracia, eso de estar rodeado de padres bobalicones tan parecidos a mí pero que no tienen ni idea de que estoy escuchando un disco de Mobb Deep llamado *Murda Muzik*. Soleado, más de veinticinco grados, y estoy escuchando una canción desoladora y tempestuosa de Mobb Deep que se titula *Quiet Storm*. Y me siento peligroso. Y pienso: «Soy el tipo más putoguay de este parque». Y acto seguido me avergüenzo y me siento completamente ridículo. La amenaza voluptuosa y letal de esta música tira de mí para recordarme la distancia imposible que me separa, en cualquier sentido físico o emocional o existencial, del peligro mismo.

Todo ello para decir que me estoy acercando a *Shook Ones, Pt. II* —una de las mejores canciones de rap de todos los tiempos— desde la perspectiva de alguien que se ha rajado.[6]

El dúo inmortal formado por Prodigy (nacido Albert Johnson en Hempstead, Long Island) y Havoc (nacido Kejuan Muchita en Brooklyn) se encontró en la High School of Art and Design de Manhattan. Más concretamente, se conocieron a) justo después de una pelea de navajas, que b) Havoc ganó pese a que c) no había llevado su navaja. Los dos rapean en un solo tono certero y de una maldad penetrante; dependiendo de la fuente, miden entre metro sesenta y metro setenta, lo cual no parece demasiado intimidante... hasta que lo piensas durante un rato y de repente se vuelve superintimidante. Se pusieron a hablar después de la pelea de navajas y decidieron formar un dúo

6. El título de la canción sería algo así como «Los rajados, 2.ª parte». (*N. del t.*)

de rap llamado Poetical Prophets, un nombre terrible para un dúo de rap criminal que se había conocido en una pelea de navajas.

No tardaron en rebautizarse como Mobb Deep: mucho mejor. En 1993 lanzaron su debut, *Juvenile Hell*, que es admirablemente infernal y comprensiblemente juvenil. En el vídeo del sencillo *Peer Pressure*, Prodigy y Havoc son dos adolescentes que merodean esgrimiendo de manera inexplicable sendas guadañas por los edificios de viviendas protegidas de Queensbridge, el principal proyecto de vivienda social en todo Estados Unidos, con sus seis manzanas, 96 edificios y más de 3.000 apartamentos que alojan a algo más de 7.000 personas. Una gran canción, un vídeo perturbador, un álbum correcto. *Juvenile Hell* fue un fracaso. En 1994, el rapero Nas, vecino también de Queensbridge, lanzó *Illmatic*, su primer disco, que para vergüenza de Mobb Deep fue aclamado universalmente como un clásico atemporal. «Nos negamos a ser el hazmerreír del barrio —escribe Prodigy en *My Infamous Life*, su libro de memorias de 2011—. Todos nos decían rollo que "Mirad lo que ha hecho Nas, sois unos mierdas".»

Por supuesto, *Illmatic* sigue siendo uno de los discos de rap más divinizados de todos los tiempos, ágil y lúcido, una clase magistral de ambientación nítida, comenzando por el convoy de metro que retumba en sus primeros cinco segundos y así hasta el final. Nas mismo no ha logrado superarlo nunca, y en parte vivirá siempre bajo su sombra, pero pocas sombras proyectan una luz tan cálida, tan pura, tan lujosa. ¿Alguna vez te ha pasado, mientras escuchas un disco de rap que conoces bien y a la vez haces otra cosa —caminas, cocinas, pasas la aspiradora, vas detrás de la pelota de tenis que tu hija de un año no deja de tirar a la calle—, que se acerque tu verso favorito de tu canción favorita y dejes de hacer todo lo demás y te quedes completamente quieto para ignorar todas las demás distracciones y así disfrutar de él en toda su pureza? Es lo que yo hago con *Illmatic*, en la canción *N.Y. State of Mind*, en la parte en la que el ritmo retumbante de DJ Premier deja de sonar mientras Nas rapea: «*Never put me in your box if your shit eats tapes*».[7]

Si vas a dejar que un disco ajeno te haga sentir vergüenza, que sea *Illmatic*. Mobb Deep están avergonzados. Se reorganizan. En *The Infamous*, su segundo disco, de 1995, la dureza y la oscuridad se duplican, se triplican, se cuadriplican. Suenan como si de alguna manera hubieran envejecido cuatro décadas en apenas dos años, y se hubieran pasado todo ese tiempo combatiendo en todas las guerras en las que ha participado Estados Unidos a lo largo de su historia simultáneamente. «*I'm only 19* —rapea Prodigy en *Shook Ones, Pt. II*, mientras dejas todo lo que estás haciendo para recibirle de manera más pura—. *But my mind is old*».

A lo largo de *The Infamous*, tanto Prodigy como Havoc (quien también ejerce de productor principal del disco) se sustentan en la personalidad de Queensbridge y ponen en primer plano su seductora desolación, su malicia, el murmullo salvaje de sus voces. No es que suenen exactamente igual —en la voz de Prodigy hay un deje más dentado—, pero sí suenan perturbadoramente impasibles. ¿Recuerdas que, en *El silencio de los corderos*, a Hannibal Lecter no se le acelera el pulso ni cuando comete actos de una violencia inimaginable? ¿«El pulso no le subió de ochenta y cinco ni siquiera cuando se la tragó [la lengua]»? Pienso en esa cita cuando escucho a estos tipos. Suenan tan crueles y tan tranquilos y tan aislados y tan aciagos... Su mundo se ha vuelto muy pequeño, pero a la vez parece haberse vuelto infinito. Lo único que necesitan son seis manzanas de Queensbridge. Incluso las guadañas parecen ahora superfluas.

El vídeo de *Shook Ones, Part II*, esta vez sin guadañas, insinúa que el veloz charles de batería que suena en la canción es en realidad el

7. «Nunca me metas en tu casetera si esa mierda se come las cintas.» (*N. del t.*)

sample de alguien que enciende un fogón de gas. Havoc dejó que el rumor circulara durante años sin acabar con él, desde el razonamiento de que no hacía más que alimentar el sentido de pertenencia casi mítico de la canción.[8] Es un tema que puede paralizar el aire mismo que respiras, el tiempo, la sangre que te bombea el corazón. Puede hacer que quieras atravesar una pared de ladrillo, que quieras cavar tu propia tumba. «*For every rhyme I write / It's 25 to life*», rapea Havoc poco antes de rimar «*no hesitation*» con «*incarceration*» con «*You don't know me, there's no relation*». Y casi seguro que tiene razón.

La canción marcó a Mobb Deep de por vida. Durante los 90, hicieron otros dos discos fantásticos: *Hell on Earth*, de 1997, y (¡sí!) *Murda Muzik*, de 1999. Hubo un pique con Tupac. Hubo un pique con Jay-Z. Prodigy comenzó una carrera en solitario. *Shook Ones* jugó un papel enorme en el *8 Mile* de Eminem. Mobb Deep se unió a 50 Cent durante un tiempo. Prodigy estuvo en la cárcel durante un tiempo. Prodigy y Havoc mantuvieron un pique por Twitter feo de narices. Prodigy falleció en 2017, después de haber estado luchando durante casi toda la vida con la anemia de células falciformes. Pero también es tentador detener la imagen aquí mismo, en *Shook Ones, Part II*, aunque solo sea porque, para los aficionados a cierto estilo ultramugriento, el rap se detiene orgulloso, para siempre, en esa canción. Igual que tú, seas quien seas, sin importar la temperatura que haga en el lugar en el que estés.

Pero ¿qué pasa si te esfuerzas por fingir que eres alguien o algo diferente, que provienes de un sitio que no es el tuyo? El desastre, la hu-

---

8. El principal *riff* atornillado de piano de la canción tardó dieciséis años en ser identificado, hasta que un tipo cualquiera señaló en un foro que pertenecía a *Fat Albert Rotunda*, el disco de Herbie Hancock de 1969. Eso representa un gran argumento en favor de internet (¡puedes encontrar lo que sea!) y un argumento aún mejor en contra de internet (¡puedes arrebatarle el misterio a lo que sea!).

millación y el fracaso más abyecto, aunque quizá también podrás echar un polvete con alguien fascinante. «*You will never understand* —barrita Jarvis Cocker, el líder de Pulp— *how it feels to live your life / with no meaning or control.*» Es el momento en que *Common People*, himno britpop de su banda megainglesa y mofa contagiosa del tamaño de Glastonbury y eterno himno de batalla, se eleva de verdad; o, en realidad, es una de la buena media docena de veces en que se eleva esta canción jodidamente increíble. Escucha los cinco minutos y cincuenta y un segundos enteros de *Common People* y acabarás en el techo, en el cielo raso, en la luna. En cualquier lugar menos en la oficina del paro, dando por hecho que no estuvieras allí desde el principio.

Jarvis Cocker: vale. Es alto, y desgarbado, y circunspecto, y sin embargo se lo ve disoluto. Lleva esas gafas gigantes. Luce (a menudo) esa barba vagamente pornográfica. En su juventud tenía unos pómulos de estrella del rock tremendamente pornográficos. Es mucho más listo que tú, o en cualquier caso mucho más ingenioso que tú, lo cual también lo vuelve mucho más lúgubre que tú y más cínico y entretenido que tú (es curioso cómo sucede). Jarvis está lejos de ser el único miembro importante de Pulp —que formó en Sheffield, Inglaterra, a los quince años, allá por el lejano 1978—, pero es la encarnación de la banda y su portavoz y su líder, en parte porque tiene el aspecto adecuado para interpretar ese personaje, lo que equivale a decir que se parece al tipo que inventó la pestaña de navegación privada.

Common People surge en 1995 de *Different Class*, el quinto disco de la banda, el de su muy esperada llegada al éxito; en pocas palabras, es una canción sobre una mujer griega pija, privilegiada y condescendiente que intenta vivir como la clase obrera porque piensa que es más guay, más noble, y más dinámica, y tiene razón en muchos aspectos, pero se equivoca al pensar que ese carácter guay, noble y dinámico se le pegará si pasa el tiempo necesario viviendo así. La mujer involucra a nuestro amigo Jarvis para que la ayude a acostarse con gente normal y corriente; su respuesta, con una voz de barítono burlona e informal, es: «*I'll see what I can do*».

Los críticos de rock se ganan la vida abusando de la idea de «himno», pero es la única palabra apropiada en este caso: *Common People* es un himno atemporal sobre los amigos del postureo que no se han ganado el derecho a cantarla. El milagro de esta canción consiste en hacer que lo normal se vuelva extraordinario; lo mundano, increíble. Hace que la prisión de un deudor parezca un palacio, que la desesperación parezca un triunfo y que la ausencia brutal de oportunidades parezca una libertad absoluta, porque, durante cinco minutos y cincuenta y un segundos, así son las cosas. Tenemos que aguantarnos con lo que nos ha tocado en suerte y tú no puedes tenerlo por mucho que finjas que es lo único que tienes.

El otro milagro de *Common People* se debe a que Cocker aboceta ese universo con tantísimos detalles llenos de cariño —puedes notar el sabor del ron con Coca-Cola, oír las cucarachas que suben por las paredes, notar las manchas de las patatas fritas y sentir la grasa que te impregna la piel— que te da la sensación de formar parte de él pese a que la idea principal de la canción sea que no puedes estar allí por mucho que finjas que es así. No estarás allí de verdad aunque estés allí.

Ese mismo sentido exquisito e insondable de la particularidad da vida a *Hyperballad*, perteneciente al álbum *Post* (1995 también) de la estrella megaislandesa del pop Björk, pero aquí se trata de un aislamiento total, impenetrable. Es un himno de batalla para una sola persona, pero ella te transporta desde allí a cualquier otra parte, siendo ese allí la cima de la montaña en la que Björk vive con su amante, si bien cada mañana ella se escapa en solitario para tirar cosas —«*Like car parts, bottles and cutlery / Or whatever I find lying around*»— y liberar así el estrés.

Lo normal, vamos. Es muy fácil imaginarse a la estrella megaislandesa del pop tirando un silenciador de coche por el acantilado, casi puedes oírlo golpear el suelo allá abajo (ella también lo oye, y acto seguido se imagina que es su cuerpo el que se ha estrellado contra las rocas). Es todo un delirio, claro, pero, cuando Björk canta algo, de repente su universo se vuelve más real que el tuyo propio.

Ahora en serio: *Hyperballad* habla de eso. Habla de que, en una relación larga y saludable, tienes que tratar a tu compañero con dulzura, pero encontrar alguna salida para toda tu rabia y salvajismo. «Porque creo que todo el mundo tiene esas dos facetas —explicó en 1995 en un chat de AOL (en serio)—. Así que acabas teniendo que descargar tu hostilidad en un bar o arrojando cubiertos por un acantilado. Así puedes volver junto a tu amor, darle un dulce beso en la mejilla y decirle, feliz: "Hola, cariño".»

Esa explicación es, con sinceridad, extremadamente Björk. *Post*, su segundo trabajo en solitario, es una delicada avalancha de trip-hop, jazz de big band, canciones de cuna amnióticas y ferocidad industrial, una serie satisfactoriamente caótica de pitidos, golpes, arrullos, aullidos y ululatos eufóricos que quizá no comprendieras del todo en un primer momento. Pero no dejes que esa excentricidad por la que Björk es famosa en todo el mundo te impida ver su humanidad básica. Hay que reconciliar dos ideas opuestas: que Björk no es de este planeta y, sin embargo, que Björk es muy de este planeta. Hay pocas personas a lo largo de la historia que hayan sido más de este planeta que ella. Durante mi etapa neoyorquina, viví en Brooklyn Heights, el mismo barrio de Björk, pero en aquel momento nunca lo habría expuesto de esta manera: habría insistido en que Björk vivía en la Luna, o en los anillos de Saturno. Pero eso no le hace ningún favor; es un malentendido fundamental acerca de su arte. Hay una diferencia entre respetarla como visionaria extravagante y desestimarla como una especie de alienígena desconcertante.

Esa es la tarea que hay que acometer. Como generadora de ideas descabelladas y conceptos pomposos, es sobrehumana; pero, como cantante, como fuente de emociones, es profundamente humana. Escuché *Hyperballad* por primera vez cuando era un universitario melancólico de primer año, mientras miraba desolado por la ventana del tercer piso de la residencia, y el carácter por completo prosaico de ese recuerdo lo vuelve muy valioso para mí: Björk y su tormentosa ensoñación en la cima de una montaña me embelesaron y me transportaron. «*'Cause everybody hates a tourist*», dice con malicia Jarvis Cocker en *Common People*, así que intento minimizar ese odio guardando silencio, siendo respetuoso, consciente de lo que sé y de lo que no sé acerca del lugar al que me han conducido.

Otra mujer, otra constructora de galaxias profundamente humana, otra montaña, otro himno de batalla para una sola persona. «*Beep beep!* —declara Missy "Misdemeanor" Elliott—. *Who got the keys to the jeep? Vrooooom.*» Y no hace falta nada más: te sientes perplejo, encantado, transportado, y te vuelves devoto de ella de por vida. En el hipnótico vídeo que Hype Williams dirigió para *The Rain (Supa Dupa Fly)*, su sencillo de debut en 1997, Missy —rapera, compositora, productora, icono de la moda, constructora de mundos de vanguardia— aparece sentada en una colina de color verde nuclear, vestida con un chándal verde, y pone los ojos en blanco y se mece de manera errática, como si estuviera dentro de un huracán, mientras se manosea la peluca con gesto ausente. «Quisimos burlarnos de la manera en que las discográficas intentan hacer que las mujeres negras parezcan blancas —le explicó a Hilston Als, periodista del *New Yorker*, en 1997—. Pelo falso, música falsa.»

Pero el chándal verde, claro, no es el atuendo más famoso del vídeo: ese sería el traje de vinilo negro hinchado que le confeccionó June Ambrose, su estilista desde hacía muchos años. Es un traje espacial.[9]

9. No una bolsa de basura. Pero, según *The Motherlode: 100+ Women Who Made Hip-Hop*, el maravilloso libro de Clover Hope, Ambrose tuvo que inflar el traje, con Missy

Es un traje de superhéroe. Está hecho para impactarte, quizá incluso para ponerte nervioso. Tal y como Missy le contó a la revista *Elle* en 2017: «Para mí, ese traje fue una manera de esconder mi timidez detrás de mi apariencia caótica». Me parece bien, pero nunca olvides que los astronautas también son personas.

Missy es de Portsmouth, Virginia, y grabó su primer disco, *Supa Dupa Fly*, de 1997, en apenas dos semanas junto a un amigo de infancia, el superproductor en ciernes Timothy Mosely, también conocido como Timbaland. En el verano de 1997 —con Tupac Shakur y Notorious B.I.G. asesinados a tiros durante el año anterior—, el hip-hop se encontraba, si no en un estado de crisis, sin duda en un prolongado período de luto e intranquilidad. Eso también se tradujo en una especie de vacío de poder, o al menos en un vacío de estrellas. Necesitábamos a nuevos héroes y, cuanto más originales y llamativos y relativamente pacíficos y exuberantes fueran, mejor. Virginia no acaba de ser el sur de Estados Unidos, tal y como pensamos en Atlanta o Houston o Nueva Orleans como partes del sur, pero tampoco se acerca a la idea que Puff Daddy tiene de la Costa Este, y por tanto no pertenece a su floreciente e hipercomercial Era de los Trajes Resplandecientes. A Missy, los trajes resplandecientes le parecían demasiado aburridos. Ella era una región por sí sola. Era su propia galaxia.

Pero lo que hace que *Supa Dupa Fly* resulte tan increíble, y tan inmersiva, es que Missy y Timbaland comparten esa galaxia propia, y la galaxia cobra vida, parece estar poblada. Hay perros que gruñen, gatos que maúllan, ardillas que hacen *beatbox*, helicópteros que pasan zumbando y, lo más importante, unos grillos que cantan sonoramente y que anclan *The Rain (Supa Dupa Fly)* en una opulencia pantanosa mientras Missy hace que la canción se eleve por los aires, hacia el cielo, hacia el

---

en su interior, en una gasolinera de Queens, a una calle del estudio de grabación, en un encantador choque entre lo interestelar y lo terrenal.

firmamento. Sin la colosal presencia terrenal de Missy, todos esos ligeros toques de producción zoológica sonarían demasiado tontos, demasiado caprichosos. Pero la suya es una figura evidentemente tridimensional, y el sonido de *Supa Dupa Fly* —en parte Quiet Storm, en parte New Jack Swing, en parte P-Funk, en parte electro-rap— es lo bastante estrafalario para volverse tangible, para tener aroma, para ser visible. Missy funde su galaxia con la nuestra y expande nuestro sentido de lo que es posible: el qué, el quién, el cómo, el dónde.

«Había una cierta implicación emocional en ello, y ya no la noto —se lamentaba en 2001 André 3000, de Outkast, el divinizado dúo hip-hopero de Atlanta—. Quiero experimentar esa sensación nostálgica del olor de la Mazmorra, la manera en que ciertos ritmos te hacían sentir. Olía a tierra, como un sótano mohoso cuando llueve. Grillos.»

Se refiere al cuartel general que tenía al sur de Atlanta el extenso colectivo hip-hop conocido como Dungeon Family,[10] que a principios de los 90 se había construido un estudio casero en el sótano de la casa de la madre del productor Rico Wades.[11] Una cámara debajo de la cocina. Suelo de tierra. Paredes de barro rojo. Tuberías por encima de la cabeza. La humedad del aire alteraba las cajas de ritmos. Era rudo. Era perfecto. Cuando bajabas a ese lugar te pasabas toda la noche haciendo música, no volvías a salir nunca. De ahí lo de Mazmorra. De ahí lo de la Familia de la Mazmorra. Y allí fue donde André y Antwan «Big Boi» Patton, que en su adolescencia habían escogido el nombre de Outkast porque Misfits ya estaba pillado, lanzaron su ofensiva

10. «La Familia de la Mazmorra.» (*N. del t.*)

11. Wades forma parte del trío productor Organized Noize, que marcó una época: él se encargó de la idea general; Ray Murray, del rap, y Sleepy Brown, de las pegadizas voces R&B. Si Sleepy Brown tiene algún talento/ambición actoral, algún día debería ganar el Oscar interpretando el papel principal en el *biopic* de Curtis Mayfield.

espectacularmente encantadora y redefinieron un poco más el aspecto y el sonido de la música rap que dominaba el globo, así como su procedencia.

Los grillos y la tierra y la humedad en el aire se palpan en *Southernplayalisticadillacmuzik*, el triunfal debut de Outkast en 1994, de título autoexplicativo. Como es bien sabido, el disco llevó a Outkast a ganar la categoría de Mejor Banda Nueva del Año en los infames y beligerantes premios Source de 1995, ceremonia en la que André y Big Boi fueron abucheados de manera lamentable por el intolerante público neoyorquino, a lo que el primero contestó, desafiante: «El Sur tiene algo que decir». Aunque hayas oído la historia 10.000 veces, de vez en cuando hay que entrar en YouTube para volver a ver ese fiasco y oírle decir esas palabras. La idea de que el Sur tiene algo que decir se sustenta en que yo, por ejemplo, no puedo decir «El Sur» como él.

A continuación, en 1996 Outkast tituló su siguiente disco como *ATLiens* y sintetizó a la perfección esa mentalidad según la cual Georgia formaba parte del espacio exterior con la fenomenal e inquietante *Elevators (Me & You)*, en la que cada pequeño detalle tiene su importancia. El eco profundo de los *rimshots*. El escalofriante organillo y el gélido bajo dub. Los tonos de llamada o pitidos de ascensor o sirenas de alarma de transbordador espacial o lo que sea que reverbera camino de la nada... *ATLiens* es solo la segunda de las cuatro o cinco o seis obras maestras consecutivas del grupo, pero es el disco, tal y como *Elevators (Me & You)* es la canción, que mejor resume la mezcla de mugre subterránea y genio cósmico de los del sur de Atlanta.

Es divertido hacer como que esos tipos salieron de la nada, que de verdad eran anormales, parias, alienígenas. Pero lo que me parece verdaderamente milagroso sobre Outkast es que resulte tan evidente que salieron de algún sitio. De un lugar tangible y reconocible. Salieron del mismo sitio que mucha otra gente.[12] Habían escuchado, y amado, la misma música que tanta otra gente había escuchado y amado. Pero acto seguido, de manera milagrosa, a partir de esa familiaridad, André y Big Boi construyeron un universo extraño y embriagador. Algo extraordinario, algo extraterrestre. Con orígenes identificables y destinos sobrenaturales.

Para el turista desventurado, Nueva Orleans contiene el mismo sentido de extrañeza abrumadora.

Con mis disculpas hacia *Salvar al soldado Ryan* o *Fargo* o *Ace Ventura, detective de mascotas* o lo que sea, el mejor cine de los 90 se puede encontrar en los diez segundos iniciales del vídeo de *Back That Azz Up*: los dos tipos (uno, en silla de ruedas) que tocan el violín en medio de la calle, los árboles inmensos que se ciernen sobre sus cabezas, la luz solar que atraviesa sus hojas y la escena entera teñida del verde plomizo y señorial de los billetes de dólar que quizá en su día alguien arrojara sobre el escenario de algún local de estriptis. Y entonces contemplamos a Terius Gray, también conocido como Juvenile, rapero/embajador extraordinario de Nueva Orleans, adueñarse de ese mismo punto después de salir de una nube de humo, como si fuera una fuerza de la naturaleza, como si fuera la manifestación de la atmósfera misma de esa ciudad.

Criado en las viviendas de protección oficial Magnolia, en el distrito electoral número 11 de Nueva Orleans, Juvenile comenzó siendo un rapero descarado, menor de edad y malhablado, con una voz malévola pero meliflua: míralo a los diecisiete años de edad en *Bounce for the Juvenile*, el éxito local de 1993 del pionero DJ Jimi, dirigiendo el coro

---

12. En 1992, por ejemplo, el calmo grupo de rap Arrested Development, radicado en Atlanta, tuvo un éxito monstruoso con el tema *crossover* titulado *Tennessee*. A la que pisabas un campus universitario a mediados de esa década, lo oías seguro; o, mejor dicho, a la que oías la canción *Tennessee* a mediados de los 90, un campus universitario brotaba de repente a tu alrededor.

que se pregunta «*Where the virgins at?*» y arreglándoselas a continuación para transformar el pedido de una jovencita en un restaurante Popeyes (tres piezas de pollo, ración pequeña de patatas fritas, alubias, galleta, bebida pequeña) en un insulto de crueldad delirante.

Juvenile, hum, perfeccionó su arte a partir de entonces y, en efecto, en *400 Degreez* (1998), su fantástico tercer trabajo en solitario, le regaló al mundo un himno universal titulado *Back That Azz Up*. Concretamente, se trata del himno nacional del club de estriptis. Del himno nacional de ese momento embarazoso durante la boda de tu primo. Del himno nacional de cuando te quedas castigado después del baile de la secundaria. Del himno nacional del «Señorita, voy a tener que pedirle que se marche». Pero también forma parte de las, al parecer, docenas de himnos nacionales fundacionales de Nueva Orleans, producido por la deidad local Mannie Fresh (quien también rapea un poco, igual que un prodigio de dieciséis años llamado Lil Wayne) y emblemático de la grandeza lasciva de la música bounce. En él, un *riff* de xilófono procedente de la ciudad de Nueva York (robado de *Drag Rap*, también conocida como *Triggerman*, un tema de 1986 del grupo de Queens Showboys) choca con un *breakbeat* procedente de la ciudad de San Francisco (robado de *Brown Beats*, un tema de 1987 del venerado DJ de la Bahía Cameron Paul) y genera un ritmo lo bastante contagioso y duradero para alimentar a un género entero allá por Louisiana.

A mediados de los 90, Mannie Fresh era el productor interno de ese monumento de Nueva Orleans que fue Cash Money Records, la discográfica que gobernó la ciudad en lo que al rap respecta junto al imperio No Limit de Master P. Mia X, rapera y socia de Master P, cuenta unas historias verdaderamente idílicas y encantadoras sobre su juventud al lado de Mannie Fresh en el distrito séptimo: la manera en que se encendían las farolas por la noche, el olor a lejía y amoníaco cuando las madres limpiaban los porches delanteros... Impregnado del deslumbrante y peculiar abanico de detalles sensoriales de la ciudad, Mannie Fresh fue fundamental para ayudar a que la música bounce de Nueva Orleans invadiera el mundo entero sin sacrificar para ello su inherente rareza ultrarregional, su carácter lúbrico, su grandeza. Él hizo que las cajas de ritmos sonaran como desfiles de la segunda línea en miniatura. Él hizo que los instrumentos en vivo —baterías de verdad, teclados de verdad— sonaran vivos de verdad. Él hizo que la arrogancia de Nueva Orleans fuera palpable. Hizo que el sudor de Nueva Orleans fuera palpable. Puedes oler ese sudor. Puedes oler la lejía. Puedes sentir la electricidad que enciende esas farolas.

Y, entonces, Juvenile se sube de un salto a *Back That Azz Up* y rapea cada verso —«*Girl you working with some ass, yeah / You're bad, yeah*»—[13] como si se tratara del estribillo, como si se tratara del mejor estribillo compuesto jamás, como si cada una de esas palabras fuera a quedar grabada en el escudo de armas de tu familia. «No pensé que esa canción fuera a triunfar porque es música bounce —le dijo Juvenile a *Complex* en 2012—. No pensé que le gustara a la gente de Nueva York y L.A., gente que no era de mi zona y que no estaba acostumbrada a este tipo de música. Pero explotó. Y me impactó muchísimo.» Claro que más impactados se quedarán tus abuelos cuando la canción comience a sonar en vuestra próxima reunión familiar.

Cuando era un adolescente tembloroso soñaba, inquieto, con Los Ángeles. Por lo general no estoy de acuerdo con cierta filosofía de la historia del rock que dice que «tenías que estar allí», según la cual el verdadero atractivo de una banda es en esencia incognoscible si no fuiste un joven residente en la ciudad natal de esa banda en el momento en

13. «Chica, a eso se le llama trabajar el culo, sí / Qué mala eres, sí.» (*N. del t.*)

que se dio a conocer. Pero sí sospecho que la ciudad de Los Ángeles de mediados de los 80 —con Black Flag, X, las Go-Go's, los Minutemen, Fishbone, Mötley Crüe y los Red Hot Chili Peppers preimperio— significó muchísimo para el legado glam reconvertido en alternativo de Jane's Addiction, quienes a principios de los 90 me dieron de verdad mucho miedo, y de ahí que temblara tanto.

Perry Farrell, su líder regio y mugriento, nació en Queens, y aún se le nota. A los diecisiete se fugó a California «con una tabla de surf, algunos suministros de arte, treinta gramos de yerba y un número de teléfono», y aún se le nota. Formó Jane's Addiction en 1985 y tocaron en un montón de clubs angelinos molones del momento, y no los echaron a patadas de todos. «Mientras pudiera sacarme la polla y revolearla —explicó acerca de su filosofía sobre el escenario en aquel momento—, sabía que seguía vivo.»

Pero en 1990, de alguna manera, la voz de Perry —penetrante, quejicosa, farfullante, cortante por libidinosa— era lo más obsceno que se podía encontrar en la radio rock del Medio Oeste. Por lo general se pinchaban dos canciones de Jane's Addiction, o bien *Jane Says*, acústica y encantadora, o *Been Caught Stealing*, boba y destartalada, pero en ambos casos Perry sonaba como si los adhesivos de «Parental Advisory» pudieran cantar. Desde esa introducción con perros que ladran y la línea de bajo gomosa, como de dibujos animados, en adelante, *Been Caught Stealing* es un caso aparte, por tontorrón, en un catálogo que por otro lado marca a la perfección la diferencia entre el *sleaze* del absurdo hair-metal de los 80 (un reconocimiento para su guitarra solista, Dave Navarro, magnífico velocista de las seis cuerdas y ejemplo ideal de la mentalidad «Live Más») y el crujido acerado del rock alternativo de los 90. Siempre me he imaginado a esta banda como un Caballo de Troya tanto para la subversión orgullosa como para la mercantilización desvergonzada de la inminente generación del *MTV Buzz Bin*, pero no puedo averiguar qué aspecto tiene ese Caballo de

Troya por fuera en contraste con lo que se esconde en su interior, si es que eso tiene algún sentido. He perdido la noción de lo que es subversivo y lo que es mercantilista.

Quizá la mercantilización sea la parte subversiva... ¿alguna vez te lo habías planteado así? Sea como fuere, Jane's Addiction me acojonaban. El desvalijamiento majareta del supermercado en el vídeo de *Been Caught Stealing* me acojonaba, la majestuosidad de payaso porno de la voz de Perry me acojonaba y la gira Lollapalooza —lanzada por Farrell en el 91 como festival veraniego itinerante que debía promocionar su banda y a la vez difundir el evangelio de la Nación Alternativa— era lo que más me acojonaba de todo. Es posible que todo eso me pareciera un poco demasiado *subcultural*. Pero entonces la subcultura se volvió cultura normal, dominante, sobre el nivel del suelo, y Mötley Crüe dio paso a Nirvana, y los Red Hot Chili Peppers funk de los 80 dieron paso a los Red Hot Chili Peppers entrañablemente funk de los 90, quienes fueron cabezas de cartel en el Lollapalooza de 1992 junto con Pearl Jam y Soundgarden, y yo me pasé la década siguiente siendo un adolescente tembloroso que soñaba desesperadamente con Seattle.

Me ponía las camisas andrajosas de franela. Me ponía las camisetas andrajosas por debajo de las camisas de franela. Vi diez millones de veces cada uno de los vídeos de *Smells Like Teen Spirit* y *Jeremy* y *Down in a Hole*. Compré los CD que contenían esas canciones y los escuché enteros veinte millones de veces cada uno. Alquilé en el Blockbuster *Singles*, la comedia romántica de Cameron Crowe que deificó el Seattle de los 90. Y, a su vez, deifiqué Seattle: era la mejor ciudad de la tierra, la más guay y la más ruidosa, por mucho que Nirvana fueran en realidad de Aberdeen. Pero solo podía acercarme al sagrado Noroeste del Pacífico poniendo otra vez el monumental *Superunknown* (1994) de Soundgarden para agitarme con *Spoonman*, para deprimirme con *Fell on Black Days*, para gruñir al son de *Mailman*, para agitarme/deprimirme/gruñir con *The Day I Tried to Live*, y para disfrutar con la maligna gloria psicodélica de *Black Hole Sun*, que inspiró un vídeo incómodo y psicodélico que también me acojonó de verdad.

Pero de todos modos vi el vídeo de *Black Hole Sun* diez millones de veces, por la belleza descomunal y mascullante de Chris Cornell, el líder de la banda; por el solo agitado a lo Live Más del guitarra solista, Kim Thayil, y porque de mayor quería ser el bajista Ben Shepherd, todo él golpeteo de gama baja, todo él afinaciones alternativas y molonas, todo él magnético desdén. Como adolescente tembloroso y demasiado asustadizo para asistir de verdad a Lollapalooza, adoré a Soundgarden y, por extensión, a Seattle, a 3.860 kilómetros y una docena de épocas culturales de distancia. Nunca podría gemir como Chris, ni tocar tan rápido como Kim, ni irradiar desdén como Ben, pero indirectamente estuve a su lado de todos modos, codo con codo, en todos esos clubs molones de Seattle con nombres que sin duda significarán algo para ti si viviste allí en aquel momento.

Y entonces, algo así como una década más tarde, en 2003, siendo crítico profesional de rock y adulto solo un poco menos tembloroso, me mudé a Oakland, California, y no tardé en familiarizarme con el logo de Luniz, que no es tan famoso como el de Wu-Tang Clan, pero al que cabe reconocerle que es mucho más bruto.

Luniz son un dúo hip-hopero de Oakland conformado por los raperos Yukmouth y Numskull, y su logo es un condón andante. O un condón en pie. El condón tiene cara: en esencia, te está asaltando con saña. En versiones posteriores, a menudo lleva un parche en el ojo para replicar mejor el logo de los Oakland Raiders; sostiene una pistola en una mano y algún tipo de bebida en la otra. No quiero especular al respecto. Además: vale. La punta del condón es la cabeza, evidentemente, así que está abierto por debajo y algo mana de su interior —es un condón usado, ¿vale? Estoy intentando ser delicado. El condón lleva puestas unas Air Max y está plantado sobre un cuantioso charco blanco de su propia creación. ¿Cómo se limpia algo así? No contestes. Es una guarrada, ¿vale? Es agresivo. Es efectivo.

Ahora imagínate caminando por la ajetreada avenida Telegraph de Oakland, y que se te acerque un condón armado con un charco blanco bajo los pies. Imagínate tu reacción —la serie de reacciones que eso provocaría en ti. Te pondrías en plan: «Oh, mierda». Y luego dirías rollo: «Pero ¿qué coño?». Y acto seguido pasarías a pensar: «Vaya, es graciosísimo». Y entonces te pondrías en plan: «Eeeeeecs». Y luego dirías algo así como: «En realidad, mola mucho». Y eso mismo es lo que sucede cuando escuchas el rap de la Bay Area.

I Got 5 on It, que aparece en *Operation Stackola*, el álbum con el que Luniz debutó en 1995, y que incluye un gancho vociferado de manera indeleble por Michael Marshall, el rey del R&B de San Francisco, es sin duda la mejor canción del rap de la Bay Area de todos los tiempos. O la principal canción del rap de la Bay Area de todos los tiempos. O la mejor canción de rap fumeta de todos los tiempos y de cualquier lugar. O las tres cosas a la vez. Sea como fuere, la evoco aquí a modo de Caballo de Troya de todo el rap de la Bay Area en los 90 porque fue fantástico, y raro hasta el delirio, y bastante sorprendente y amenazador y surrealista y alarmantemente bello. La melodiosa obscenidad de Too $hort, la jerga chiflada de E-40, el delicioso apogeo de la *Humpty Dance* de Digital Underground, el desconcertante magnetismo de Mac Dre, Keak Da Sneak, Suga-T, Andre Nickatina, Spice 1, Latyrx, The Conscious Daughters, Souls of Mischief y algunos centenares más. Pasé tres años en Oakland,[14] conduciendo ojiplático alrededor del lago Merritt y escuchando estas cosas extrañas y maravillosas en la radio.

---

14. También pillé la reunión de Jane's Addiction como cabezas de cartel de Lollapalooza en un anfiteatro de South Bay y pude gozar al fin del esplendor geométrico de temas con títulos como *Ocean Size* y *Mountain Song* y *Summertime Rolls* [«Grande como el mar», «La canción de la montaña» y «Cuando llega el verano»], y me dije: «Así que California era esto...».

No podía creerlo. Sigo sin creérmelo. Esa banda sonora, durante ese período de tres años, es lo más cerca que me he sentido, en lo musical, del lugar físico en el que me encontrara.

Por supuesto, nunca viví de verdad ese estilo ni su jerga delirante y extraña. No surfeaba de lado. No me bajaba del coche en marcha para bailar a su paso. No conocí personalmente a nadie con cara de estar pasado de MDMA. Nunca puse cinco pavos para comprar una bolsa de yerba,[15] la verdad es que no. No fui más que otro zopenco que se subió al tren sintiéndose electrificado, sintiéndose agradecido, sintiéndose infinito. Era consciente de ignorar lo que no sabía. No estaba allí de verdad, aunque estuviera allí. Pero sí tuve la presencia física suficiente para poder echarme hacia delante y subir el volumen de la radio del coche. Y eso es lo que hice.

---

15. Por la canción *I Got 5 on It*. (*N. del t.*)

VILLANOS + RIVALES

CANCIONES TRATADAS:

Semi-Charmed Life, Third Eye Blind
Wonderwall, Oasis
Song 2, Blur
Check the Rhyme, A Tribe Called Quest
Range Life, Pavement
Cherub Rock, Smashing Pumpkins
Nookie, Limp Bizkit
Pretty Fly (For a White Guy), The Offspring
Ruff Ryder's Anthem, DMX
The Boy is Mine, Brandy + Monica

Y ahora, unas palabras sobre Stephan Jenkins, el líder de Third Eye Blind, por parte de algunas de las personas que mejor le conocen, aunque desearían no haberlo hecho.

Stephan Jenkins es un anormal megalómano. Es tan narcisista que no es capaz de pensar de manera racional.

Kevin Cadogan, antiguo guitarra solista de Third Eye Blind
y compañero de banda de Stephan Jenkins
(revista *SPIN*, junio de 2000)

Hay unas pocas bandas con las que no nos gusta salir de gira. Las Third Eye Blind del mundo. No me acercaría a Stephan Jenkins y su banda. Es un imbécil, ¿sabes? Puedes grabarlo, porque la verdad es que no me importa. Pero lo es. No es una buena persona. No tengo nada más que decir sobre ese tema.

Steve Harwell, líder de Smash Mouth
(entrevista con el *South Florida Insider*, 2010)

Stephan Jenkins es un puto gilipollas asqueroso (ahora me siento mucho mejor).

Zach Lind, batería de Jimmy Eat World
(Twitter, agosto de 2019)

Se burló de mí. Me llamó gordo. ¡Que te den! No tiene corazón. Una vez se peleó con la gente de su banda porque quería salir solo en la foto de una camiseta. Yo solo pienso lo siguiente: «¡Eres un queso con patas!».

Rob Thomas, líder de Matchbox 20
(*SPIN*, enero de 1999)

No le odio, es solo que no me cae bien. No tiene corazón. No es más que un capullo.

Rob Thomas, líder de Matchbox 20 y ahora
también intérprete inmortal del *Smooth* de Santana
(*Rolling Stone*, 2009, diez años después
de que dijera lo del queso con patas)

Hace mucho tiempo me sumé a sus mierdas. Quería que la carrera musical me durara toda la vida y sabía que, si se me asociaba a ese tipo, no me permitirían que fuera así. Él ha sido la inspiración para muchas de las canciones de este disco. El tema *Somebody Hates You* trata solo de él.

Jason Slater, exbajista de Third Eye Blind
y excompañero de Stephan Jenkins en esa banda,
hablando de Snake River Conspiracy, su nuevo grupo
(*San Francisco Chronicle*, julio de 2000)

Stephan Jenkins ha provocado mucho sufrimiento en su vida. Como persona, es un neto negativo.

John Vanderslice, cantautor
y productor de San Francisco
(*A/V Club* de *The Onion*, junio de 2013)

Después de decirme que se había follado a mi novia, el tipo de Third Eye Blind me dijo que yo era «un poeta como Jim Morrison».

Max Collins, líder de Eve 6
(Twitter, diciembre de 2020)

¿Qué está pasando? ¿Por qué hay tanta gente que odia a Stephan Jenkins? ¿A qué se debe la desaprobación de todo el mundo? Hay un montón de estrellas del rock gilipollas que son megalómanos cutres de cojones. ¿Por qué este tipo habría de ser especial? ¿Qué le convierte en un gran unificador? Supongo que habría que comenzar por aquello que le hace grande.

Deja que te aclare de inmediato que *Semi-Charmed Life*, el éxito desmedido del disco homónimo con el que Third Eye Blind debutó en 1997, es impresionante. Es pegadizo, es sucio, es subversivo, es ridículo, es incandescente y obligó a la radio pop a censurar sin mucho arte la palabra «metanfetamina». La primera vez que la escuché fue en la emisora de una radio universitaria del Medio Oeste ese mismo 1997 —no sabía de ella, y yo era el DJ—. Así que estaba en la cabina de DJ y mi amiga Maya entra y me pide que ponga una canción que no había escuchado nunca titulada *Semi-Charmed Life*, y lo hago, y Maya se pone a bailar de inmediato, nada más comenzar el *riff* de guitarra. Me tiré cuatro años básicamente viviendo en la cabina de DJ de esa radio universitaria y es la única vez que recuerdo que alguien se pusiera a bailar allí. Y me quedé perplejo, boquiabierto, estupefacto, cargado de un respeto reticente hacia lo que estaba pasando.

Un repaso rápido a las grandes bandas de rock guitarrero del año 1997: en 1997, casi nadie quería ser una gran banda de rock guitarrero. O nadie quería ser únicamente una banda de rock guitarrero. Tenías el *OK Computer* de Radiohead: menos guitarras, más *ennui*. Tenías el *Pop* de U2: menos guitarras, más ironía. Tenías el *Be Here Now* de Oasis: misma cantidad de guitarras, más helicópteros. Si continuabas obsesionado con el «rock alternativo», tenías a Foo Fighters, a Built to Spill si te estabas introduciendo en el «rock indie», y a The Verve si te mantenías apegado al britpop. Pero el último grito de la crítica rock estaba en la «electrónica», y en cualquier caso la teoría decía que las nuevas estrellas del rock eran los Chemical Brothers, o Crystal Method, o los Prodigy. El rock había muerto. Otra vez. Pero de verdad. Todo ello para decir que la parte más subversiva de *Semi-Charmed Life* no se debe al sexo oral o la metanfetamina: se debe a que un grupo de hombres adultos de San Francisco se arme de guitarras relucientes y se ponga a cantar: «Doot doot doot, doot doot doot doot». A eso y al falsete del tipo queso con patas que pone Stephan al declarar: «*Not listening when you say / Good-byyyyye*».

Un repaso rápido a Stephan Jenkins: nacido en Indio, California, creció en Palo Alto. Cita del anuario de su instituto: «El éxito: solo hay que darle todo lo que tienes». Forma el dúo de rock de fraternidad Puck and Natty (una referencia a Shakespeare), que coló una canción tontorrona titulada *Just Wanna Be Your Friend* en la banda sonora de *Sensación de vivir* en 1992. Forma Third Eye Blind (es un nombre irónico) en San Francisco. Nómina original clásica: Stephan Jenkins a la voz y la guitarra; Kevin Candogan (sí, ese mismo) en la guitarra solista, Arion Salazar al bajo y Brad Hargreaves a la batería. *Third Eye Blind* aparece en 1997 y es de puta madre, con sus trece canciones que van de lo bastante bueno a lo jodidamente estupendo, y luego está también *Semi-Charmed Life*.

Estamos hablando de temas majestuosos del pop-rock —*Losing a Whole Year*, para los amantes que se separan; *Graduate*, para los perdedores; *Jumper* es un bálsamo legítimamente tierno para los desesperanzados, y *How's It Gonna Be* es para los amantes separados y desesperados que se hayan graduado ya— que hacen que te entren ganas de lanzarte por la interestatal con esquís acuáticos, atado al parachoques de un Camaro, solo para poder romperte la pierna, solo para poder escribir esas letras en tu propio yeso. Estamos hablando de esas biografías de Tinder que te alarman. Estamos hablando de un *manspreading* sónico. Estamos hablando de canciones que hacen que te entren ganas de besuquear a tu pareja del instituto, que también está casada con otra persona, en el asiento trasero de tu camioneta, aparcada delante del local donde se celebran los quince años de vuestra graduación. Cada canción de este disco es demasiado. La menos ofensiva de todas se titula *Burning Man*. Es maravillosa. Toda ella. No luches contra ella. Venga. Enamórate del chico malote por una vez. Enamórate del chico triste y literario con el falsete de queso con patas que se cree un malote. Deléitate en su inestabilidad, en su carácter semimelodioso, en su semiencanto, en su dinamismo, en su lascivia, en su pretenciosidad, en su colindancia con el rap, en su *arropollancia*. Esa palabra no existía. Ahora sí. La inventó él.

Stephan Jenkins citando a Heidegger en la *Rolling Stone*. Stephan Jenkins hablando con *SPIN* sobre su novia, la modelo y actriz Charlize Theron. Stephan Jenkins: ha leído mucho, se ha autorrealizado hasta puntos alarmantes, es vulnerable, es descarado, es insufrible, es irresistible. Es el tipo de líder de una banda de rock hacia el que se te van los ojos cuando lo ves en las fotos promocionales, mientras que el resto de los tíos que lo acompañan aparecen automáticamente borrosos.[1] No es culpa suya. No toda la culpa es suya. Tiene algo de culpa. Vale, la culpa es toda suya, pero en eso consiste su trabajo. El éxito: solo hay que darle todo lo que tienes.

La cuestión aquí, de manera muy simple, es que, cuando compones/ cantas una canción pop tan inmaculada como *Semi-Charmed Life*, todo el mundo tiene que escuchar todo lo que digas sobre cualquier tema por siempre jamás. Así que permítele a Stephan el derecho a réplica en una entrevista con *Rolling Stone* de 1999, breve pero cargada de acción, con la que yo disfruto mucho.

Stephan Jenkins sobre su pique con Eddie Vedder, líder de Pearl Jam, quien hacía poco había criticado a Third Eye Blind por versionar a los Who: «Como es habitual, Eddie ha comenzado algo que no pue-

1. Third Eye Blind han lanzado siete discos en total (Jenkins quiso titular uno de ellos como *Crystal Baller*, es un juego de palabras [«Metanfollamina»]) y siguen siendo una banda de puta madre en el circuito de giras nostálgicas, pero los únicos miembros originales que quedan son el doctor Mr. Manspreading y el batería, Brad Hargreaves. En 2017, para celebrar el vigésimo aniversario de su debut homónimo, Cadogan y Salazar hicieron una gira por clubs pequeños con otro exiliado de 3EB (el guitarra Tony Fredianelli, reemplazo original de Cadogan) como XEB. Gran nombre.

de acabar, como lo de Ticketmaster. Que se ponga a controlar quién puede hacer versiones de The Who le convierte en un policía sediendo de poder. Tiene ganas de llevar gafas de sol espejadas y poner multas».

¡Bum! Zasca al canto.

Stephan Jenkins sobre su pique con la banda Live: «Estábamos tocando en un festival y su equipo se puso a acosar a la gente. Se lo eché en cara y la banda hizo eso tan hollywoodiense de esconderse detrás del gorila de la entrada. Son una panda de moñas. Cuando tienes a gente encargada de despejarte el pasillo para que puedas pasar, es que te has convertido en una banda de karaoke».

¡Bum! Zasca al canto.

Stephan Jenkins sobre su pique con Green Day: no existe tal pique. El bajista de Third Eye Blind le hizo un placaje en broma al bajista de Green Day. Es el motivo por el que no hay que permitir que los bajistas se bajen de la furgoneta, o del autocar de gira, o del avión, o de lo que sea. Habría que construir transportines como los de los perros, pero un poco más grandes para los bajistas. Se supone que acabaron dándose un abrazo para hacer las paces.

Stephan Jenkins sobre su pique con Rob Thomas: «Está obsesionado, no deja de hablar de mí. No le conozco».

¡Bum! Zasca al canto.

Le preguntan si alguna vez ha llamado gordo a Rob: «No tengo ni idea. Pero si me hinchara al extremo de Elvis, esperaría que *Rolling Stone* se burlara de mí, y me lo tomaría con calma».

¡Bum! Zasca al canto.

Le informan de que Rob Thomas le definió como «un buen archienemigo»: «No es mi archienemigo... no le conozco. No tengo ni idea de cuánto pesa».

¡Bum! Zasca al canto.

Le informan de que Rob Thomas le ha llamado «queso con patas»: «¿Los ves? Incluso cuando habla de mí tiene que mentar la comida».

Dios mío. «No tengo ni idea de cuánto pesa.» Mira: el rock'n'roll necesita capullos. No solo capullos, sino capullos de campeonato. Hónralos. Valóralos. Pero no montes una banda con ellos. Quizá como que no les dirijas la palabra. Y, si lo haces, que sepas que no te estarán prestando atención, sobre todo cuando les digas adiós.

> Las mujeres me la han jugado. Ha pasado dos veces solo en el último mes. Yo las casco y ellas van y les venden la historia a los periódicos y se sacan un dinero. Me parece justo. Pero yo me corrí en su mui (boca) y me di el piro, así que también se la había jugado. Empate a uno, nena.
>
> Liam Gallagher, cantante de Oasis
> (*Rolling Stone*, mayo de 1996)

Dios mío. «Yo las casco y...». No me lo puedo creer. No me puedo creer que la revista decidiera (¡de manera razonable!, ¡y útil!) aclarar, entre paréntesis, el significado de la palabra «mui». No me puedo creer que esas fueran las primeras palabras del artículo de portada de *Rolling Stone* sobre Oasis. La cuestión aquí, por simplificar, es que, cuando compones/cantas una canción pop tan inmaculada como *Wonderwall*, todo el mundo tiene que escuchar todo lo que digas sobre cualquier tema por siempre jamás; y más concretamente, todo el mundo tiene que escuchar todas las maldades que el compositor suelte sobre el cantante, y viceversa.

«¡En esta esquina del cuadrilátero...!» Vestido con varias parkas, pulóvers, anoraks, pilotos de marinero, etc. Ropa de abrigo digna y sensata. Vestido como si fuera a diluviar aunque estén bajo techo. Vestido como si en cualquier momento pudiera comenzar un partido del Manchester City. El tipo de las gafas a lo John Lennon. El tipo de la nariz. El tipo de la mueca desdeñosa que se ve a un kilómetro de distancia. El cantante. No el líder. El cantante. En sus momentos de mayor humildad, aceptará que su hermano Noel, quien compone todas las canciones y toma todas las decisiones e incluso canta algunos de los temas que él mismo compuso, es sin duda el verdadero líder de Oasis. Pero, una vez más, no estamos ante alguien atormentado por el peso de la humildad. ¡Estamos hablando de Liam Gallagher, cantante, Oasis! «¡Y, en esta otra esquina del cuadrilátero... las vocales!»

Las vocales han recibido una paliza de la hostia. Las vocales van a tirar la toalla. Las vocales están condenadas al descenso. Esas vocales majestuosas, estiradas, desdeñosas hasta lo exuberante. Esos larguísimos «ehhhhhs» y «eeeeeees» y «ahhhhhhs». «*You make me laaaaaugh / Gimme your autograaaaaaaaph*». Cada vocal de Liam viste su pequeña parka hecha a medida y luce una mueca de desdén visible a un kilómetro de distancia y esconde un puño americano. Incluso en las baladas. Incluso en «La Balada». Cada vocal de Liam desencadena su propia reyerta entre borrachos.

Así que consigámosle un nuevo aspirante. ¡«Reemplazando a las vocales en esta esquina del cuadrilátero», Noel, su hermano mayor! Cinco años mayor. El genio compositor. El líder autoritario. El Gallagher mucho más versado en lo musical pero mucho menos gallardo. Oasis se formó en el feudo de los hermanos Gallagher —Manchester, Inglaterra— en 1991, y se rompió con estrépito en París, en 2009. Liam y Noel permanecen distanciados desde entonces, aunque no dejen de insultarse en los medios de comunicación e internet. ¿Puedo ser sincero y afirmar que los insultos entre Liam y Noel me parecen más vibrantes, más «musicales», de «un mayor valor sociocultural, también más duradero» que la mayoría de las canciones de otras bandas? Por ejemplo, en un episodio de mayo de 2020 del pódcast *Matt Morgan's Funny How?*, Noel comentó el peso que Liam había ganado durante los primeros días del confinamiento debido al covid-19. Concretamente, dijo: «No se ha putoconfinado lejos del carrito de los dulces, ¿verdad?».

Dios mío. «Putoconfinado lejos del carrito de los dulces». Tremendo.

La primera gran formación de Oasis —con Liam a la voz (y la pandereta), Noel a la guitarra (y de vez en cuando a la voz), Paul «Bonehead» Arthur a la guitarra (le pusieron ese mote después de que una vez le cortaran mal el pelo),[2] Paul McGuigan al bajo (se le conoce mejor como Guigsy) y Tony McCarroll a la batería (no tardaría en ser sustituido por Alan White)— es una batalla campal de estrellas del rock capullas de campeonato hecha banda; son tan crueles, tan pueriles, tan desenfrenadamente citables en su animosidad hacia sí mismos y hacia el resto del mundo que seguirían siendo una de las mejores bandas de rock'n'roll de la historia incluso si nunca hubieran tocado una sola canción. *Definitely Maybe*, su disco de debut gloriosamente cacofónico de 1994, anuncia su capullismo de campeonato, sus ansias de poder, su *arropollancia* desde el título de sus canciones mismas: *Rock'n'Roll Star*, *Supersonic*, *Up in the Sky*, *Cigarettes and Alcohol* y, en efecto, *Live Forever*.

Y, mientras tanto, las colinas cobraban vida al son del britpop, que, como cándido adolescente de Ohio, entendí básicamente en términos de nuevo subgénero molón en el que las estrellas del rock inglés «no dejaban de soltar las paridas más salvajes en los medios». Paridas salvajes, a menudo, dedicadas a Estados Unidos. Tenemos a Brett Anderson, líder de Suede, que llamó a Bruce Springsteen lerdo en el *NME*, y anunció que «la idea de que las bandas británicas canten con acento norteamericano me parece horripilante», y lanzó la hipótesis de que «el carácter inglés, claustrofóbico y reprimido, conduce al gran arte», mientras que «en Estados Unidos no hay tragedia, no hay fracaso, no hay impotencia, no hay eyaculación precoz». Tenemos a Justine Frischmann, líder de Elastica (y ex de Brett Anderson), declarando, también en el *NME*: «Me parece fantástico que los chavales de dieciséis años se pajeen mirando mis pósteres, pero no cites eso o te arranco la cabeza de una

2. «Bonehead» es «cabeza hueca». (*N. del t.*)

patada». Tenemos a Damon Albarn, líder de Blur (y futuro ex de Justine Frischmann) amenazando con titular uno de sus discos como «*England vs. America*» y jactándose —en el *NME*, por supuesto— de que «si el punk trató de librarse de los hippies, yo voy a librarme del grunge».

Rivales dignos, todos ellos. El britpop estuvo plagado de adversarios; esa fue la idea. Pero Oasis los aplastó a todos en 1995 con su segundo disco, *What's the Story Morning Glory*, que contiene ese monumento con 1.600 millones de reproducciones en *streaming* y sumando que es *Wonderwall*. «Al principio no me gustó —reconoció Liam ante *Rolling Stone* en 2020—. "¿Qué coño es esta tonada?", dije. "No me gusta, es barata". Tenía ecos de The Police. Era un poco Sting. A mí me gustan las cosas más pesadas. Dije: "Esto no va conmigo, tío".» Lo que oyes en *Wonderwall*, en tiempo real, es la manera en que Liam se va dando cuenta de que, aunque sea un poco Sting, la canción va perfectamente con él. Lo que oyes es a Liam y a Noel dejar sus diferencias de lado y facturar la principal balada de poder de su generación, con la que Oasis asciende, trasciende y, en definitiva, protagoniza un estallido de megalomanía desternillante y desdeñosa. ¿Te acuerdas de cuando Liam describió a Radiohead como «una panda de puuutos estudiantes tediosos»? ¿Te acuerdas de cuando *Be Here Now*, su disco ridículamente pretencioso de 1997, apareció lleno de helicópteros y cocaína? ¿Crees que bromeo? «Fue un álbum remezclado con cocaína —reconoció Noel—. Hay montones de guitarras triplicadas.» Mientras tanto, Liam también reconoció algunas cosas: «En 1996 —declaró—, me metía más cocaína que nadie».[3]

3. Ambas citas están extraídas del espléndido libro de John Harris *Britpop! Cool Britannia and the Spectacular Demise of English Rock* [«¡Britpop! La Guay Bretaña y la espectacular defunción del rock inglés»]. Y sí, tal y como sospechabas, *Be Here Now* es, de manera explícita, esa espectacular defunción.

Cocaína: la reverberación del diablo. Cocaína: el tercer hermano Gallagher. Cocaína: el dulce más dulce del carrito de los dulces. Cocaína: la argamasa del *Wonderwall*.[4] Los capullos de campeonato también necesitan baladas de poder; en realidad, las necesitan más que nadie.

Como persona que siente aversión por los conflictos, preferiría no retozar en el fango del pique entre Blur y Oasis,[5] que siempre me pareció fruto de una división bastante evidente: Blur, más artísticos y pijos, querían vivir como la gente común y corriente de Pulp, mientras que Oasis eran esa gente. Damon Albarn no se libró del grunge, no, pero sin duda duró más que él y, en 1997, en medio del lamentable torbellino de cocaína de los hermanos Gallagher, Blur agració al mundo —sí, incluso a Estados Unidos— con uno de los mayores temas grunge semidesdeñosos de nuestro tiempo.

Oh, sí. *Song 2*. La canción del «wuuu-juuu». Un gran tema. Ahora se te ha metido en la cabeza. Yo no lo lamento y tú ni siquiera te has cabreado. Nos vamos a pasar lo que nos quede de vida oyendo *Song 2* en cada acontecimiento deportivo al que asistamos —wuuu-juuu— y yo, por mi parte, siempre me emocionaré un poco al oír esa sonrisita de suficiencia en la voz de Albarn mientras canta sobre lo que sea que esté cantando. El catálogo de Blur está repleto de canciones intrépidas en lo estilístico, ampulosas y perversamente ingeniosas, pero *Song 2* es de lejos, según la métrica del *streaming* al menos, el mayor éxito de la banda, y eso me parece graciosísimo, como una bromita no tanto para el grupo, sino para sus oyentes comunes y corrientes —a lo Pulp—. En mi opinión, *Song 2* es la canción en broma más estimulante y condes-

---

4. Juego de palabras con el significado de *wall*: «muro, pared». (*N. del t.*)
5. Basta decir que Noel dijo algunas cosas verdaderamente crueles y que su madre le afeó la insolencia. *Your Favorite Band Is Killing Me: What Pop Music Rivalries Reveal About the Meaning of Life*, el magnífico libro que Steven Hyden publicó en 2016, ofrece un análisis mucho más razonado de lo que los contendientes fueron en su momento.

cendiente que haya existido, nada ingeniosa y muy evidente y contundente en el mínimo común denominador de su majestuosidad, donde cada wuuu-juuu es un signo de puntuación mientras Damon arroja otra palada de bazofia en el comedero de los cerdos. En el comedero de mis cerdos. Wuuu-juuu. Es muy gracioso. A veces una canción exitosa puede ser el acto más deliciosamente malvado de todos.

> ¿Por qué siempre tienes que ser el centro de atención? ¿Sabes lo que te digo? Y, mientras estás siendo el centro de atención, me parece guay que intentes jugar a ser Michael, pero deja de intentar ser el líder como si yo fuera Tito o algo así. ¿Sabes lo que te digo? No quiero faltarle al respeto a Tito, pero el tema es que él se movía en un segundo plano, así que se supone que Phife tiene que hacer lo mismo y callarse la puta boca.
>
> PHIFE DAWG en el documental
> *Beats, Rhymes & Life: The Travels of*
> *A Tribe Called Quest*, de Michael Rapaport (2011)

Detesto ver cómo la gente se pelea. Y, aunque eso de «no quiero faltar al respeto a Tito» sea también muy gracioso, sobre todo detesto ver a Q-Tip y a Phife Dawg pelearse, puesto que A Tribe Called Quest es uno de los mejores grupos de rap de la historia y *Check the Rhyme*, de esa obra maestra de los de Queens que es *The Low End Theory* (1991) incluye el mejor intercambio entre dos raperos del que exista registro grabado: «*You on point, Tip?*». Tan solo esa pregunta, y esta respuesta: «*All the time, Phife*». Y, a continuación, al revés: «*You on point, Phife?*». Es que no me cabe duda de que no ha habido nada mejor. «*All the time, Tip.*»[6] No me digas que a veces discutían, que a veces se odiaban, que

6. «¿Tomas la cabecera, Tip? / Eso siempre, Phife. / ¿Tomas la cabecera, Phife? Eso siempre, Tip.» (*N. del t.*)

a veces se tenían más como adversarios que como aliados. Mi corazón no lo soportará.

A decir verdad, Q-Tip fue, a menudo y en efecto, el Michael Jackson de ATCQ, coproductor (junto a Ali Shaheed Muhammad) y voz dominante y visionaria, en especial en el radiante debut del grupo, *People's Instinctive Travels and the Paths of Rhythm*,[7] de 1990. Pero lo que hace que *The Low-End Theory* sea superior es el marcado contraste entre Tip (cerebral, locuaz, cuyo mote literalmente es «El Abstracto») y Phife Dawg, cuyo mejor verso en el disco es, de alguna manera: «*Go get yourself some toilet paper 'cause your lyrics is butt*».[8] Por mucho que se hable de A Tribe Called Quest en términos de consciencia, elegancia y cercanía al jazz —canonizados, deificados con razón como abanderados de la Edad Dorada—, es importante, en realidad es necesario que también tengan versos así de idiotas. El sabio de veintitrés años no puede existir sin el chaval atontado de trece. Lo intelectual no puede existir sin lo pedestre. Lo abstracto no puede existir sin lo desagradablemente concreto.

Así que no quiero escuchar la eufórica camaradería de *Check the Rhyme* y pensar en todas las veces que Tip y Phife se lanzaron a la garganta del otro. No quiero revisitar *Scenario*, el tema grupal, alborotado y culminante de *The Low End Theory* —con Charlie Brown, Dinco D y, sobre todo, Busta Rhymes, del grupo Leaders of the New School de Long Island— y pensar que esos tipos en esencia partieron peras delante de las cámaras de *Yo! MTV Raps*, dada la velocidad de la inminente y exitosa carrera en solitario de Busta. *Scenario* es una canción fantásti-

---

7. Mi parte favorita de ese disco sigue siendo la melosa canción de amor *Bonita Applebaum*, en la que Q-Tip rapea: «*And if you need'em I got crazy prophylactics*» [«Y, si los necesitas, tengo profilácticos estrafalarios»], y el pequeño grupo de gente que le alienta va y suelta: «GUAAAU». Quiero quedarme a vivir en ese «GUAAAU». Quiero cultivar, en mi vida personal, un grupo de amigos que conformen, a nuestra propia y modesta manera, ese «GUAAAU».
8. «Ve a buscarte un poco de papel higiénico porque estás escribiendo tus letras con el culo.» (*N. del t.*)

ca e histórica sobre gente que se deja el culo rapeando con los amigos y, como persona que siente aversión por los conflictos, estoy resuelto a no prestar atención a la adversidad, pese a que no haya amistad —ni, desde luego, ningún querido grupo de rap— que escape a esas adversidades.

Pero otro aspecto clave del vínculo entre Q-Tip y Phife es que te puedes dar cuenta del momento en que este se disuelve: puedes oírlo. Tribe sacaron otro clásico más a prueba de balas (*Midnight Marauders*, de 1993) y, a continuación, hum, dos discos más, *Beats, Rhymes & Life*, del 96, y *The Love Movement*, del 98, ambos inconsistentes y decepcionantes,[9] y este último apareció un mes después de que el grupo se separara. Phife tuvo problemas con la diabetes mientras estuvo en Tribe, y durante el resto de su vida; Q-Tip emprendió una respetable carrera en solitario, pero no era el mismo sin Phife y a menudo este no aparecía por ningún lado. El grupo se reunió para la edición de 2008 del festival Rock the Bells, sobre todo para ayudar a Phife a pagar sus facturas médicas, y esa experiencia, tal y como la muestra el documental de Rapaport en 2011, no logró más que dejar a todo el mundo más abatido. «Cuando vemos a los Tribe sobre el escenario, queremos creer que es por amor —explica Dave de De La Soul, hablando de grupos de rap deificados con historias tumultuosas—. Y, si no es así, si detrás del escenario pasa alguna mierda, preferiría que no se subieran a él.»

Phife Dawg murió el 22 de marzo de 2016 por unas complicaciones de la diabetes. Como es natural, su voz te sacude en un primer momento cuando la oyes en el último disco de Tribe, el revitalizado *We Got It From Here... Thank You 4 Your Service*, que se lanzó el siguiente mes de noviembre. «No sabía que tenía los días contados —le dijo Q-Tip al

---

9. El gran libro de 2019 *Go Ahead in the Rain: Notes to A Tribe Called Quest*, del gran poeta/crítico de Ohio Hanif Abdurraqib, es una autoridad sobre su catálogo, en especial en esa parte desoladora donde el autor describe cómo corrió un grave riesgo físico al quitarse los guantes durante el invierno del 96 para pasar rápido en el walkman las peores partes de *Beats, Rhymes & Life*.

New York Times algunas semanas antes de que apareciera el disco, sollozando abiertamente, con el rostro oculto entre las manos—. Yo solo quiero celebrarle, ¿sabes?»

Ay, Dios. Lamento que la cosa se haya puesto tan densa. Tenemos que relajar el ambiente. Espera un momento. Vale. Allá vamos.

> *Out on tour / With the Smashing Pumpkins / Nature kids / I-they don't have no function / I don't understand what they mean / And I could really give a fuck.*
>
> STEPHEN MALKMUS, líder de Pavement, en el todopoderoso tema de country resentido *Range Life*, de 1994

Mucho mejor. Hostia puta. A mediados de los 90, como adolescente afín al rock alternativo (y que sentía aversión hacia los conflictos), mi top 5 de bandas favoritas incluía, sin un orden concreto, a Nine Inch Nails, Pearl Jam, They Might Be Giants, Smashing Pumpkins y Pavement, así que verás el problema de inmediato. Uno de ellos. Uno de tantos. El problema: dos de mis padres musicales se están peleando. Dos de tantos.

Primero me quedé prendado de Billy. William Patrick Corgan Jr. Cantante, guitarra solista, guitarra rítmica, es posible que guitarra de todos los demás tipos, quizá también bajista, líder, compositor principal, cerebro y dictador de la banda de rock de Chicago Smashing Pumpkins. Una banda que también incluyó, en la cima de su poder, al guitarrista James Iha, la bajista D'Arcy Wretzky y el batería Jimmy Chamberlain, aunque te daba la sensación, o Billy la transmitía, de que el único que importaba era él. El tipo es un poco cascarrabias, tal y como indican sus letras: «*I'm all by myself / As I've always felt*», aúlla en *Soma*, un tema supercascarrabias de *Siamese Dream*, el trascendental debut de los Pumpkins en 1993, justo antes de descorchar el solo de guitarra más lastimero, nudoso y molón que hubiera escuchado a mis trece años. Ahí había un sentimiento —una visión del mundo— que podía respaldar. «Soy invencible. Estoy solo. Estoy supertriste, pero al menos soy el mejor estando triste. Soy intocable, pero ¿por qué nadie intenta tocarme?»

Billy es rollo las estrellas de los 70, y no me refiero a la parte punk de esa década: piensa en Yes (sí, por lo progresivo), piensa en Alice Cooper (por el glam cursi), piensa en Cheap Trick (por su power pop desafiante, nada sofisticado). No hay tiempo para hacerse el guay, no hay tiempo para ser guay. Billy conspiraba. Billy gimoteaba. Se tomaba ultra en serio a sí mismo; abrazó esa ridiculez canalla con que la lucha libre profesional se toma en serio a sí misma. Estaba lleno de rabia. Estaba encolerizado. La gente decía un montón de mierdas sobre él, y él se las devolvía. Soltó un montón de mierdas sobre sus propios compañeros de banda. «¿Sabes?, les di un año y medio para que prepararan este disco —gruñó ante *SPIN* en 1993, acerca de los rumores que insistían en que él mismo había tocado todas las partes de guitarra y de bajo en *Siamese Dream*—. Estoy rodeado de personas que me importan mucho, pero que sin embargo no hacen más que fallarme. Yo les digo: "Necesito esto, necesito aquello". Y ellos no hacen su trabajo, y eso hace que experimente la misma sensación de abandono que cuando era niño. Y eso lo que me dice es: "No valéis la pena".»

De ponerte en su piel, podrías haber dicho que era un Michael rodeado de Titos. Y el resultado, en una canción tan colérica y monumental y pulverizadora como *Cherub Rock*, que abre *Siamese Dream*, es una banda de rock que suena como si midiera cincuenta metros de altura, pero que a la vez suena como una banda para nada funcional. En su lugar, suena como si una persona morbosa, tiránica, de una maldad acomplejada, y escandalosamente dotada de talento hubiera imaginado una banda de rock dentro de su cabeza. Hay en ella una magnificencia impasible, pero también hay una soledad aplastante, la que irradia del tipo que quiere que sepas que él solo ha sido responsable de casi todo ese esplendor.

Y entonces, en 1994, Pavement —la banda *uber*-indie de Stockton, California, que se ganaba la vida siendo guay— hundió de manera inexplicable y descarada a Billy Corgan. Esos versos *DGAF*[10] de *Range Life* —por lo demás, un tema desconcertante y encantador, propio de unos Eagles chungos, extraído de *Crooked Rain, Crooked Rain*, el segundo álbum de Pavement— salieron de la nada más absoluta, representaron un desconcertante golpe bajo cortesía de Stephen Malkmus, líder de la banda y miembro también del club de los supervillanos.

Stephen es un tío atractivo. Del tipo jocoso, erudito, que juega al Scrabble, distante y controvertido. En 1997, *Rolling Stone* le preguntó —aunque no sea exactamente una pregunta—: «La gente dice que eres arrogante y mezquino». Y Stephen contestó, con gran educación: «No es cierto. Forma parte de la actuación». Pero sí que añadió: «Soy un intérprete bastante gélido. En el fondo de mi corazón soy majo, pero me gusta actuar de esa manera maliciosa, con mano dura».

En efecto, en *Range Life* Stephen decora la K final del verso «*I could really give a fuck*» con un volumen verdaderamente aterrador de malicia y gelidez, y su objetivo le contestó del mismo modo: «¿Y si comenzamos hablando de celos? —se quejó Billy ante *Rolling Stone* en 1995—. Siempre hay bandas, los Mudhoney y los Pavement de este mundo, que nos acusan de haber hecho trampas para alcanzar la cima y de haber mentido al público para llegar adonde estamos». Es más: «Tienes un equipo de fútbol, solo que el equipo de fútbol son los tipos de Pavement y Mudhoney, que no dejan de darse palmaditas en la espalda por lo guais que son en vez de hacer algo saludable y desafiarse a sí mismos para llegar más lejos».

---

10. «Don't Give A Fuck»; esto es NMIUM: «No Me Importa Una Mierda». (*N. del t.*)

En defensa de Billy diré que en aquel momento estaba promocionando *Mellon Collie and the Infinite Sadness*, su monstruosidad en CD doble de 1995, con ese título tan estúpido para un disco que amé con todo mi ennegrecido corazón adolescente. Adoré su exceso desvergonzado, su grandeza sentimental, sus solos de guitarra guais de narices (el mejor es una pequeña bomba de felicidad molona en una canción titulada *Here Is No Why*). Pero en aquel momento también adoraba a Pavement, después de haber pillado el vídeo agradablemente ridículo de *Cut Your Hair* en la MTV y de haber convencido a mi colega Scott para que me robara la cinta de *Crooked Rain, Crooked Rain* del supermercado Kmart del barrio. Era consciente de que Pavement eran mucho más sofisticados que Smashing Pumpkins, pero no vi ninguna contradicción, ninguna necesidad de tomar partido. *Range Life* era un poco burda, sí, pero también me pareció correcto —sincero en uno y otro caso— que Pavement se comportaran de manera tan intolerable y pedante, y que Billy Corgan se sintiera agredido de manera intolerable por esa pedantería. Necesitamos a bandas como Pavement, que no se preocupen por casi nada, y necesitamos desesperadamente a bandas como Smashing Pumpkins, que se preocupen demasiado por todo.

> Todo el mundo decía: «Limp Bizkit es una mierda». Así que dijimos: «Vale, seremos una mierda. Vamos a construir un retrete gigante y saldremos de él como cinco zurullos». Hicimos que nos prestaran atención. Vinieron a los conciertos y compraron los discos. A veces hay que hacer ese tipo de cosas, tío.
>
> Fred Durst, líder de Limp Bizkit
> (*Rolling Stone*, 1999)

Lamento informarte de que hemos llegado a la parte del programa dedicada a Woodstock 99, aquella en la que los 90 mismos giran sobre sus talones y abrazan la más absoluta infamia sónica/moral. Mala suerte para todos.

No obstante, el escenario de los cinco zurullos es anterior a Woodstock 99. Me había olvidado del retrete de diez metros de alto del que —a través del cual— Limp Bizkit, banda de rap-rock de Jacksonville, Florida, surgía al principio de cada concierto durante su paso por el Ozzfest de 1998, trepando por la tapa de esa desagradable brutalidad gigantesca para (se supone) ser recibidos con aplausos y, después de abandonar el retrete de diez metros de alto, acometer una canción llamada *Pollution*. Disfruto mucho con las fotos de Fred sobre el megarretrete —convertido en el centro de atención, por así decirlo— aunque, según el ángulo de la cámara, puede parecer un retrete de tamaño natural con un muñeco de Fred Durst colocado sobre la tapa.

Three Dollar Bill, Y'All, el disco con el que Limp Bizkit debutaron en 1997, es recordado sobre todo por su versión extraordinariamente irrespetuosa de *Faith*, el clásico pop lanzado por George Michael en 1987, que tiene mi voto como la versión que con más rigor ha despreciado el tema original a lo largo de toda la historia. Limp Bizkit trata a George Michael de la misma manera que Atila el Huno trató a Europa. Y entonces, en 1999, llegó *Significant Other*, que incluía el infernal dúo sacapuntas formado por *Nookie*[11] (una canción que habla de hacer las cosas para echar un polvete) y *Break Stuff*[12] (una canción que habla de romper las cosas solo por romperlas). La rabia en sus diversas variantes —como nombre, verbo, parte de otra banda canónica del rap-rock y estado mental— volvía a ser enorme. Los hombres blancos airados volvían a estar por todas partes, si es que en algún momento se habían ido; la película de los 90 que tuvo un mayor impacto cultural en el siglo XXI es probablemente *El Club de la Lucha*: de nuevo, mala suerte para todos.

---

11. «Polvete.» (*N. del t.*)
12. «Romper cosas.» (*N. del t.*)

Lo cual nos conduce, por desgracia, a julio de 1999, cuando la otrora bucólica aldea de Rome, en el estado de Nueva York, fue anfitriona a regañadientes del infame e idiota festival de la rabia que fue Woodstock 99, caracterizado por una absoluta codicia corporativa, una epidemia de agresiones sexuales y violencia contra las mujeres, una afición por provocar incendios y destruir cosas, una total falta de respeto hacia la propiedad privada y la vida humana. La ultracaótica interpretación que Limp Bizkit hizo de *Break Stuff* es el momento, más o menos hacia la mitad de esos tres días horripilantes de nadir social, en que los 90 se van cuesta abajo, en que los 90 se rompen, en que los 90 se mueren. Pero, *Break Stuff*... ¿es la causa o el efecto? Los imbéciles que se dedicaron a romper cosas en Woodstock 99, ¿lo hicieron porque *Break Stuff* hizo que desearan hacerlo? ¿O les gustaba *Break Stuff* porque articuló una necesidad preexistente por romper cosas? ¿Es Fred Durst el mayor sinvergüenza de la historia o un chivo expiatorio generacional a quien se ha difamado de manera injusta? Todos sabemos por qué lo hizo Limp Bizkit, pero ¿es Limp Bizkit la verdadera razón por la que lo hicimos nosotros?

Una cuestión relacionada con el tema: The Offspring, el grupo de punk rock procedente de Orange County, ¿hizo una vez que yo, un cuarentón felizmente casado y padre de tres hijos, equilibrado y con aversión a los conflictos, gritara dichoso las palabras «*You stupid dumbshit goddam motherfucker*»[13] hacia el nítido aire primaveral y vespertino, formando parte de una multitud exacerbada de en torno a 20.000 personas en un estadio de fútbol de Columbus, Ohio, o simplemente articularon mi necesidad preexistente de gritar las palabras «*You stupid dumbshit goddam motherfucker*»? La canción es *Bad Habit*, un himno de rabia en la carretera extraído de *Smash*,[14] el álbum mayúsculo de 1994

13. «Serás hijoputa so idiota pedazo de gilipollas.» (*N. del t.*)
14. *Smash*, editado por el celebrado sello indie Epitaph Records, es el reflejo no vendido del *Dookie* de Green Day en aquel 1994. Por lo general, a ambos discos se les

con el que la banda se dio a conocer, que también incluye una vivaz canción sobre la violencia armada en la ciudad *(Come Out and Play)* y una canción aún más vivaz sobre un bobo pagafantas maltratado por una mujer sexy y malvada *(Self Esteem)*. Estupendo. También: uf.

The Offspring eran villanos alegres y bobalicones por naturaleza, así que no es tanto que tocaran en Woodstock 99 como que Woodstock 99 se manifestara a través de ellos, y de repente nos los encontramos agasajando a una multitud exacerbada e histórica en términos mundiales (cerca de 250.000 personas) con su último, irresistible, odioso éxito de 1998: *Pretty Fly (for a White Guy)*. Que es una canción sobre un chico blanco que se aficiona tanto a la música rap que comienza a vestirse y a actuar como un rapero; esto es, como un chico negro. «*Now cruising in his Pinto, he sees homies as he pass* —canta con voz impresionante, por chillona, Dexter Holland, el líder de The Offspring—. *But if he looks twice, they're gonna kick his lily ass.*» Estupendo. Uf.

Además de liderar The Offspring a lo largo de una carrera de diez discos y casi cuarenta años de duración, Dexter se sacó un doctorado en Biología Molecular en 2017, y por ello siempre le he considerado como un tipo consciente de sí mismo que compone muy hábilmente canciones muy idiotas. Y, mientras *Pretty Fly (For a White Guy)* florecía y se convertía en un éxito sorpresa, Holland pareció darse cuenta de que aquella canción que se burlaba de los chicos blancos por abrazar la cultura negra era lo bastante idiota para resultar peligrosa, así que se esforzó por redirigir la animosidad del tema contra «los postureos de cualquier tipo», tal y como le contó a la revista *SPIN*, lo cual explica por qué nos lo encontramos sobre el escenario, con su banda, en Wood-

reconoce el haber iniciado el bum nacional del punk-rock de popularidad masiva, aunque, si quieres mi opinión, es a mí a quien se debería reconocer por haber iniciado el bum nacional del punk-rock de popularidad masiva, porque compré esos dos discos y muchos otros de ese estilo.

stock 99, esgrimiendo un bate rojo gigante, de juguete, y dándoles una vigorosa paliza a cinco efigies a tamaño natural de los Backstreet Boys. Ah, sí. El pop adolescente. Un tema mucho más seguro y menos controvertido en términos raciales... Mega-uf. En efecto, es agotador tener que apoyar siempre a los antihéroes. Pero las canciones de The Offspring son simplemente así de buenas, triunfan desde la repulsión, resultan aspiracionales en su gloriosa estupidez.

Otro recuerdo fundacional de Woodstock 99, activado por otra mancha borrosa de color rojo que induce tanto a la felicidad como a la rabia, se presenta bajo la forma del mono rojo brillante de DMX, el rapero de Yonkers, mientras acomete, estruendoso, su electrizante *Ruff Ryder's Anthem*, uno de los dos mayores éxitos de *It's Dark and Hell is Hot*, el primero de los dos discos de rap criminal profano y sagrado que lanzó en 1998 y que llegaron a lo más alto de las listas. Rapea conmigo si quieres: «*All I know is pain / All I feel is rain / How can I mantain / With mad shit on my brain?*». Pero quizá dejes de rapear en cuanto empieza a describir esa mierda demente con todo tipo de detalles escabrosos. La amplia mayoría de las canciones de DMX nos lo presentan robando o disparando a la gente; no nos pongamos demasiado analíticos con esto, pero roba y/o dispara a un número desconcertante de personas, dejando un cómputo de víctimas digno de una película de acción.

Y luego termina cada uno de sus discos —y cada una de sus fascinantes actuaciones en directo— con una oración. Humilde, penitente, suplicante, devoto. Y el primer milagro de DMX es lo genuino que suena tanto el tiroteo como la oración cuando sale de su boca, pronunciados por esa voz triunfal e invulnerable, pero a la vez terriblemente vulnerable, pero a la vez autoritaria. Es consciente de que su muerte siempre está en el aire. Sabe que Dios le protegerá durante el tiempo exacto que sea necesario. Sabe que será inmortal durante el tiempo exacto que tenga que serlo.

DMX, también conocido como Dark Man, también conocido como Earl Simmons, murió el 9 de abril de 2021 a causa de un ataque al corazón provocado por la cocaína. Tenía cincuenta años y había sufrido el equivalente a cien vidas. Sufrió un brutal maltrato infantil. Abandono. Aislamiento. Pasó mucho tiempo viviendo en la calle, recurrió al crimen para conseguir dinero con que comer, durmió en los contenedores donados por el Ejército de Salvación, aprendió a preferir a los perros antes que a las personas por su lealtad y, si era necesario, por su crueldad. Podía confiar en los perros. A los catorce, un mentor en quien confiaba lo encaminó hacia la música rap, pero también le dio un porro sin avisarle de que estaba mezclado con crack. «Nació un monstruo», explicó Earl en 2020, en el pódcast *People's Party With Talib Kweli*, donde su dolor y la sensación de haber sido traicionado seguían siendo palpables, seguían resultando insoportables.

Así que, en disco, DMX podía ser el antagonista definitivo, el antihéroe sin remordimientos, cargado de ultraviolencia, y no todo ello era ficción. Pero, además, objetivamente, DMX también reza mejor que nadie en la historia del rap. Y esa es la dolorosa contradicción a la que presta cuerpo, que él transforma, de manera milagrosa, en una ausencia de contradicción. El dolor, la rabia violenta —sus historias salvajes y entretenidas en las que hacía daño a otras personas— alimentan la gracia y la humildad de esas oraciones, lo que a su vez vuelve soportable el dolor.

A veces protagoniza un enfrentamiento en toda regla con el diablo, tal y como relata en la famosa trilogía de canciones que se inicia con la inquietante y completamente increíble *Damien* de *It's Dark and Hell Is Hot*. A veces se encoleriza con el mismísimo Dios: «*Lord, you left me stranded / And I don't know why* —se lamenta en *Ready to Meet Him*, otro tema esencial de 1998—. *Told me to live my life / Now I'm ready to die*». Pero, al final de cada disco superventas, nos encontramos a DMX haciendo penitencia otra vez, purificado, imperfecto y, sin embargo, salvado. Para mí, DMX está presente en sus oraciones, siempre, sin importar los hechos, sin importar las creencias espirituales que cada uno pueda tener. Pero hazme un favor. Aunque seas el tipo de persona que ni siquiera suele rezar por sí misma, no dejes nunca de rezar por él.

> Ni siquiera nos conocíamos. No la había visto nunca, porque escucho un montón de música góspel. Desde el momento en que la lanzaron y en que me lanzaron a mí, de manera inmediata la gente comenzó a compararnos, y nunca lo comprendimos. Es como si nos hubieran escogido entre todas para hacer que nos enemistáramos. Nunca lo hicieron conmigo y con Aaliyah, ni con Brandy y Aaliyah. Siempre fue Brandy y Monica.
>
> Monica, en una cita en la que comenta *The Boy Is Mine*, el éxito monstruoso y número uno de la lista Billboard, extraída del libro *The Billboard Book of No. 1 Hits* de Fred Bronson (2003)

«No le conozco. No tengo ni idea de cuánto pesa.» Brandy Norwood nació en McComb, Mississippi, en 1979. Sonja, su madre, una vez le dijo a la revista *People*: «Supe que Brandy iba a ser una estrella desde el día que nació». La familia se mudó a Los Ángeles cuando ella tenía cuatro años para ayudarla en su camino hacia ese estrellato, y no tardó en alcanzarlo; primero, en las comedias de situación *Thea* y *Moesha*; y a continuación en el R&B. Su debut homónimo —publicado en 1994, cuando ella tenía quince años— reveló que no era una mujer que cantara a todo volumen, que no era un volcán con patas que pudiera zambullirse desde una octava como Mariah Carey, que no era una cascada rabiosa de vulnerabilidad desafiante como Mary J. Blige. En *Brandy*, lo que oigo con mayor claridad es la insinuación suave y sedosa, electrizante por relajada, de una Janet Jackson, y lo dice alguien que adora a Janet Jackson. Es un triunfo de las atmósferas. En el sencillo con el que debutó, *I Wanna Be Down*, el nivel de relajación quema más que el propio sol.

Monica Denise Arnold nació en Atlanta en 1980. Comenzó a cantar en un coro itinerante de góspel a los diez años. En mi opinión, como pasa en cierto modo con Brandy, en lo que a la voz de Monica respecta, la verdadera acción tiene lugar en su extremo inferior: la oscuridad, la profundidad, el alma. Además de lo cómoda que se siente con la música rap, o al menos con la propulsión de ritmos pesados de la música rap, casi como la propia Mary J. Blige, sobre todo en su primer sencillo, *Don't Take It Personal (Just One of Dem Days)*, extraído de su disco debut de 1995, *Miss Thang*.

Así que, en 1998, estas dos cantantes, estas dos jóvenes estrellas estaban a punto de dar un salto inmenso, en lo artístico y en otros ámbitos, con sus respectivos segundos trabajos, y resulta que Brandy estaba cocomponiendo y coproduciendo un éxito en potencia muy diáfano y dulcemente polémico titulado *The Boy Is Mine*, y que persiguió a Monica para que se apuntara y convertirlo así en un dúo. Y el resultado fue la canción marca de la casa de ambas. Y, para sorpresa de nadie, una perdurable fuente de cotilleos e insinuaciones, de tensiones propias de las superpotencias durante la Guerra Fría y de hostilidad directa entre ambas. Porque tanto da que sus voces se mezclaran de manera espléndida, y tanto da que la canción fuera descomunal; lo que queda claro es que la ciudad no era lo bastante grande para las dos.

Para tratarse de un tema en el que dos chicas adolescentes se pelean por un chico que de manera evidente está saliendo en serio con ambas, *The Boy Is Mine* muestra una serenidad engañosa. A duras penas levantan la voz; es como si quisieran pelearse a gritos pero estuvieran en una biblioteca llena de gente. Es como si intentaran no despertar al bebé. Es una pelea de navajas sin navajas, solo miradas de reojo. Es la guerra más fría posible. Es la encarnación del nitrógeno líquido. Intercambian versos, pero sus voces se entrelazan de manera tan exquisita que a veces ni siquiera parece un dueto.

The Boy Is Mine se lanzó como sencillo en mayo de 1998 y reinó como la canción número uno de Estados Unidos durante todo el verano de aquel año. *Never Say Never*, el segundo álbum de Brandy, apareció en junio de 1998: *The Boy Is Mine* fue la canción número tres. El segundo álbum de Monica apareció en julio de 1998: *The Boy is Mine* fue su canción número dos. Además, y esto es importante, el segundo disco de Monica se tituló *The Boy Is Mine*. Uf. Dicen que Brandy se disgustó mucho al enterarse, pero, en defensa de Monica, dicen que esta se había disgustado mucho a su vez cuando Brandy interpretó *The Boy Is Mine* sin ella, en un *The Tonight Show with Jay Leno* del mes de mayo, acompañada por un grupo de coristas en el que una desentonó muchísimo. Uf. En septiembre, durante los ensayos para la interpretación conjunta de *The Boy Is Mine* que iban a realizar durante los MTV Video Music Awards, presuntamente (según Dallas Austin, coproductor del tema) Monica le pegó un puñetazo a Brandy en la cara entre bambalinas.

En efecto, la interpretación que hicieron de *The Boy Is Mine* en los VMA es una especie de maravilla arquitectónica. Brandy y Monica aparecen separadas en lo alto de sendas plataformas gigantes, en extremos opuestos del escenario, con unas escaleras inmensas que bajan y una docena o así de bailarines en pijama (creo) que se encargan de proporcionar, ya sabes, algo de movimiento. Es como si se estuvieran peleando a gritos desde las ventanas de sus respectivos apartamentos en el tercer piso de dos edificios separados por una autopista; la distancia entre ellas parece fruto de una orden judicial. Las dos se dejan la piel cantando, pero esa separación física es la atracción principal: la canción solo funciona si te crees de verdad que no toleran estar siquiera a dos metros la una de la otra. Cuando al fin bajan de sus respectivas escaleras, ocupan el centro del escenario y se arriesgan a acercarse un poco, el momento es eléctrico tanto si te has creído los rumores como si no. Monica canta: «*Not yours*». Brandy canta: «*But mine*». Tú decides lo que están diciendo en realidad.

CARAMBOLAS + REAPARICIONES + RARITOS DEL COPÓN

CANCIONES TRATADAS:

Macarena (Bayside Boys Remix), Los del Río

Achy Breaky Heart, Billy Ray Cirus

You Get What You Give, The New Radicals

Zoot Suit Riot, The Cherry Poppin' Daddies

Believe, Cher

Tubthumping, Chumbawamba

Whoomp! (There It Is), Tag Team

Return of the Mack, Mark Morrison

Smooth, Santana + Rob Thomas

Ice Ice Baby, Vanilla Ice

Torn, Natalie Imbruglia

A la mierda. Vamos a hacer la *Macarena*. Y no vamos a tolerar, ni aquí ni en ningún otro sitio, el indecoroso fantasma del odio hacia el baile de la *Macarena*. Como tampoco vamos a tolerar, mientras estamos ocupados dejando de tolerar otras cosas, el uso desdeñoso del término de «*one hit wonder*».[1] Me opongo moral y filosóficamente a ese término, pues me parece irrespetuoso y, además, he descubierto que hay mucho serpenteo alrededor de la palabra «*hit*», si me permites el uso de la palabra «serpenteo». Así que abracemos, en su lugar, la maravilla (término con el que me siento mucho mejor) de los supuestos *one-hit wonders*, de los que tienen chiripa, de los raritos, de las reapariciones improbables, de las versiones de versiones, de remix de remixes, de las sensaciones virales de antes de que internet alcanzara su apogeo. Y comencemos, sí, por la superafortunada (y supermaravillosa) *Macarena*. A la mierda.

Antonio Romero y Rafael Ruiz tenían catorce años cuando formaron el dúo Los del Río en la ciudad española-sevillana de Dos Hermanas, en 1962. Oye, que Los del Río se formaron el año antes de que saliera el primer álbum de los Beatles. Los del Río se pasaron treinta años sacando discos. Es solo el comienzo de la historia. Los del Río son, sobre todo, cantantes flamencos. Son, en líneas generales, gente tradicional. Nostálgica. Son estrellas regionales. Incluso lo de «estrellas regionales» podría ser una exageración. Trabajan. Tienen éxito. Sacan un montonazo de discos en España. Salen de gira. Hacen giras internacionales. Pero no aspiran a un estrellato pop global en el sentido tradicional... ni en el sentido no tradicional. En esencia, en los 90 nos

1. Se aplica a los artistas que cosechan un solo éxito, aunque masivo. (*N. del t.*)

encontramos con dos cuarentones entrañables que componen sus temas de flamenco y visten de traje y bailan sus rumbas y se ocupan de sus cosas con un éxito modesto y sostenible, igual que sus ambiciones.

Y entonces, en 1992, mientras estaban de gira por Sudamérica, se descubren en Venezuela, en una fiesta de gala a la que asiste Carlos Andrés Pérez, presidente del país, y, lo que es más importante, una bailarina llamada Diana Patricia Cubillán. Diana baila para los asistentes y Antonio improvisa una pequeña canción para animarla, una canción sobre una mujer llamada Magdalena. La letra de la cancioncita de Antonio dice: «Dale alegría a tu cuerpo, Magdalena, que tu cuerpo es para darle alegría y cosas buenas».

«Antonio me vio bailar y las palabras le salieron de golpe —le contó Diana a Associated Press en 1996—. Yo fui su inspiración. ¿A qué se debió? ¿A mi figura? ¿A la manera en que bailé? ¿Cómo lo voy a saber?» Puedes encontrar a Diana en Instagram bajo el nombre de La Macarena del Mundo porque Los del Río cambiaron el nombre de la mujer de la canción y, por tanto, su título.

Te puedes asegurar una fuente de contenido cibernético semiviral si manifiestas que la letra de Macarena —por el nombre de la hija de Antonio y por la iglesia de la Basílica de la Macarena en Sevilla— es una guarrilla del copón, lo cual requiere que te lances hacia la interpretación más calenturienta posible de la frase «dale alegría a tu cuerpo» (en defensa del Equipo Cachondo, en la canción *Macarena* tiene un novio, Vitorino, que está haciendo la mili y, en su ausencia, ella se la da con dos de sus amigos. Pero quizá no nos debamos lanzar hacia la interpretación más calenturienta de la expresión «dársela»). Lo que de verdad me impactó acerca de la canción original —que abre *A mí me gusta*, el álbum de Los del Río de 1993— es su carácter encantador y simpático y relajado. Todos los elementos están en su lugar: las palmadas implacables, la percusión animada, la mezcla sobrenatural de las voces de Antonio y Rafael, la humilde propulsión de todo el asunto.

Además de la pequeña floritura al final de cada cuarto verso del coro —«Heyyyy, Macarena (AYYYYY)»—, que hace sonar la canción en bucle en tu cabeza. Su enorme atractivo no requiere de mucha traducción, ni de grandes adornos.

Pero ojo, que aquí llegan los adornos... Primero, *Macarena* es objeto de un remix deliciosamente chabacano a cargo de Fangoria, dúo español de música dance, quienes electrifican el ritmo y le añaden el artero *riff* de teclado con dos acordes que rebotan sin parar y que muy probablemente tengas en la cabeza ahora mismo. Esa remezcla (hay que reconocer que mucho más caliente) pasa a petarlo en las discos de Latinoamérica, da pie a una contagiosa locura de baile en línea y se va deslizando hacia el norte hasta llegar a Miami, donde Jammin Johnny Caride,[2] DJ de una radio local, encargó una nueva remezcla porque sabía que, para volverse verdaderamente viral —para petarlo en el monocultivo de Estados Unidos—, necesitaba una versión de *Macarena* que no estuviera solo en español. Así que les dio a sus colegas de Miami Carlos de Yarza y Mike «In the Night» Triay, dueños de un sello local llamado Bayside Records, 72 horas para hacer el trabajo. Carlos escribió algunas letras nuevas y directas, del tipo «*Move with me / Dance with me*»; su amiga Patti Alfaro las cantó y así nació en 1995 *Macarena (Bayside Boys Remix)*, que fue la canción número uno en Estados Unidos durante catorce semanas.

Si aún la odias, lo entiendo. De verdad. Pero te animo también a ver otra vez el vídeo de *Macarena* en algún momento, aunque sea quitándole el sonido. Hay algunas versiones diferentes, pero el tema unifica-

---

2. «Fue como la peste bubónica», cuenta Caride en *Decoding "Despacito": An Oral History of Latin Music*, libro publicado en 2021 por Leila Cobo, al recordar la primera vez que entró en contacto con el baile de la *Macarena*. «La pista de baile se vació, la gente se alineó como si estuviera en el ejército y comenzaron con el bailecito. Los que no se lo sabían, lo aprendieron al momento.» Se refiere a la peste bubónica en el buen sentido.

dor es «jóvenes atractivos y semidesnudos bailando la *Macarena*»... y, sin embargo, la verdadera atracción son los propios tipos de Los del Río, con sus trajes acicalados, cantando el estribillo, quizá bailando también durante 1,5 segundos cada vez, quizá haciendo girar un paraguas, quizá dirigiéndose a uno de esos micrófonos colgantes a la vieja usanza, y, desde luego, ocupándose de sus cosas, copón.

Hay algo tirando a encantador en ese intrínseco choque cultural, en ese choque generacional: es como un anuncio de Gap dirigido inexorablemente a la juventud que, de manera inexplicable, incluye a los dos ejecutivos de mediana edad de Gap que dieron luz verde a la realización del anuncio. Porque los propios Antonio y Rafael se convierten en piñones inconscientes del engranaje de su propia maquinaria; son dos improbables estrellas del pop felices pese a tener muy poco control sobre las argucias de las remezclas y demás maquinaciones industriales que convirtieron a *Macarena* en un monocultivo verdaderamente viral, ineludible, inmortal. Llegado ese punto, Los del Río dejaron de disfrutar de un éxito modesto, pero su modestia, su afabilidad, siguió brillando. Su afabilidad sobrevivió. Ni siquiera hacen el baile. El resto del mundo lo hace por ellos.

Billy Ray Cyrus hace el baile, o al menos *un* baile: una serie de rotaciones con un giro considerable, los pantalones ceñidos y las piernas de goma, que amenizan aún más el ya bastante agitado vídeo de *Achy Breaky Heart*, su exitazo country-pop de 1992. Una multitud abrumadoramente femenina y notablemente adulta baila en línea con placer evidente mientras nuestro héroe y su *mullet*, en cierto modo gloriosamente audible, se erigen como centro de atención. Aquí tenemos otro éxito de chiripa de los 90 que se recuerda sobre todo por su incomprensible, aplastante ubicuidad: *Some Gave All*, el álbum con el que Billy Ray debutó, fue el disco número uno en Estados Unidos durante diecisiete semanas, y esta canción estuvo en todas partes, en todo momento, durante meses sin fin. Pero no dejes que esa sobresaturación te impida apreciar esta historia rara de éxito inesperado, comenzando por el tipo desconocido que compuso el tema (Don Von Tress,[3] veterano de Vietnam y hombre familiar procedente de Tennessee) y acabando por el tipo desconocido que lo cantó (el papá de Miley Cyrus).

El papá de Miley nació en Flatwoods, Kentucky, en 1961, y cambió su aspiración vital de dedicarse profesionalmente al béisbol (recibió una beca para ir a la Universidad de Georgetown, en Kentucky, pero abandonó los estudios) por la del superestrellato pop después de acudir a un concierto de Neil Diamond (es razonable). Durante un tiempo lideró una banda de versiones country y rock llamada Sly Dog; durante un tiempo vivió en su Chevy Baretta por las calles de Los Ángeles. Y entonces le llegó uno de los mayores golpes de suerte que se puedan tener dentro de la legalidad. Billy Ray ni siquiera fue el primero en llegar a *Achy Breaky Heart*: ese honor recae en los Marcy Brothers, quienes lanzaron la canción en 1991 con un título diferente *(Don't Tell My Heart)* y una pronunciación diferente (*«achy breakin'»*, no *«achy breaky»*) y, la verdad, algunos solos de guitarra bastante molones. Nada de eso les valió una mierda en las listas de éxitos. Y me sabe mal: la versión de los Marcy Brothers es inferior, tengámoslo claro, pero no hasta el punto de representar «la diferencia entre no vender una mierda y ser el disco número uno de Estados Unidos durante diecisiete semanas consecutivas». La música no tiene la menor lógica.

Lo que puedo contarte sobre la versión que hizo Billy Ray de *Achy Breaky Heart* es que la manera en que canta el verso *«You can tell your*

3. «En cuanto me puse a componerla, la cosa fue tan rápida que la canción simplemente me cayó encima —le contó Don a *The North Indiana Times* en octubre del 92, mientras *Achy Breaky Heart* se encaramaba a lo alto de las listas—. Me encanta el factor abstracto. La música no tiene la menor lógica.» Por cierto que el titular del artículo fue «Compositor country no piensa dejar su empleo», porque en aquel momento Don estaba empapelando las paredes de una residencia de la tercera edad de Indiana.

dog to bite my leg» es extremadamente country. Canta ese verso como si fuera el mejor chiste que se hubiera contado nunca, y así se debería cantar cada verso, así que así canta él todos los versos. Pero no importa lo jovial e inofensivo que Billy Ray pudiera ser; es imposible ignorar que esta canción alcanzó el tipo de sobresaturación superventas que suele inspirar un aborrecimiento escénico incluso en las personas más bondadosas y abiertas de miras que hay entre nosotros. Hasta la inevitable y deliciosa parodia de «Weird Al» Yankovic, *Achy Breaky Song* (1993), es mucho más gruñona de lo habitual, con su rima experta entre *«you know I hate that song a bunch»* y *«it might just make me lose my lunch»*. Si eres como Al y sigues odiando este tema, lo pillo, pero el *mullet* audible de Billy Ray seguirá resonando para siempre.

La principal escena de aborrecimiento escénico hacia un *one-hit wonder* que yo haya testimoniado en persona aconteció en diciembre de 1998 en Cleveland, Ohio, durante un extraño festival de música organizado por una emisora de radio de rock alternativo, con su colecta de comida enlatada, que tuvo como cabezas de cartel a Less Than Jake, los vividores ska-punk de Gainesville, Florida, y a los New Radicals, gloriosa banda *one-hit wonder* de Los Ángeles. Alguien debería dedicar un libro entero a Less Than Jake y no te puedo garantizar que esa persona no vaya a ser yo: esa gente estaba metida en el ska-punk antes de que fuera guay y (lo que es más impresionante) siguió metida en él mucho después de que dejara de serlo, motivo por el que cuentan con mi respeto eterno. Los fans de Less Than Jake adoran a Less Than Jake. Además, como anécdota, los fans de Less Than Jake odian a los New Radicals.

You Get What You Give. Ese es el título del único éxito de los New Radicals. Me siento menos irrespetuoso de lo normal al manifestarlo con tanta sencillez, porque sin duda da la sensación de que los New

Radicals planearon tener ese único éxito. Su líder era Gregg Alexander, cantante y compositor, multiinstrumentista, encantador narcisista de los que aparecen solos en la portada del disco y entusiasta de los sombreros de pescador. Yo hubiera jurado que era inglés (por el sombrero), pero al parecer creció en Grosse Pointe, Michigan. Claro. Gregg se crio como testigo de Jehová; cuando su madre lo llevaba en el coche, solían escuchar discos de la Motown y se comprometió, después de oír *The Beautiful Ones* de Prince en la adolescencia, a fugarse a California y convertirse en una estrella del rock (es razonable). Y a continuación, brevemente, lo hizo.

Sospecho que no necesitas una descripción extensa y detestable de *You Get What You Give*, tema con un piano optimista y un preestribillo que suena como si el Billy Joel de la mejor época hubiera descubierto la cocaína y a Jesús simultáneamente (al menos, extensa no ha sido). Así que en Cleveland, durante la donación esa de comida enlatada, los New Radicals son el penúltimo grupo en subirse al escenario, solo faltarán Less Than Jake, e incluso los menos cínicos del lugar tenemos la sensación de que, en lo que al éxito se refiere, esos tipos no van a dar más de sí que *You Get What You Give*, y bastante a propósito. Pero, en ese momento, Gregg y compañía siguen intentándolo, en términos de alcanzar el estrellato pop, y ese seguir intentándolo se traduce aquí en su disponibilidad para tocar en una donación de comida enlatada en Cleveland una semana antes de Navidad. Según mis estimaciones, Gregg no es feliz estando allí, en Cleveland, una semana antes de Navidad. Los New Radicals tocan algunas canciones, ante la indiferencia general del público. Hacia la mitad del repertorio, tocan *You Get What You Give*. El público se despierta. Los New Radicals pasan a tocar otros temas mucho menos populares de los New Radicals; el público regresa a la apatía. El concierto acaba, por fortuna. Nadie pide bises, pero la banda regresa al escenario de todos modos. El bis consiste en *You Get What You Give*, otra vez.

Y, de repente, según mis estimaciones, Cleveland no parece demasiado feliz de que los New Radicals sigan allí. «¡Que alguien encuentre una toma de corriente!», grita una voz. Y yo observo fascinado a un considerable grupo de fans de Less Than Jake juntarse en medio de la multitud y quedarse allí en silencio, esgrimiendo el dedo corazón en dirección al escenario durante todo el tiempo que los New Radicals dedican a tocar *You Get What You Give* otra vez. No es el mejor momento para estar rodeado de comida enlatada.

Esa imagen —la de un rebaño de irritados fans de Less Than Jake haciendo la peineta— me viene a la cabeza siempre que revisito *Maybe You've Been Brainwashed Too*, de 1998, el disco de debut (y despedida) de los New Radicals, que también tiene, por si no lo sabías, otras canciones, entre las que destaca *Someday We'll Know*, una balada impresionante por empalagosa durante la que Gregg brama: *«DID THE CAPTAIN OF THE TITANIC CRY?»*, y reproduzco el verso en mayúsculas porque así lo canta él. El álbum entero no podría ser más caótico y pomposo y enrevesado en su ideología para tratarse de un disco de pop subversivo publicado por una gran discográfica; es un infierno soleado de melodramas cocainómanos post-Motown. A veces, Gregg suena a propósito de manera desastrosa, farfullando incoherencias, y otras veces suena como un profesional de los estudios angelinos con un falsete sorprendentemente conmovedor que va a por todas en serio. Supongo que vale la pena mencionar aquí el *Semi-Charmed Life* de Third Eye Blind como otro ejemplo de pop tontorrón al máximo que se convierte en máquina expendedora de un valor de shock también máximo por excesos farmacológicos. También sospecho que Gregg y Stephan Jenkins, el líder de 3EB, se llevarían muy bien, y que no te gustaría estar cerca cuando pasara eso.

Acto seguido, la banda estalló en llamas y Gregg pasó a trabajar entre bambalinas en algunos superéxitos del pop que probablemente habrás escuchado (incluyendo *The Game of Love*, de 2002, interpretado por Santana y Michelle Branch), pero en general se mantuvo apartado de los focos hasta, de manera bastante inesperada, la fabulosa inauguración virtual de Joe Biden en 2021, cuando Gregg y sus compañeros se reunieron para tocar *You Get What You Give otra vez.*[4] Fue genial volver a verle la cara. Y, si alguno de aquellos fans de Less Than Jake cabreados sintonizaron la ceremonia, espero que le dieran una segunda oportunidad (y, a su canción, una tercera).

¿Es el enfrentamiento entre los New Radicals y Less Than Jake el concierto más raro que haya visto? ¿Es el concierto más años 90 que haya visto? ¿Cuál sería la frase más noventera que se pueda escribir? Probemos con esta: cuando estaba en la universidad, vi en directo a Big Bad Voodoo Daddy y a los Cherry Poppin' Daddies.[5] En dos conciertos diferentes. En dos ciudades diferentes. Una coyuntura favorable pero ajustada. El resurgir del swing de mediados-finales de los 90 tiene mi voto como subgénero más surrealista y de peor reputación de la década, ennoblecido por la aparición de la tercera ola ska, tan cargada de instrumentos de viento, y turbopropulsada por *Swingers*, la canónica comedia de Jon Favreau de 1996 que muestra, en su clímax, a Big Bad Voodoo Daddy —los estilosos caballeros del sur de California, que llevaban en la pomada desde 1989— ayudar a que el bueno de Jon consiga a la chica, que en este caso era Heather Graham. ¡Impresionante! Traslademónos a Cleveland, año 1998, cuando BBVD aparecen al mando de una multitud estilosa y eufórica, ansiosa, por algún motivo, de volverse loca con una canción titulada *Go Daddy O* y regresar así,

4. La canción significó mucho para Joe mientras su hijo Beau se enfrentaba a un tumor cerebral; sobre todo, los versos «*This whole damn world / Can break your heart / Don't be afraid / Follor your heart*» [«Este maldito mundo / Puede romperte el corazón / No tengas miedo / Haz lo que te pida el corazón»]. Beau murió en 2015. Incluso las carambolas pop más tontas y extravagantes pueden tener una importancia inimaginable para alguien.
5. «El Malvado Papi Vudú» y, ejem, «Los Papitos Desvirgadores». (*N. del t.*)

eufóricamente, por el túnel del tiempo hasta la Gran Depresión. En aquel momento tuvo todo el sentido del mundo.

Respecto a la banda vergonzosamente llamada Cherry Poppin' Daddies, provenían de Eugene, Oregon, lo cual tiene tanto sentido como que procedieran de cualquier otro lugar. Steve Perry, su líder, tenía ese tipo de voz estruendosa y un talento lírico lo bastante brillante *(«pull a comb through your coal-black hair»)* para que pasaras por alto, durante el tiempo que duraba *Zoot Suit Riot*, su vivaracho éxito de 1997, el hecho de que los disturbios del Zoot Suit fueran una serie de ataques racistas contra adolescentes latinos en el Los Ángeles de la Segunda Guerra Mundial. Te avisé de que la cosa se pondría rara.

El neoswing, ¿tuvo todo el sentido del mundo en ese momento? Es probable que no. ¿Disfruté de vez en cuando de alguna canción de los Squirrel Nut Zippers o de la Brian Setzer Orchestra? Vaya que sí, demonios. ¿Se sostiene *Zoot Suit Riot* en la actualidad como tema pop doblemente nostálgico? Vaya que sí, demonios. Ahora mismo, ¿acabo de llegar al final de una segunda canción de los Cherry Poppin' Daddies? Vaya que no, demonios, pero solo porque he escogido un tema titulado *Here Comes the Snake* antes de decidir que no quería saber nada de esa serpiente. ¿Fue un estilo escapista, en el mismo sentido que la música pop? Supongo que sí, pero no me pidas que te explique por qué los jóvenes sexis de 1997 desearon fugarse a los días felices de, pongamos, 1927 o 1937. No logro decidir si este asunto es atemporal, en el sentido clásico de la música pop, o si su atractivo se basa tan solo en su orgullosa y explícita caducidad. Cualquiera de las dos opciones me parece bien, pero ambas son mucho más divertidas si te pones a hacer el maldito baile, por mucho que ese maldito baile sea como veinte veces más difícil que el de la *Macarena*.

¿Quieres hablar en serio de cosas atemporales? ¿Sabías que Cher nació en 1946, solo un año después de que terminara la Segunda Guerra Mundial? No lo digo por faltarle al respeto, sino para transmitir de manera más efectiva mi asombro ante el hecho de que, en 1998, a los cincuenta y dos, un año después de que se lanzara *Zoot Suit Riot*, Cher tuviera un éxito inmenso con *Believe*, una exaltación del AutoTune que separó los 90 de los 2000 tal y como Dios separó la luz de la oscuridad.

«Hay años en los que soy lo más guay que haya podido suceder nunca —le contó Cher a *Rolling Stone* en 1999, poco después de que *Believe* se convirtiera en su cuarto sencillo en llegar al número uno de la lista Billboard, y el primero desde 1974—. Y entonces al año siguiente todo el mundo se ha cansado de mí.» Como adolescente arrogante que seguía el rock alternativo de principios de los 90, conocía a Cher sobre todo como la mujer que hacía infocomerciales, que le daba una bofetada a Nicolas Cage, que había llamado capullo a David Letterman y que había lucido cierto vestido en cierto barco de guerra. La idea de que Cher pudiera ser responsable de un éxito en tiempo presente me pareció —a mí y se diría que a todo el mundo— ridícula. Y, sin embargo, en su efervescencia de pop bailable, en su bravuconería revitalizante post ruptura sentimental y en su profundidad de mar oscuro como el vino que desafiaba los tonos vocales humanos, *Believe* es la canción del siglo XX que para mí mejor define el siglo XXI: una voz estridente de un pasado remoto que se dignó a dejar de vender acondicionadores para el pelo en la tele el tiempo suficiente para señalarnos el camino hacia nuestro trascendental futuro como androides.

A medida que los 2000 avanzaban con estruendo, el AutoTune se desestimó por ser una trampa, una muleta, una abominación, un flagelo contrario al arte y a la humanidad, denigrado en público por todo el mundo, desde Steve Albini hasta Christina Aguilera, pasando por Jay-Z. Pero ahí estuvo Cher, entre todas las personas, en 1998, entre todos los años, para alargar la palabra «*sad*» hasta otorgarle cuatro sílabas electrizantes y melodramáticas —«*It's so sa-a-a-ad that you're leavin'*»— e inyectar nueva vida al espíritu de la máquina. Cher perfeccionó esa tecnología polarizadora años antes de que sus detractores más ruidosos y cabreados hubieran oído hablar de ella siquiera; veinticinco años después, Cher sigue siendo la única Inteligencia Artificial de la que quiero oír hablar. Pude verla en su presunta gira de despedida, en 2002, en un estadio de hockey de Columbus, Ohio, y lo que escribiera sobre ella se ha perdido, gracias a Dios, en las brumas del tiempo previo a la máxima expresión de internet, pero supongo que fue una sucesión alternante de «oh» y «guau» a lo largo de seiscientas palabras. Y mis descendientes la venerarán igual dentro de algunos siglos, encantados de recibir a sus amos robot siempre y cuando les hablen con la voz de Cher.

Finge que aborreces los *one-hit wonders* mientras puedas, por cierto, pues el concepto está desapareciendo. Se han realizado estudios, se han recopilado datos.[6] Las canciones más importantes pasan en general más tiempo en la lista de los cien principales —meses en vez de semanas—, así que hay menos espacio para cosas nuevas; además, Taylor Swift, por ejemplo, puede sacar un nuevo disco semitaylorswiftiano y, de repente, el top 10 entero estará compuesto de canciones nuevas y semitaylorswiftianas de Taylor Swift. Es como cuando la gente del cine se queja de que las películas de Marvel están bloqueando el acceso a las salas.

La consecuencia, para la música pop, es que recibes menos bombazos deliciosamente arbitrarios como *Come on Eileen* de Dexy's Midnight Runners (número uno en 1983), *Take on Me* de a-ha (número uno

6. En 2015, la web Priceonomics provocó un alboroto con una entrada titulada literalmente *La muerte del one-hit wonder* y respaldada por una gráfica de los artistas que solo habían tenido una canción en los 100 principales de la lista Billboard. La gráfica mostraba una marcada curva descendente entre 1965 y 2015. Ese último año, Cher volvía a estar de gira, que lo sepas.

en 1985) o *(I Just) Died in Your Arms* de Cutting Crew (número uno en 1987, me encantan los paréntesis). Y, precisamente porque esos artistas no perduraron como estrellas del pop en los años siguientes (lo siento), esos éxitos han acabado definiendo, y quizá también explicando, esos años y las décadas enteras en las que fueron breves éxitos musicales y sus autores, breves estrellas del pop. Pese a ser irrespetuosa de narices, la expresión misma de *one-hit wonder* se está volviendo arcaica, y la echaremos de menos cuando desaparezca, tal y como echaremos de menos a los *one-hit wonders* cuando ya no estén.

Echarás de menos a los Chumbawambas de la vida cuando ya no estén. Chumbawamba: colectivo anarquista británico. Publicaron su primer álbum en 1986 y lo titularon *Pictures of Starving Children Sell Records* solo para pinchar el pretencioso globo del Live Aid. Sacaron luego seis discos más (incluyendo uno en 1994 que se llamó *Anarchy*), todos ellos justos y enérgicos y belicosos; ninguno de ellos popular en ningún sentido tradicional del término. Y entonces, en 1997, como salido más o menos de la puta nada, *Tubthumping* los colocó en el número seis de Estados Unidos. Se trata de un eufórico cóctel molotov de gritos de pelea de pub, solos de trompeta, tragos de whisky, tragos de vodka, jarras de cerveza rubia, vasos de sidra y melodiosas odas a «*pissing the night away*».[7]

Con su no tan melodioso pero sí muy necesario estribillo de «*I GET KNOCKED DOWN / BUT I GET UP AGAIN*» —así, barritado en mayúsculas—, ¿inspiró *Tubthumping* a una generación de adolescentes norteamericanos afines al rock alternativo para que abrazaran la auténtica utopía prosindicalista y antifascista de la anarquía? La verdad es que no. En cambio, ¿se adueñaron de la canción los acontecimientos deportivos para trasladarla a un género de rudeza vacua y apolítica,

7. «Pasar la noche piripis.» (*N. del t.*)

antitética respecto a gran parte de lo que defendía la canción de Chumbawamba? Como que sí. Pero sigue siendo una gran canción, ¿verdad? Pues claro que sí, coño.

Esa sensación de euforia ganada a pulso —irracional, efímera, atemperada por una cultura dominante a prueba de subversiones, y, sin embargo, gracias a Dios, ajena al implacable paso del tiempo— es lo que no podemos permitirnos perder, y tanto da lo ridícula que esa euforia suene y parezca a menudo. Echarás de menos a los dúos sacapuntas cuando ya no estén. Hablando de eso... Tag Team: dúo de pop-rap procedente de Atlanta y formado por DC the Brain Supreme y Steve Rolln. Éxito número dos de 1993 con un tema híbrido del género Miami Bass arrogante y en su mayor parte apto para reuniones familiares que se tituló *Whoomp! (There It Is)*. Prevaleció en las listas pese a tener que pelear apretando los dientes con 95 South, una peña de Miami Bass mucho más cercana a Miami (Jacksonville) que tuvo al mismo tiempo un éxito muy parecido (pero mucho menos popular) titulado *Whoot, There It Is.*[8] Colar el verso «*I crave skin*» —una manera muy desagradable de transmitir la emoción que DC the Brain Supreme experimenta en ese momento; esto es, que está cachondo— garantiza que esa canción corromperá de manera encantadora todas las reuniones familiares a las que vayas a asistir durante el resto de tu vida.

Aunque *Whoomp! (There It Is)* no presente ninguna ideología política más allá de su inquebrantable fidelidad al «*B-double-O-T-Y oh my*»,[9]

---

8. Deberían haberle puesto paréntesis. *Whoomp!* Salió poco después que *Whoot*, pero Tag Team insistieron en que la habían grabado antes. Los dos grupos interpretaron sus respectivos éxitos de manera consecutiva en un programa de *The Arsenio Hall Show* de julio de 1993 y dejaron que los espectadores llamaran para escoger a su favorito. 95 South ganó esa batalla, pero perdió la guerra (*Whoot* se quedó en el puesto número once, pero Billboard acabó declarando que *Whoomp!* había sido la segunda principal canción de 1993).
9. «C-U-L-E-T-E ay cielos.» (*N. del t.*)

la canción logra conjurar una sensación de anarquía arrobada muy Chumbawamba. Respecto al disco con el que Tag Team debutó en 1993, titulado también *Whoomp! (There It Is)*, puedo informarte, por si no eras consciente de ello, de que cuenta con otras canciones, incluida una en la que DC the Brain Supreme anuncia «*Nubian ham is what I want*», que es una manera aún más desagradable de transmitir que está cachondo. Pero esta historia acaba de la única manera posible: sin ningún otro éxito por parte de Tag Team, con Steve Rolln arrestado en 1997 mientras se encontraba en posesión de 272 kilos de marihuana mexicana (salió de la cárcel en 2001) y con el dúo reunido de manera triunfal en 2021 para un anuncio viral de Geico en el que cantan «*Scoop! There it is!*» mientras se preparan unos helados en la cocina de alguna mujer.

Echarás de menos cosas tan absurdas como esa. Echarás de menos a los Mark Morrison de la vida cuando ya no estén. Mark Morrison: el tipo de *The Return of the Mack*. Nacido en 1974 en Alemania, de padres que habían emigrado de Barbados al Reino Unido y que le criaron principalmente en Leicester, Inglaterra. Creció rodeado de dificultades y aprendió a cantar R&B con la destreza, la lascivia, la arrogancia rítmica y melódica de una superestrella rap del G-Funk, aunque con una voz extremadamente nasal, que hace que la palabra «*freaky*» suene extrafriqui. Afirma que compuso *Return of the Mack* en la cárcel de Welford Road, en Leicester. Grabó una versión presuntamente lenta, seria, sin colmillo, que muy poca gente ha escuchado y que al parecer no gustó a nadie; se la pasó a Joe Belmaati y Cutfather, dos productores daneses que la aceleraron, le añadieron la batería de *Genius of Love* —el inmortal éxito de 1981 de Tom Tom Club—, le añadieron unos acordes nuevos y brillantes de *Games* —una canción de R&B obra, en 1992, de un cantante angelino llamado Chuckii Booker—, le añadieron un montón de pequeños *samples* más —de gente como RUN-DMC o Cerrone, el gigante de la música disco francesa— y acabaron con la versión de 1996 de *Return of the Mack* que casi todo el mundo conoce y que a todo el mundo, mientras la está escuchando, le parece la mejor canción que se haya hecho nunca.

Eso se debe a la manera en que Mark canta «*Oh my God*» con esa ultrarrogancia ultranasal. Hay en su voz una dulzura, una aspereza inextricable de su nasalidad, de su carácter (hum, no sabía que fuera) inglés, de su actitud de chico malote. Y Mark Morrison se convirtió en una estrella, y sacó en 1996 un álbum llamado también *Return of the Mack* que, por si no te habías enterado, tenía otras canciones, incluida aquella en la que canta «*freaky freaky freaky*» un montón de veces, y la verdad es que me gusta bastante la jactancia erótica y nasal del disco, pero Mark había regresado por poco tiempo. En 1994 se vio involucrado en una reyerta de discoteca que acabó con la muerte a cuchilladas de un hombre llamado Julian Leong. Cuatro años después, leemos en un artículo del *Scottish Daily Record*: «El cantante golpeó al señor Leong en la cara y rompió una botella. Le dijo a la policía que lo había hecho para calmar la situación». El truco, creo, consiste en evitar aquellos escenarios en los que resulta necesario romper una botella y pegarle a alguien en la cara para calmar la situación.

Mark no fue el tipo que sacó un cuchillo en esa reyerta; le arrestaron, pero acabaron condenándolo a realizar unos servicios comunitarios que él se saltó a la torera, mandando a un guardaespaldas a que los cumpliera en su lugar. La estratagema falló, claro, y solo le valió un período más largo de cárcel según otro artículo del *Scottish Daily Record* que le describe en términos tanto de «*yob*» como de «*sod*».[10] Hasta donde yo sé, ambos son insultos y, aunque no puedo decirte con exactitud qué es un «*yob*» ni qué es un «*sod*» en Escocia, ni qué los diferencia, sí sé que deberías evitar hacer algo que invite a un periódi-

10. «Vándalo» y «cabronazo». (*N. del t.*)

co de ese país a llamarte «*yob*» y «*sod*» en un mismo artículo. La cuestión es que *Return of the Mack* fue el único éxito norteamericano de Mark Morrison.

Cosas así son las que más echarás de menos.

¿Cuál es el mejor verso de apertura de la década de los 90? Vamos a averiguarlo. Para acelerar el proceso, acotemos el terreno a dos opciones. Estas son «*Alright stop, collaborate and listen*» y «*Man, it's a hot one*». Tú eliges.

«*Man, it's a hot one*» no pertenece a un *one-hit wonder*, por si no lo sabías. Santana, la banda epónima de rock liderada por el dios de la guitarra Carlos Santana, nacido en México, cosechó dos éxitos que entraron en el top 10, *Evil Ways* y *Black Magic Woman*, allá por, hum, fíjate tú, 1970. Guau. Santana tocó en el puto Woodstock. No el Woodstock de Limp Bizkit y la Brian Setzer Orchestra y el colapso social. El Woodstock original, el legítimo, el de 1969. Es el tipo cuya banda epónima de rock acabó aterrizando con astucia en el número uno, hum, fíjate tú, en 1999. Guau. La canción fue *Smooth* y Rob Thomas, rival profesional de Stephan Jenkins y líder de la ascendente banda pop-rock de Orlando Matchbox 20 se encargó de la voz principal. Y, como quizá sepas, el primer verso de Rob, legítimamente genial, es «*Man, it's a hot one*».

¿Qué pasa con «*Man, it's a hot one*»? ¿Qué eleva al panteón ese comentario despreocupado, semisusurrado, basado en la temperatura? ¿Podría deberse parte de su atractivo a la duda? «Cuando escuché la letra y oí "*It's a hot one*" me parecieron unas palabras ajenas al tiempo y a la gravedad —observó el propio Carlos Santana ante *Rolling Stone*, en 2019—. Pensé que habíamos entrado en el terreno de la inmortalidad. Pero, con todos los respetos hacia Rob, le dije: "Me está costando un poco creer que lo que cantas es verdad".»

Guau. ¿De verdad hace calor, Rob? ¿Y exactamente quién eres tú para decirlo? No me hagas *mansplaining* con el clima, Rob. No subestimemos el papel de la burla amable en este caso, ni de la ironía y el sarcasmo. Pero es *tu* sarcasmo, no el del cantante. Rob Thomas canta el verso «*Man, it's a hot one*» como si tuviera calor. Suena como si estuviera sudando. Concédele eso. Y, de todos modos, la inmortalidad de las canciones pop suele comenzar con una especie de broma. «Ja, ja, ja, "*Man, it's a hot one*". Qué tontería. No lo olvidaré mientras viva.»

Pero, en mi opinión, la verdadera grandeza de *Smooth* radica en el cambio fugaz entre la despreocupada generalización de «*Man, it's a hot one*» y la notable concreción de «*My muñequita / My Spanish Harlem Mona Lisa*». Increíble. Rob compuso esa canción para Marisol Maldonado, su novia, que es de ascendencia española y portorriqueña, y que se crio en Queens (bastante cerca). Se casaron en 1999 y siguen juntos, y ella actúa en el vídeo de *Smooth*... La verdad es que todo es terriblemente dulce. «Cuando conocí a Carlos —le contó Rob a Leila Cobo para su libro—, lo primero que me dijo fue: "Eh, tú debes de estar casado con una latina; eso es lo que diría un tipo blanco casado con una latina.»

Fantástico. *Smooth* fue la última canción número uno del siglo XX y la primera canción número uno del siglo XXI; lideró las listas durante doce semanas en total, pero dio la sensación de que fueran dos siglos. La canción sigue sonando, a día de hoy, como si aún estuviera en el número uno de Estados Unidos. El disco *Supernatural* produjo otro número uno (*¡Maria, Maria!*), vendió cerca de diez mil millones de copias, obtuvo cerca de doscientos premios Grammy y convirtió al cincuentón Carlos Santana en un hacedor de éxitos hasta el día de hoy. Es probable que todo eso hubiera sucedido aunque *Smooth* no comenzara de la manera en que lo hace, pero tengo la certeza de que, cuando Rob medio farfulla Ese Verso, en ese preciso momento la canción se aleja del tiempo y la gravedad.

Esa era tu primera opción. La segunda llega cortesía de Robert Van Winkle, el dinámico rapero blanco nacido en Dallas que el mundo conoce mejor como Vanilla Ice, quien en 1990 nos cautivó con solo cinco palabras: «*Alright stop, collaborate and listen*». Él dice «Vale, para», y tú dejas lo que estés haciendo. Él dice «Colabora», y tú dices «¿Qué?». Él dice «Presta atención», y tú le prestas atención.

Así que presta atención. Pongamos las cartas sobre la mesa. En 1990, cuando era un zopenco de trece años, poseía seis cintas de casete. ¿Estás preparado para esto? Seis cintas. *Hysteria* de Def Leppard, *New Jersey* de Bon Jovi, *Gonna Make You Sweat* de C+C Music Factory, *Pump Up the Jam* de Technotronic, *Please Hammer Don't Hurt'Em* de MC Hammer y *To the Extreme* de Vanilla Ice. Y lo que sé a ciencia cierta es que el *Ice Ice Baby* de Vanilla Ice es el ideal platónico de una primera canción rap, o al menos de la primera canción de rap de la que te enamoras.[11] Cuanto menos familiarizado estés con el hip-hop, cuanto menos contexto tengas en general, cuanto más joven e ingenuo seas, mejor es la canción. Es la mejor canción de rap imaginable cuando no eres más que un adorable potrillo recién nacido, con las piernas tambaleándose de manera encantadora sobre el hielo Disney de tu infancia tardía o preadolescencia temprana. Es mejor cuando no sabes una mierda de nada.

Ice Ice Baby es una canción mucho mejor, por ejemplo, cuando ignoras que *samplea* a lo bestia *Under Pressure*, la obra maestra del rock de estadio que Queen y David Bowie lanzaron en 1981. Es una canción mejor cuando no has visto nunca ese vídeo exquisitamente humillante

11. Esta idea se explora en profundidad en el gran libro *Ringer* (2020), del crítico de rap Jeff Weiss, que contiene la pieza *The (Mostly) True Story of Vanilla Ice, Hip-Hop, and the American Dream*, y también en *The Number Ones: Twenty Chart-Topping Hits That Reveal the History of Pop Music* (2022), espléndido libro de Tom Breihan, también crítico de rap, pero mucho más alto que el anterior. Por favor, lee todos los artículos y libros que se mencionan en estas notas al pie. Gracias.

en el que Vanilla Ice intenta explicar que *Ice Ice Baby* no usa un *sample* de *Under Pressure*. Es mejor cuando ignoras que los versos «*Police on the scene / You know what I mean / They pass me up / Confronted all the dope fiends*» son la expresión más pura del privilegio blanco que haya aparecido en la historia de la música norteamericana. Es mejor cuando ignoras que Vanilla Ice será despellejado por Arsenio Hall en *The Arsenio Hall Show*, y por Kevin Bacon en *Saturday Night Live*, y (lo que es peor) por Jim Carrey en *In Living Color*. Es mejor cuando ignoras que Vanilla Ice nació en Dallas, no en Miami como ha sugerido a menudo, y que su verdadero nombre es en efecto Robert Van Winkle, y no cualquier otro.

Es mejor (la última, lo prometo) cuando no has visto a Vanilla Ice en los American Music Awards de 1991, cerrando su discurso de agradecimiento por el premio al mejor artista de pop-rock con un desacertado mensaje hacia sus detractores: «Te lo juro por tu madre. Y los que intentan reprimirme y hablan mal de mí pueden besar mi culo blanco. Te lo juro por tu madre».[12] Es mejor (esta sí es la última, en serio) cuando paras la canción, y tu desarrollo personal, y la totalidad de la carrera de Vanilla Ice después del «*Alright stop, collaborate and listen*». Así que eso es lo que vamos a hacer. Vamos a hacerle caso, pero le haremos caso de atrás para adelante. Presta atención. Luego colabora (¿eing?). Entonces para.

Esa era tu segunda opción. Tú eliges. Hum. Me doy cuenta de que no estás satisfecho. Vale. Vale. Te daré un tercer candidato al mejor verso de apertura de los 90, y ese candidato es «*I thought I saw a man brought to life*», del éxito *Torn* (1997) de la estrella pop australiana Na-

12. Me gusta que enmarque cada afirmación con sendos «Te lo juro por tu madre». Es como si estuviera hablando en HTML: <telojuroportumadre> Quiero una tortilla de jamón y queso, patatas a lo pobre con cebolla y unas tostadas de pan de centeno <telojuroportumadre>.

talie Imbruglia, que es una versión —aunque quizá hubiera sido mejor que no lo supieras—. Técnicamente, se trata de la versión de una versión noruega (de la estrella pop Trine Rein) de una versión norteamericana (de Ednaswap, una banda molona de rock alternativo procedente de Los Ángeles) de un *remake* danés (de Lis Sørsenson) de una canción compuesta por dos de los norteamericanos (Anne Preven y Scott Cutler de Ednaswap) y el inglés Phil Thornalley, antiguo bajista de The Cure, quien a su vez produjo las versiones de Trine y de Natalie; lo siento, lo he simplificado tanto como me ha sido posible. Y esta es otra fuente fiable de contenido cibernético semiviral: gritar «¡El *Torn* de Natalie Imbruglia es una versión!» en una sala llena de gente antes de salir corriendo.

Pero déjame sugerir que Natalie —veterana en su adolescencia del culebrón australiano *Vecinos*, quien voló al loco Londres del britpop en busca del estrellato musical y lo alcanzó en 1997 con *Left of the Middle*, su debut, que en su mayoría cocompuso ella misma— se carga de un plumazo toda esta enrevesada prehistoria cuando canta «*I thought I saw a man brought to life*» e impregna esas palabras más o menos inocuas con una experta mezcla, propia de una veterana de culebrones, de anhelo, exasperación, miseria y determinación oculta (el vídeo, en el que Natalie irradia esa exasperación cargada de anhelo mientras el equipo de grabación de una especie de culebrón fílmico orquesta el fracaso de su relación, también es bastante guay).

Natalie se adueña de la canción, eso es lo que intento decir, y también es lo que ella intenta decir de manera educada. «Parece que todo el mundo esté obsesionado con eso —le dijo a *The Independent* en 2022, debatiendo aún el tema de la versión de una versión de una versión de un *remake*—. ¿Sabes?, creo que hay algunas canciones que casan bien con la persona. Y aquello con lo que la gente conecta es mi verdad, la manera en que me relaciono con la letra y la manera en que lo comunico, la autenticidad que le pongo. Y eso es válido.» Aunque Natalie nunca volviera a disfrutar de un éxito monstruoso como ese —hay un término irrespetuoso y con mucho serpenteo para definir esa situación, pero ahora se me escapa—, será por siempre más una estrella del pop porque así es como funcionan las cosas. Natalie Imbruglia canta «*Illusion never changed / Into something real*» y la canción se contradice a sí misma de manera majestuosa, porque la música pop hace constantemente que las ilusiones se transformen en algo real, en algo maravilloso. Y a veces lo único que se necesita para ello es una canción.

U.S.
AIL
rage
against the
machine

PAYASADAS ADOLESCENTES

CANCIONES TRATADAS:

Killing in the Name, Rage Against the Machine
Cop Killer, Body Count
November Rain, Guns N' Roses
Under the Bridge, Red Hot Chili Peppers
Particle Man, They Might Be Giants
The Distance, Cake
Undone (The Sweater Song), Weezer
Sabotage, Beastie Boys
Creep, Radiohead
Yellow Ledbetter, Pearl Jam

Estoy bastante convencido de que alcancé mi cénit como adolescente y toqué fondo como ser humano la noche en que intenté sin éxito envolver en papel higiénico un buzón de correos de barrio residencial después de un concierto de Rage Against the Machine. Era el verano de 1996. La gira de *Evil Empire*. Akron, Ohio. Concretamente, la pista de baloncesto de la Universidad de Akron, también conocida como JAR, también conocida como palacio de deportes James A. Rhodes en honor del cuatro veces gobernador de Ohio que mandó a la Guardia Nacional a la vecina Universidad Estatal de Kent para aplastar la protesta contra la guerra de Vietnam en mayo de 1970. «*Four dead in O-Hi-O.*»[1] Y entonces, veintiséis años después, Rage Against the Machine —la principal banda de rap-rock incendiario e izquierdista— vino a la ciudad y tocó un tema llamado *Vietnow*. Si su líder, Zack de la Rocha, comentó esa amarga ironía durante su visita al estadio literalmente llamado James A. Rhodes, mi yo de dieciocho años fue demasiado estúpido para darse cuenta de ello. Pero sí me encantó que Zack saltara de la plataforma de la batería en el momento en que esta comenzó a sonar y las luces brillaron con fuerza. Un gran concierto. Electrizante. Incluso se podría decir que radicalizante.

Entonces nos fuimos a dar una vuelta en coche. Oh, oh... No hay nada más peligroso que un vehículo lleno de chicos adolescentes radicalizados y con un exceso de testosterona dando vueltas por los barrios residenciales a eso de las 11.30 de la noche, buscando una máquina contra la que descargar su rabia. Pero no había máquinas disponibles, de ahí lo del buzón de correos. Mi ataque fue improvisado. Estamos

1. «Cuatro muertos en Ohio», verso del tema *Ohio* de Neil Young. (*N. del t.*)

hablando de uno de esos buzones que el servicio de correos de Estados Unidos coloca por las esquinas, uno de esos bichos gigantes redondeados en su parte superior —una forma que resultó muy poco propicia para ese tipo de empapelamiento—. Fue algo diabólico. Lo intenté. Lo intenté probablemente durante treinta segundos, pero tuve la sensación de que pasaban tres horas. Me gusta imaginar que el *Know Your Enemy* de Rage Against the Machine atronaba en el estéreo del coche mientras mis colegas contemplaban mi ineficaz y tortuosamente apolítico intento de ejercer el vandalismo y las hojas de papel higiénico caían, flácidas e inofensivas, sobre el verde de la hierba. ¿Cómo habría descrito yo, personalmente, «La Máquina» a los dieciocho? ¿Qué creía que debía implicar esa rabia contra la máquina? ¿Y cuál era ese enemigo al que se suponía que debía conocer?[2] Será mejor que no piense en nada de eso ahora mismo porque, en aquel momento, lo único que pensé fue: «No logro que el papel higiénico se adhiera a este puto buzón».

¿Qué quería yo, como ceporro de dieciocho años con la cabeza llena de paparruchas y el maletero lleno de papel higiénico? Quería emociones. Quería aventuras. Quería estimulación intelectual. Quería largarme. De los barrios residenciales. Del malestar general. De mi ignorancia casi absoluta acerca del mundo que me rodeaba. Quería ir allí donde hubiera acción; quería ser yo mismo esa acción. Quería ser la hostia y quedarme con la peña. Quería que pensaran que era guay. Todo lo que forma parte del Sueño Americano. Todo lo que forma parte del

2. Tal y como Zack explica en la canción, el enemigo incluye: «*Compromise / Conformity / Assimilation / Submission / Ignorance / Hypocrisy / Brutality / The Elite / All of which are American Dreams*» [«El compromiso / La conformidad / La integración / La sumisión / La ignorancia / La hipocresía / La brutalidad / Las élites / Todo lo que forma parte del Sueño Americano»]. Estoy bastante seguro de que era culpable de varias de esas cosas, aunque ni por asomo se me podría haber considerado parte de las élites.

Sueño Americano. Todo lo que forma parte del Sueño Americano. Todo lo que forma parte del Sueño Americano.

¿Qué querían Rage Against the Machine? Ser la hostia, quedarse con la peña y proporcionar estimulación intelectual a tontos como yo. La banda —Zack de la Rocha, el obsequioso y virtuosillo dios de la guitarra Tom Morello, el bajista Tim Commerford y el batería Brad Wilk— había surgido de Los Ángeles y había editado un primer disco homónimo en 1992, escogiendo para la portada de dicho disco de debut la famosa fotografía que Malcolm Browne tomó en 1963 del monje vietnamita Thích Quảng Đức en el momento en que este se inmoló bajo las llamas en una calle de Saigón como protesta por el trato que el Gobierno daba a los budistas. Rage se esforzó al máximo por comunicarse conmigo, llenando sus letras y sus vídeos y sus entrevistas y sus notas de cada disco con, a menudo, extensos tratados sobre Leonard Peltier, Sendero Luminoso, Weather Underground, el supremacismo blanco, los zapatistas, los Black Panthers y muchas más causas justas y enemigos de la sociedad. Pusieron una bibliografía entera en el libreto del CD de *Evil Empire*, les echaron de un *Saturday Night Live* en plena actuación por colgar banderas estadounidenses del revés, quemaron una bandera americana sobre el escenario de Woodstock 99 mientras tocaban (cómo no) *Killing in the Name*, durante la parte culminante (cómo no) en la que Zack grita repetidas veces «*Fuck you, I won't do what you tell me*».

La pregunta eterna es qué porcentaje del público de la banda «lo pilló», sin importar cómo describas a ese público, sin importar cómo definas la idea de «pillar», sin importar cómo caracterices el «lo» de RATM. «He estado en pie de guerra desde el primer concierto que di en el instituto, y en cierto modo es un trabajo de misionero —me contó Tom Morello cuando lo entrevisté entre bambalinas, antes de su actuación en solitario en un festival gigante y estridente de hard-rock de Columbus, Ohio—. Y hay algo que quiero dejar muy claro, y es que al público no se le hace ninguna prueba de tornasol para conocer su orientación política. Provengo de una ciudad de Illinois con aires conservadores, y lo que me llegó fue la música. Así que sales a tocar algunos buenos solos de guitarra, la gente presta un poco de atención a las letras y a las imágenes de la pantalla, y nunca se sabe lo que puede llegar a pasar.»

Cuando Tom y su banda salieron al escenario, pasó lo que yo sabía que iba a pasar: que todo el mundo perdió la chaveta cuando tocaron *Killing in the Name*. En mi mente, esa canción tiene una hermana melliza que es *Cop Killer*, de Body Count, la tristemente célebre andanada contra la brutalidad policial que facturó en 1992 el proyecto paralelo de heavy metal del rapero Ice-T y que se vio más o menos censurada hasta desaparecer en cuanto los sindicatos policiales y la administración de George H. W. Bush se enteraron de su existencia. Al ser un adolescente ceporro, fundamentalmente entendí *Cop Killer* como una de esas canciones que aterrorizaban a los adultos y que por tanto eran muy, pero que muy guais; una categoría personal amplísima y superinconsciente que también incluía el *Me So Horny* de 2 Live Crew y el *Justify My Love* de Madonna. Pero lo que me sorprende en la actualidad de *Cop Killer* —un tema que sigue sin aparecer en el *streaming* oficial ni se encuentra a la venta— es que no hay manera de darle la vuelta. «*I'm 'bout to bust some shots off / I'm 'bout to dust some cops off*». No puedes hacer que la canción signifique algo diferente de lo que Ice-T quiso que significara. Eso es lo que hizo que *Cop Killer* fuera tan potente y, por tanto, tuviera que ser destruida a efectos prácticos.

Mientras que la gran fortaleza, y quizá la debilidad última, de *Killing in the Name* radica en que «*Some of those that work forces / Are the same that burn crosses*» no tiene ninguna ambigüedad, pero «*Fuck you, I won't do what you tell me*» sí, y es deliciosa. Tienes que experimentar la canción en vivo al menos una vez y, cuando lo hagas, mientras el tema va ascendiendo hacia su conclusión eufórica y feroz, quizá te preguntes qué pasa con toda la gente que te rodea, por qué cierran los puños como tú, por qué sus cerebros se vacían de ideas igual que el tuyo, por qué sus pies también se despegan del suelo.

Oh, oh... ¿Qué porcentaje de esa gente piensa también en la supremacía blanca, o en la brutalidad policial, o en Mumia Abu-Jamal, o en Vietnam, o en Vietnow? Quizá estén pensando en Joe Biden. «*Fuck you, I won't do what you tell me*». Quizá estén pensando en las directrices contra el covid del Centro para la Prevención y el Control de las Enfermedades. «*Fuck you, I won't do what you tell me*». Quizá estén pensando en algo que han leído en Twitter. Sin duda, «*fuck you, I won't do what you tell me*». Quizá estén pensando en Rage Against the Machine cuando Rage Against the Machine no tocan *Killing in the Name*. No, «*Fuck YOU, I won't do what YOU tell me*». Quizá estén pensando en sus madres.

Killing in the Name no juzga. La rabia es un don, o eso me han dicho, y lo único que RATM pueden pedirte es que les escuches con atención y te enfades, pero también que vigiles a quién le entregas esa rabia, y que vigiles de quién la recibes. Más allá, basta con gritar esas palabras entre una multitud inmensa de gente que las grita también, basta con sentir el arrobo de esa furia colectiva, basta con pertenecer. Porque eso también es el Sueño Americano.

Otra historia de orígenes. Otro momento radicalizante. Otra cima/nadir. Otoño de 1988. Tengo diez años y les pido a mis padres que graben los MTV Video Music Awards porque tengo que irme a la cama y Guns N' Roses van a actuar durante la ceremonia. Arsenio Hall es el presentador, INXS obtienen cinco galardones, Michael Jackson gana como vídeo de vanguardia y Guns N' Roses interpretan una canción titulada *Welcome to the Jungle*. En aquel momento yo asistía al Sagrado Corazón, una escuela católica de primaria a las afueras de

Eureka, Missouri, si eso es relevante, y creo que lo será porque, después de ver a Guns N' Roses interpretar *Welcome to the Jungle*, mis padres no se quedaron nada contentos.

Al día siguiente me piden que me siente a hablar con ellos. «Bueno, Robby[3] —dicen, escogiendo las palabras con lentitud, con cuidado—. Es solo que nos preocupa... que puedas tener la idea... de que quizá te gustaría probar las drogas.» No se me había pasado por la cabeza. Soy demasiado ingenuo para ser siquiera influenciable. Quiero que te imagines que eres un alumno de cuarto en el Sagrado Corazón que intenta procesar la naturaleza exacta de la amenaza implícita en el verso del tiránico líder Axl Rose «*If you got the money, honey, we got your disease*». ¿Qué, en plan la viruela? Por esa razón, y por otras diez mil razones tremendamente buenas, mis padres no me dejarán comprar en 1987 el histórico álbum de debut *Appetite for Destruction*, ni un año más tarde *GN'R Lies*, lanzamiento más corto e incluso más huraño que incluye una canción escandalosamente racista y homófoba titulada *One in a Million* (en aquel momento ignoraba todo eso), y la foto de una mujer desnuda en las notas del disco (en aquel momento no lo ignoré en absoluto, gracias a las informaciones de mis compañeros de la escuela católica).

La amenaza se desvanece, los 80 dan paso a los 90, los vientos, hum, cambian de dirección. En ese momento, la línea oficial del partido, al menos entre los críticos de rock, es que el grunge ha acabado con el hair metal. Pero en caja baja no lo acabo de ver bien. El Grunge Ha Acabado Con El Hair Metal. Ya está. Mejor. Esa es la línea oficial del partido. En la MTV de finales de los 80 tienes a GNR, tienes a Poison, tienes a Def Leppard, tienes a Cinderella, tienes a Bon Jovi (¡hurra!). Tienes los pantalones de látex. Tienes la laca para el pelo. Ellos, al

3. Sí, Robby con y griega. Lo cambié por un simple Rob en sexto, por las chicas.

menos, tienen a un montón de chatis. Pero, en la MTV de principios de los 90, tienes a Nirvana, tienes a Pearl Jam, tienes a Soundgarden, tienes a Alice in Chains. Tienes oscuridad, tienes odio hacia uno mismo, tienes cero chatis, o al menos cero chatis dispuestas a tolerar a los tipos que usan cualquier variación de la frase «tener chatis».

Así que ¿qué hacen Guns N' Roses, posiblemente la mejor y más peligrosa banda de rock de los 80, para mantener su viabilidad en los 90? Pues dan rienda suelta a la saga de *Use Your Illusion*, inflada a extremos cómicos, un álbum doble de dos horas y media de duración y treinta canciones cuyas mitades se vendieron por separado a unos 17 dólares la pieza, todo lo cual alcanzó su cima con *November Rain*,[4] una superbalada de poder de nueve minutos de duración que incluye una orquesta, coristas *angelicodemoníacas*, ecos nada ambiguos de Elton John, múltiples solos de guitarra supermajaretas y un vídeo superexitoso de 1,5 millones de dólares que muestra tanto una boda como un funeral, con ambos acontecimientos bisecados por una tormenta de violencia poco habitual, que obliga a uno de los invitados de la boda a lanzarse de cuerpo entero contra el pastel.

¿Por qué hace eso? ¿Qué demonios está pasando? ¿Qué enfermedad padece? Ese tipo de cosas ¿siguen siendo guais? ¿O ese estilo de música ha pasado a dar asco?

Mi respuesta a esa pregunta, allá por 1991, es que no me compro ninguno de los *Use Your Illusion* con el precioso dinero de mi paga semanal pese a que podría sin problemas, ya que llegado ese punto mis padres habían tirado la toalla en lo referente a mi desarrollo moral. Tenía el dinero, cielo, pero ya no quería su enfermedad. En la actualidad, pienso en el vídeo de *November Rain* —que en 2018 se convirtió en la

---

4. Que aparece en *Use Your Illusion I*, aunque en general tengo predilección por *Use Your Illusion II* porque contiene *You Could Be Mine*, el *Don't Cry* original y (lo más importante) *Get in the Ring*.

grabación más antigua de YouTube en sobrepasar los mil millones de reproducciones, lo cual es un fenomenal cumplido malintencionado— como el final de algo, la renuncia a algunas cosas prohibidas de la infancia, el último trago de la majestuosidad desvergonzada, amoral, cursi del hair metal antes de que me sometiera a mi verdadero destino: ser un adolescente del rock alternativo.

Lo cual significa... ¿qué? Pues que pasan a gustarme las bandas deprimidas y sensibles y sofisticadas como, hum, los Red Hot Chili Peppers. Ay, muchacho... ¿Qué demonios le pasa a esa gente? ¿Qué hacen esos tipos? ¿Funk-metal? ¿Rap-rock? ¿Alternativo? ¿Punk? La falta de vergüenza. Eso es lo que los define. Aparecen desnudos en las portadas de sus discos y de las revistas y en el escenario, quizá con calcetines en el pene, quizá no. Extremadamente machitos, pero con un trasfondo semibenigno, neohippie, puralí-laralá. Hijos de las flores que son fans de los Lakers y que tienen erecciones que duran más de cuatro horas. Contienen multitudes. Multitud de guitarristas, al menos. Tipos dotados de una elocuencia demasiado viril. Con un diablo en la polla y varios demonios en el semen. Ay, muchacho...

Formados en 1982 en, por supuesto, Los Ángeles —la ciudad en la que viven, la ciudad de los ángeles—, los Red Hot Chili Peppers ya eran veteranos de mil batallas con mil cicatrices a principios de los 90; habían sufrido el desgaste de múltiples cambios en su formación y seguían bajo el impacto de la pérdida aplastante de Hillel Slovak, su guitarrista original, que murió de una sobredosis el 25 de junio de 1988. Tenía veintiséis años. Y entonces... ¿cómo podría decirlo? Cuando no estoy escuchando con atención el *Blood Sugar Sex Magik*, su quinto álbum, de 1991 —que cuenta con el alegre y místico guitarrista pródigo John Frusciante y que fue supervisado por ese fraile funky que es el superproductor Rick Rubin— aceptaré a regañadientes que es uno de los cien discos más importantes de la década. Mientras que, cuando escucho con atención el *Blood Sugar Sex Magik*, además me pongo a perseguir a desconocidos por la calle, a pie o montado en un cortacésped, para informarlos de que es el mejor álbum que se haya hecho nunca. Una vez me referí a *Blood Sugar Sex Magik*, en negro sobre blanco, como «un estrepitoso enema de Mountain Dew». ¿Me arrepiento de haberlo hecho? Bueno, lo acabo de repetir, así que es evidente que no.

Con mis disculpas hacia Frusciante y el bajista superestelar Flea, el verdadero MVP del disco es el líder laralí-laralá Anthony Kiedis, cantante de suficiente justito pero líder *summa cum laude* precisamente porque no le importa una mierda ser un cantante de suficiente justito. Además, nunca me cansaré de escuchar la historia que me cuenta mi mujer sobre el día que, de adolescente, fue a dormir a casa de una amiga que tenía el vídeo de *Under the Bridge* grabado en una gastada cinta de VHS virgen, y no hacía más que rebobinar y ver de nuevo el final del vídeo, en el que Anthony corre a toda velocidad, descamisado, a cámara lenta, justo mientras la canción llega al verso culminante de «*Under the bridge downtown / Is where I drew some blood*», y las lágrimas corrían por el rostro de la chica. Así se comportan los líderes *summa cum laude*, sí, señor. Todos gestionamos nuestra soledad, y nuestra calentura abyecta de la mejor manera posible, y eso incluye al propio Anthony, que en *Under the Bridge* combina a la perfección, como en ningún otro tema a lo largo de los cuarenta años de carrera admirablemente caótica de la banda, su gusto por la ensoñación de tipo salido con su gusto por la filosofía bobalicona con su gusto por la melancolía más exquisita. Está triste, está caliente, se arrepiente, se calienta más, se siente solo pero al menos agradecido por su ciudad, lo siente un poco más, se calienta del todo.

Under the Bridge es también un himno suntuosamente meloso sobre, bueno, el hecho de derramar sangre debajo de un puente, y digamos solo que, como tontaina de doce años que aún no sabía lo suficiente para plantearse siquiera probar las drogas, no estaba en situación de que me entrara en la cabeza el tema de la heroína, y lo mismo vale para todas las bandas de rock de los 90 que adoré y que de vez en cuando, o no tan de vez en cuando, compusieron éxitos sobre la heroína; es decir, casi todas ellas. *Junkhead*, *Sickman*, *God Smack*, *Down in a Hole*, *Angry Chair*,[5] *Hate to Feel*, *Would?*... Ahí lo tienes, más de la mitad de las canciones de *Dirt*, el agresivo segundo disco de los ultraquejicosos rockeros de Seattle Alice in Chains, quienes encarnan para mí la poca credibilidad del bulo de que el grunge acabó con el hair metal, dado que esos tipos majestuosamente hoscos me parecen una fantástica banda de hair metal (*Man in the Box*, su éxito de 1990, suena a unos Bon Jovi muy cabreados) que se transformó de manera orgánica en una aún más fantástica banda de grunge. Ese linaje me pareció muy evidente allá por el 92 aunque, por desgracia, el verso inicial de *Would?* —«*Know me / Broken by my master*»— me quedó un poco menos claro, en el sentido de qué o quién era ese amo.[6]

Would? es lo bastante rabiosa y catártica para ser la última canción de un disco tan implacable en su pesadez como *Dirt*, pero además es pegadiza y emocionante y, de una forma extraña, lo bastante acogedora para ser la primera canción de la banda sonora a medio camino entre el grunge y el heavy de *Singles*, la comedia romántica que Cameron Crowe dedicó en 1992 a Seattle y que no hizo más que ahondar en el carácter mítico de esta como la ciudad más guay de la historia del rock'n'roll, sobre todo si nunca has estado allí. *Would?* también es un ejemplo de la cautivadora química que existió entre los dos cantantes y compositores de AIC, el larguirucho fuelle vocal de Layne Staley y

---

5. Para una clase de inglés del instituto escribí un lacrimógeno ensayo acerca de mi bisabuela, a quien todo el mundo adoraba y que estaba confinada a una mecedora a causa de diversos problemas de salud. Y sí, lo titulé *Angry Chair*, y es posible que siga guardado dentro de una caja en algún punto del sótano de la casa de mis padres.

6. Como tampoco capté de inmediato que *Would?* es un homenaje a Andrew Wood, el carismático líder de Mother Love Bone, también ensalzado de manera extensa por Temple of the Dog, quien encarnó la ostentosa grandeza tanto del grunge como del hair metal mejor que ningún otro ser humano antes o después.

el guitarrista de murmullo poderoso Jerry Cantrell, cuyas voces se combinan en una estremecedora armonía de tipos duros pero vulnerables digna de los Louvin Brothers. A lo largo y ancho de *Dirt*, la voz de Staley en particular muestra una especie de fuerza de película de medianoche, una angustia hermosa y grotesca, una voluptuosidad feroz. Y, si apilas un montón de sus pistas vocales —«*What in God's name have you done? / Stick your arm for some real fun*»—, estas se funden en una masa descomunal y gloriosamente inhumana, o, supongo, más humana que humana.

Un momento... ¿qué coño acabo de decir? Ahí estoy, durante el instituto, autocompadeciéndome en mi habitación, repasando sin esperanza todos mis enamoramientos no correspondidos mientras en el estéreo suena a todo volumen una canción titulada literalmente *God Smack*. La constante discordancia entre el motivo por el que yo me autocompadecía y el motivo por el que el cantante podía estar haciéndolo: ¿Se trata de un testimonio del poder universal que puede tener una canción o de la ingenuidad individual del oyente? ¿La canción es genial o yo, un inconsciente? Es probable que ambas cosas. Sin duda ambas cosas.

Solo un temilla en el que pensar. Aunque no hace falta que lo hagas. Yo sigo pensando en él por los dos, en parte para no tener que pensar en cosas mucho peores.[7] Ahí estoy, durante mi espectacularmente desafortunada fase universitaria de noches de micro abierto, avanzando sin pudor pero con torpeza por *Don't Follow*, el delicado tema acústico de Alice in Chains, para estropear la nota alta culminante de Layne: «*Scared to death, no reason why / Do whatever to get me by*». Y, al escucharme, tengo la seguridad de que se notaba que no tenía ni idea

7. Layne Staley murió a los treinta y cuatro años de una sobredosis el 5 de abril de 2002, ocho años exactos después de Kurt Cobain, aunque en el caso de Layne la fecha es estimada, ya que supuestamente había fallecido dos semanas antes de que se encontrara su cuerpo.

de lo que *«do whatever to get me by»* podía haber significado para él, ni para cualquier otra de las estrellas del rock a las que había adorado en la adolescencia. Se notaba por la manera en que se me quebraba la voz en la palabra *«scared»*.

«*Is he a dot?* —Luego estuvo el día en que Nick, mi tío guay, me cambió la vida—. *Or is he a speck?* —Nick, mi tío guay, tenía mucho gusto y un estéreo molón—. *When he's underwater does he get wet?* —Nick, mi tío guay, me dijo que tenía que escuchar esa canción—. *Or does the water get him instead?*—. Y, a continuación, Nick, mi tío guay, me puso *Particle Man*, del inmortal dúo rock de Brooklyn They Might Be Giants—.[8] *Nobody knows.* —El acordeón, las palmadas, el brillo de los dibujos animados del sábado por la mañana y su irreverencia general—. *Particle Man.*»[9] Es una especie de polka, pero es como una polka guay, y resulta aún más guay porque no se esfuerza demasiado en ser una «polka guay». ¿Lo pillas? Seguro que sí. Escuchar esa canción por primera vez me cambió la vida. No bromeo y ni siquiera estoy exagerando un poco.

John Flansburgh (quien canta la mitad de las canciones) usa gafas casi todo el tiempo y toca la guitarra eléctrica con un exagerado aire profesoral, como si no dejara de fumar en pipa. John Linnell (quien canta la otra mitad de las canciones, incluida esta) luce una expresión también profesoral de diversión benigna y toca sobre todo los teclados

---

8. *Particle Man* es una de las dos canciones de *Flood*, su histórico primer álbum de 1990, que quedó canonizada azarosa y deliciosamente en un episodio de la semihistórica serie de dibujos animados *Tiny Toon Adventures*. La otra fue la salerosa versión que hizo la banda de *Istanbul (Not Constantinople)*, un tema bobalicón de los 50. El que sabe, sabe.

9. «¿Es un punto o es una mota? / Cuando está bajo el agua, ¿se moja? / ¿O el agua lo hace sopa? / Nadie lo sabe, Hombre Partícula.» (*N. del t.*)

o el acordeón. Ambos hacen un art-rock tremendamente prolífico, ambos son unos marcianos educados y extravagantes en una longitud de onda perfecta para la sensibilidad de un bicho raro de doce años. Estamos hablando de la sensibilidad de las tiras cómicas diarias de *The Far Side*, de la sensibilidad de un «Weird Al» Yankovic, de la sensibilidad de un Pee-Wee Herman, de la sensibilidad de ToeJam & Earl, de la sensibilidad de una cinta VHS de los Monty Python, de la sensibilidad de la *Guía del autoestopista galáctico*, de la sensibilidad del *Mystery Science Theater 3000*. Esa banda te reorganizaba el cerebro como los desplegables de la revista *MAD*.

Sin duda reorganizaron el mío. *Particle Man* me reconfiguró; concretamente, alteró mi sentido de lo que era guay, de lo que podía ser guay, de lo que debería ser guay. ¿Quién puede ser guay? ¿Quién lo decide? ¿Qué pensaron mis adolescentes compañeros de generación que era guay desde 1990 en adelante? ¿Lo guay apunta solo a la región de la angustia, y de la rabia, y del abatimiento furioso, y de la confrontación, y de las guitarras chirriantes, y de la chunguez desenfrenada? ¿O uno alcanzaba esa Verdad subvirtiendo la angustia y la rabia y castigando el volumen y en su lugar abrazando la euforia, y el surrealismo, y esa especie de ridiculez astuta y desafiante que a menudo se descartaba por estrafalaria? ¿Es una canción dedicada a la lucha eterna entre Particle Man y Triangle Man —u otra dedicada a la comodidad de una lamparita de noche en forma de pájaro azul, u otra sobre alguien que se reencarna como una bolsa de supermercado, o una canción titulada *The Statue Got Me High*, u otra titulada *Fingertips* y compuesta por veintiuna microcanciones pensadas para darle vidilla a la función aleatoria de tu reproductor de CD— menos catártica y menos importante que una canción sobre otro tipo colérico que sigue cabreado con otra exnovia?

Me pasé mi época de adolescente del rock alternativo convencido de que había dos tipos de música: la divertida y la importante. La tontería y la seriedad. Las cosas de los críos y las cosas de los adultos. La comedia y la tragedia. They Might Be Giants y Alice in Chains. Así que, pegado a mi querida radio de rock alternativo en mitad de la noche, a la hora en que se pinchaban las rarezas, al verme enfrentado a un manifiesto muy gruñón y extraño de 1994 que llevaba por título *Rock'n'roll Lifestyle*, obra de una banda de Sacramento verdaderamente desconcertante llamada literalmente Cake,[10] supe de inmediato lo que era (deliciosa, desternillante) y lo que no (dura, significativa). Acto seguido, la canción me reprendió por lo que creía saber. «*Excess ain't rebellion* —brama John McCrea, el jefe de Cake, cantante de suficiente alto y líder *summa cum laude*—. *You're drinkin' what they're sellin'*.»

Ay, Dios. La voz tirando a gruesa de McCrea presenta un tono irreverente, gloriosamente abofeteable, que es como un silbato de perros para los adolescentes listillos con mentalidad a lo Weird All. Y, sin embargo, «*excess ain't rebellion*» es una idea muy profunda que transmitir a un chaval de dieciséis años que no se entera de nada con una canción tirando a pop, chiflada pero también cargada de rabia y urgencia.[11] ¿Es cierto eso de que el exceso no es ninguna rebeldía? Y, si consideramos todos los excesos, todo el caos, toda la autodestrucción de la radio alternativa de principios de los 90, ¿qué era la rebeldía en una época en la que todo el mundo parecía pensar que el exceso era una forma de la misma? Ya que estamos, ¿quién podía decidir lo que era sardónico o una chifladura? ¿Consistía la rebeldía verdadera en presentarse ante el mundo como una banda de «rock alternativo» para flirtear constantemente con la música country, con la música mariachi, con la música de Oriente Próximo y, no sé, con la ópera? ¿Consistía la rebel-

---

10. «Pastel, tarta.» (*N. del t.*)

11. Encontrarás *Rock'n'Roll Lifestyle* en el excelente primer disco de Cake, ese *Motorcade of Generosity* que también incluye una magnífica canción guitarrera llamada *Jolene*, no tan buena como la *Jolene* de Dolly Parton, pero que sí la iguala al 80 %, y por tanto es muy muy buena.

día verdadera en un solo de trompeta, o en un solo de guitarra de acero con pedal, o en un solo de guitarra honky-tonk al estilo Bakersfield? ¿Consistía la rebeldía verdadera en un *vibraslap*?[12]

Mientras reflexionaba sobre todo eso, en 1996 Cake se apuntó un auténtico éxito en la radio y la MTV con *The Distance* y su pequeña línea de bajo gomosa y de funk burbujeante, y su *riff* molón de guitarra surfera al estilo James Bond, y un verso inicial extraño pero icónico y cantado a capela *(«Reluctantly crouched at the starting line»)* que te prepara para saber de qué va la cosa con John McCrae. Y así resumiría yo lo de John McCrae: es un tipo blanco medianamente funky y consciente de sí mismo en una época dorada para los tipos blancos medianamente funkys y conscientes de sí mismos. Quizá no una época dorada entera, pero vale, sin duda una hora dorada. Bradley Nowell de Sublime. Mike Doughty de Soul Coughing. Los Barenaked Ladies en sus momentos más audaces. Beck. No acaban de ser raperos blancos a tiempo completo, tal y como sería el caso de Vanilla Ice, pero muy a menudo se los oye no rapear, no sé si me entiendes. Y esa es una especie terriblemente potente —es paradójico, pero los tipos blancos medianamente funkys quizá sean la especie más potente de todas—. Eso me lo enseñó Weezer.

Y aquí es donde chocan todas esas falsas dicotomías adolescentes: divertido e importante, ridículo y serio, cosas infantiles y cosas adultas, comedia y tragedia. «Creí en serio que íbamos a ser los nuevos Nirvana —le contó Rivers Cuomo, líder de Weezer, a *Rolling Stone* en 2019, recordando por millonésima vez su ópera prima homónima de power pop punzante, más conocida y querida como *The Blue Album* (1994)—.

12. El instrumento de percusión favorito de Cake, un artilugio digno de las tiras cómicas de *The Far Side* que parece un rallador de queso soldado al cambio de marchas de un Camaro del 74 y que produce un sonido traqueteante ridículo pero profundamente satisfactorio. Ve a escuchar los primeros quince segundos del *Crazy Train* de Ozzy Osbourne y captarás la idea.

Y pensé que el mundo nos iba a percibir de esa manera, como una banda de rock heavy superimportante, superpoderosa, de las que te parten el corazón. Esa visión tenía de nosotros.» Pero entonces, gracias a la mayor rotación posible en la MTV y en las radios de rock alternativo, el mundo recibió todo un cargamento de *Undone (The Sweater Song)*, el primer éxito chirriante y tontorrón de Weezer, que contenía, según el propio Rivers, sus «pensamientos más oscuros». Y, sin embargo, él se lamenta porque: «Quedó claro que todo el mundo que escuchara la canción iba a pensar que era graciosísima».

Todo el mundo tenía razón. Weezer eran de Los Ángeles pero no lo parecían, y eso me agradó. Son cuatro tipos que no es que irradien precisamente glamour desde la portada del *Blue Album*: si tuviera que describirlos diría que llevan cortes de pelo asequibles y que no están encorvados, pero sí transmiten la sensación de que alguien les acabe de pegar un grito para que se pongan rectos. Revuelve entre los diversos himnos zopencos y atemporales del *Blue Album*, en medio de todas las bandas superimportantes y superpoderosas que daban vueltas con el ceño fruncido por el interior de mi cabeza en el 94 —los Soundgarden, los Tool, los Stone Temple Pilots—, y Weezer te acabará pareciendo una broma, una parodia nacida del Dr. Demento y criada en la lucha libre profesional de las bandas de rock alternativo pobladas por tipos duros. Y, cuanto más mejoraban las canciones de Weezer, mayor era la disparidad entre la triste realidad de Rivers y nuestra percepción tristemente excéntrica de su realidad. *Undone (The Sweater Song)* hizo que su manera de desvestirse hasta acabar desnudo provocara risas, no patetismo; *Buddy Holly* se convirtió en una canción nostálgica de inmediato gracias a su majestuoso, obsequioso y virtuosillo solo de guitarra, y al vídeo basado en la serie *Viviendo a tope* que dirigió Spike Jonze; *Say It Ain't So* es una dolorosa pieza a fuego lento sobre traumas familiares ocultos, cuyo verso inicial es tan extraño y punzante y desolador y, sí, heavy —«*Somebody's Heine / Is crowding my icebox / Somebody's cold one / Is giving me chills*»— que se podría descartar con facilidad como un mero divertimento.

¿Cuánto tiempo deberíamos dedicar a comentar los demás discos de Weezer? ¿Dos segundos? Vale: me encantó *Pinkerton* en 1996, cuando tenía dieciocho años. Me sentí orgulloso al dejar que ese disco me definiera. No hará falta que te diga cómo acabó aquello. De hecho, ahí va otra pregunta: ¿por qué no dejo de describir a mi yo adolescente en términos de «zopenco, tonto, tontorrón, inconsciente, ingenuo»? ¿A qué viene toda esa autoflagelación desmesurada? ¿Es solo un caso de psicología inversa narcisista? ¿Me estoy negando a mí mismo como parte de una especie de estrategia perversa y subconsciente para seducirte? ¿Sabes qué otra gran canción contiene el *Blue Album*? Ese himno de batalla a la fortaleza de la soledad que es *In the Garage*, cuya segunda estrofa comienza así:

I got electric guitar
I play my stupid songs
I write these stupid words.

La manera en que Rivers Cuomo hablaba de sí mismo cuando yo tenía quince años me recuerda a la manera en que hablo ahora de mi apestoso yo a los quince años. Es tentador el deseo de viajar en el tiempo y decirle que sea un poco más amable consigo mismo. Pero, si hiciera eso, lo más probable es que él se quedara sin su carrera y yo, sin mi identidad.

Me imagino el cielo como un Guitar Center. Si has trabajado en un Guitar Center, supongo que no te imaginas el cielo igual, pero yo nunca he trabajado allí y no tengo ese problema. Así que me muero, ¿vale?, y me despierto en un Guitar Center. Y estoy en plan «Hum». No veo a nadie, pero oigo que alguien está improvisando en una esquina, junto a los bajos. Así que me sacudo el polvo y me dirijo hacia allí, giro una esquina y me encuentro a Jesús.

A Jesucristo, quiero decir. Al Gran Hombre. O, supongo, al Hijo del Gran Hombre. Parte del *power trio* original.[13] Lleva el pelo largo, la túnica, las sandalias: tiene exactamente el mismo aspecto con el que me enseñaron a imaginármelo en la escuela primaria Sagrado Corazón de Eureka, Missouri. Y ahora está ahí solo, sentado sobre un amplificador gigante, improvisando con un bajo. El bajo es... no sé: ¿un Music Man?, ¿un Ibanez? ¿Cuál es el bajo número uno en el cielo? ¿Un Rickenbacker? Y yo qué sé. Tiene el bajo conectado al amplificador en el que está sentado, así que lo siente retumbar contra su cuerpo mientras toca —no es una sensación sexual, es tan solo una sensación guay.

Y entonces Jesús repara en mí y deja de improvisar.

Y yo le pregunto: «¿Estoy muerto?». Y él dice: «Sip». Y yo digo: «Ohhhh».

Y yo le pregunto: «¿Eres... Jesús?». Y él dice: «Sip». Y yo digo: «Ah».

Y yo le pregunto: «Hum, ¿y qué estás haciendo, Jesús?». Y él contesta: «Esto es lo que estoy haciendo, joder». Y acto seguido HACE TRONAR EL *RIFF* DEL *SABOTAGE* DE LOS BEASTIE BOYS.

Quizá te parezca mal momento para hablar de desarrollos personales y espirituales alcanzados con mucho esfuerzo, pero no te preocupes que no me refiero al mío. Me fascina el arco moral de los Beastie Boys, que se formaron como adolescentes obsesionados con el hardcore a principios de los 80 en Nueva York y se dieron a conocer de manera local con una broma telefónica tonta titulada *Cooky Puss*. A continuación firmaron con Def Jam Records, echaron a su batería y amiga, Kate Schellenbach, y se reformaron como frat-raperos carismáticos y capullos a instancias de Rick Rubin, cofundador del sello, fraile funky y

---

13. Dios mío. Mi madre me mandará a la Luna de una patada en el culo. Llegado este punto, con toda probabilidad estará deseando que yo me hubiera dado a las drogas.

superproductor, quien en 1986 les ayudó a vender diez millones de copias de su primer disco, el irresistible e irritante *Licensed to Ill*, que incluía una cancioncita superirritante e irresistible y capulla titulada *(You Gotta) Fight for Your Right (To Party!)*.

Fíjate en el título de ese tema. Es que míralo... Fíjate en lo mucho que se esfuerza la puntuación para convencerte de que «(¡Tienes que) luchar por tu derecho (a salir de fiesta!)» es una parodia, un guiño cómplice, una autopsia de la grosería de unos gilipollas que es consciente de ser una broma y no, ya sabes, una celebración de esa grosería gilipollas. Pero casi todo el mundo asumió que *Fight for Your Right* era una celebración del gilipollismo y, por tanto, en eso se convirtió, sobre todo cuando los Beastie Boys —por entonces (y para siempre) un trío compuesto por Adam Horovitz (también conocido como Ad-Rock), Adam Yauch (también conocido como MCA) y Michael Diamond (también conocido como Mike D)— la tocaron en directo sobre un escenario decorado con un pene hidráulico de más de seis metros de alto. «Somos lo que fingimos ser —escribió una vez Kurt Vonnegut—, así que debemos tener mucho cuidado con lo que fingimos ser.» No hablaba de tocar en directo con un pene hidráulico de más de seis metros de alto en el escenario, pero la idea sigue siendo válida.

Y así comenzó el relato lento, arduo, pero tremendamente alentador de una redención. Los Beasties volaron a Los Ángeles, sacaron *Paul's Boutique* en 1989, más funky y muchísimo menos grosero; entraron con paso largo en la nueva y dinámica década con *Check Your Head* (1992), más austero y crudo, y llegaron a su cénit como seres humanos y pioneros del alt-punk-rap-funk con *Ill Communication* (1994), que incluye tres canciones tremendamente importantes:

1. B-Boys Makin' With the Freak Freak, que incluye un sample de la atemporal declaración del cómico Mantan Moreland que

dice «*If this is gonna be that kinda party, I'm gonna stick my dick in the mashed potatoes*» (la madurez es un proceso lento).

2. *Sure Shot*, en la que Yauch rapea: «*I want to say a little something that's long overdue / The disrespect to women has got to be through*»,[14] disculpa y grito de guerra que significó mucho, en serio, al venir de los tipos que se habían regodeado en la idiotez casual de éxitos de *Licensed to Ill* como *Paul Revere* o *Girls*.[15]
3. LA PUTA *SABOTAGE*, que ahora mismo se me antoja una versión progresista, o como mínimo menos propia de unos *bros*, de *(You Gotta) Fight for Your Right (To Party!)*, lo que revierte la condenada maldición, fruto de la lógica del *pretzel*, por la que acabas convirtiéndote en aquello de lo que pretendías reírte. *Sabotage* tiene la ferocidad, la distorsión, los gritos y la irritación disipada y aplastante de la experiencia clásica de los Beastie Boys —además de un vídeo icónico al estilo de las series policiales de los 70 dirigido por nuestro amigo Spike Jonze, que explicó los 70 a los 90 mejor que ninguna otra persona viva—, pero también presenta la sensación, sin importar quién seas o cómo la estés escuchando, de un estadio repleto de chicos y chicas, y hombres y mujeres alborozados, saltando al unísono. Es esa fantástica sensación de agresividad pero desprovista de amenaza, de fealdad, de capullez mermada y exclusivista.

---

14. «Llega con mucho retraso, pero quiero aclarar / Que con las faltas de respeto hacia las mujeres hay que acabar.» (*N. del t.*)

15. Las dos son canciones tontas pero geniales, por cierto. Este no es uno de esos casos en los que un tipo maduro y progresista de 2023 intenta impresionarte con su madurez al denunciar los disparates regresivos de los tipos inmaduros de 1986. Es solo que los propios Beasties habían dejado de lado buena parte de la era de *Licensed to Ill*, y *Sure Shot* es el momento en que demuestran que la algarabía eufórica puede coexistir con la ternura incluyente.

Los Beastie Boys legaron muchas grandes canciones más e hicieron que el mundo fuera un lugar mucho mejor,[16] y entonces dejaron de existir el 4 de mayo de 2012, cuando Yauch murió después de una batalla de tres años contra el cáncer. Tenía cuarenta y siete años. Era una estrella del rock, una superestrella del rap y una buena persona que se había pasado la vida intentando ser mejor. También tocó una de las líneas de bajo más molonas que se hayan concebido.

Y ese ha de ser el objetivo de todos nosotros —no la parte de la línea de bajo molona, sino la de ser una buena persona que intenta ser mejor—. Ese compromiso con la mejora constante en lo espiritual y en lo social es un trabajo duro, frustrante, que dura para siempre, pero del todo necesario. El poeta Robert Browning escribió una vez: «La mirada de un hombre debe exceder el alcance de su mano». Y entonces me oyó a los dieciséis, cuando intentaba tocar los temas de Radiohead con una guitarra eléctrica barata (pero mejor de lo que me merecía) y añadió: «No, tú no. Deja de mirar. Tu alcance es limitado».

Mierda, ya hemos vuelto a esa autocrítica tan sospechosa, pero la culpa es de *Creep*, por haberme hecho así. «*But I'm a creep.*» Radiohead se formaron en 1985 en la ciudad de Abingdon, en Oxfordshire, Inglaterra, cuando eran «una panda de puuutos estudiantes tediosos», como creo que los describió una vez Liam Gallagher. «*I'm a weirdo.*» Me resulta imposible expresar ahora el impacto descomunal de *Creep*, el sencillo con el que debutaron y que formó parte de *Pablo Honey* (1993), un primer disco de rock alternativo encantadoramente genérico. «*What the hell am I doing here?*». Sin desmerecer a la estrella del rock que es Thom Yorke, su líder quejicoso y atormentado por la fama, el

16. Yauch, en concreto, se convirtió al budismo y encabezó una serie de conciertos ultraguais y tremendamente influyentes en favor de la libertad del Tíbet entre 1996 y 2001. Se trata de un contrapunto demasiado facilón, quizá, para el nihilismo épico de Woodstock 99, pero la comparación estaba ahí y había que hacerla.

principal obstáculo aquí es que la palabra escrita no bastará para describir ese estallido estremecedor, discordante, cataclísmico, ese TRU-TRU-TRUTRU del guitarrista Jonny Greenwood que antecede al estribillo, y sí, me he visto reducido a escribir un célebre sonido de guitarra eléctrica como TRUTRU-TRUTRU. *«I don't belong here.»* Esto es humillante. Ese TRUTRU-TRUTRU «es el sonido que hace Jonny en su intento por cargarse la canción —le explicó Ed O'Brien, su compañero guitarrista, al *NME* en 1992—. No le gustaba nada, así que intentó estropearla y acabó dándole cuerpo».

Somos lo que fingimos ser. Somos los sonidos hostiles de guitarra —TRUTRU-TRUTRU— que improvisamos en un intento fallido por sabotear las canciones que versan sobre aquello en lo que nos hemos convertido. Quizá se trate de una trola propia de estrellas del rock pretenciosas, pero se trata de la trola propia de estrellas del rock pretenciosas que definió la siguiente década de mi vida. Te voy a contar algo sobre mí. ¿Lo habíamos comentado ya? El siguiente álbum de Radiohead, *The Bends* (1995), forma parte con toda probabilidad de mi top 10 de discos de todos los tiempos: los momentos de guitarreo y locura absoluta de *My Iron Lung* y *Just*, el falsete pulverizador de Yorke en *Fake Plastic Dream* y *High and Dry*, y el chirrido electrizante de las cuerdas de la guitarra acústica bien entrada la balada temperamental *Nice Dream*, un pitido de una décima de segundo que me parece tan precioso como el TRUTRU-TRUTRU... ¿Y *OK Computer*? ¿El tercer disco de Radiohead? ¿El que salió en 1997? *OK Computer* fue mi disco favorito de todos los tiempos durante... ¿media década? ¿Una década entera? ¿Dos décadas? ¿Sigue siendo *OK Computer* mi disco favorito de todos los tiempos? Estas son opiniones básicas de crítico de rock blanco de cierta edad, y no me importa, pero tampoco tengo ganas de perder el tiempo intentando explicarlas o justificarlas aquí. ¿Qué quieres que te diga?

Esto es lo que te voy a decir: he aquí el vago recuerdo que más nos acercará a una explicación coherente. Verano de 1997. Tengo diecinueve años. *OK Computer* ha salido hace pocos meses, pero ya estoy obsesionado con él. He acudido a una fiesta en casa de alguien, o en cualquier caso estoy pasando el rato en el jardín de alguien. Una casa de barrio residencial. Con una cama elástica en el jardín. Conozco a algunos de los invitados, pero no a muchos. Y estoy distraído. Estoy abatido. Estoy enfurruñado. Una chica me ha dejado hace poco, si mal no recuerdo, y claro que no recuerdo mal. Me recuperaré. Son unas circunstancias del todo prosaicas. Pero, en el recuerdo que tengo en este momento, me encuentro enfurruñado en el jardín, guardando las distancias, y lo único que ocupa mi mente es *OK Computer*. Ese es el recuerdo. *Paranoid Android* o lo que fuera, solo eso, *bzzzzt*, en mi cabeza.

Y ahora siento el impulso de embellecer el recuerdo, ¿verdad?, de añadirle un montón de detalles floridos y tragicómicos. Quiero pintar un atardecer químico detrás de la casa. Quiero a cincuenta chicas buenorras saltando en la cama elástica mientras me ignoran. Quiero estar tarareando *No surprises* para mí mismo, de manera patética. Tengo un remolino en el pelo, llevo puestas unas bermudas, lo que sea. Histérico e inútil. Bla, bla, bla, bla. Nada de eso es real, por supuesto. Nada de eso es verdad. Pero lo que siento como cierto es esa idea básica de mí esforzándome durante un acto social en el que me comporto con menor torpeza de lo que imagino pero sí algo torpe, y lo único que hago es pensar con mucha intensidad en *OK Computer*. Es lo típico; es lo que hice durante años. Siento que eso es verdad, que es verdad para mí. Y ahora me pregunto si ese momento representa la expansión de mi mundo o su contracción. He pensado y hablado y escrito y sentido tanto sobre esta banda que no sé qué más decir, y lo único que se me ocurre preguntar es si Radiohead abrió mi mente o la cerró a la fuerza. ¿Me mostraron un universo maravilloso ajeno a mi ser o me ayudaron a construir un universo maravilloso embutido en el interior de mi cabeza, donde podría pasar la mayor parte del tiempo y acabar excluyendo casi por completo al mundo exterior? Fascinante, ¿verdad? Sí, es posible.

Me pasa tres cuartas partes de lo mismo con Pearl Jam, los dioses del rock alternativo de Seattle, cuyo primer disco, *Ten*, de 1991, fue el tercer CD que me compré, un álbum que puede presumir de contar con ocho buenas canciones de once, en un ejemplar 73 % de buenas canciones. No le des demasiadas vueltas. *Why Go*, *Oceans* y *Garden*. Eso es. Todas las demás canciones de *Ten* son buenas.[17] Y lo que Eddie Vedder, el líder de Pearl Jam y la voz mascullante de su generación, me transmitió cuando era un chaval de trece años que no tenía ni idea de nada y que poseía tres CD y que estaba pendiente de cada una de sus palabras fue que se sentía muy incómodo con la idea de que millones de chavales de trece años que no tenían ni idea de nada estuvieran pendientes de cada una de sus palabras. En mis recuerdos de adolescencia, la fama de Pearl Jam es inextricable de la profunda incomodidad que les producía la fama. A ellos o, al menos, a Eddie Vedder. Durante el resto de los 90, Pearl Jam para mí son sinónimo de la autonegación del estrellato rock. Se echaron atrás. Retrocedieron. Lo rechazaron. Así que, en algún momento del instituto, un profesor de inglés me hizo leer al fin *Bartleby, el escribiente*, relato de 1853 de Herman Melville sobre un tipo que ya no quiere hacer su trabajo y por ello no deja de repetir «Preferiría no hacerlo», y todo es muy profundo y literario.[18]

---

17. En vez de discutir sobre ello, ¿puedo contarte mi peor chiste malo? Hay una compañía llamada Evenflo que hace cochecitos y asientos de coche para bebés y demás, y en casa tenemos una de sus puertas para bebés, y cada vez que paso junto a ella me pongo a cantar: «*EVEN FLOWWW / DON'T LET YOUR BABIES FALL DOWN THE STAIRS, YEAH*» [«FLUJO UNIFORME / NO DEJES QUE LOS BEBÉS SE CAIGAN POR LA ESCALERA, NO»], y nadie más se ríe. Nadie. Por eso es mi peor chiste malo: soy el único que piensa que la puerta para bebés Evenflo debería incluir un pequeño altavoz integrado que hiciera retumbar el estribillo del *Even Flow* de Pearl Jam cada vez que contuviera con éxito el avance de un bebé.

18. Detesto tener que contarte esto, pero, en el instituto, si un profesor te pedía que hicieras un trabajo sobre *Bartleby, el escribiente* y tú le entregabas una sola hoja con un «Preferiría no hacerlo» escrito en ella te ponían de inmediato la mejor nota. Caían globos y confeti del techo. Te graduabas del instituto *ipso facto*. Era como un código

«Pearl Jam, grabad más vídeos.» Preferiríamos no hacerlo. «Pearl Jam, conceded más entrevistas y apareced en más portadas de revistas.» Preferiríamos no hacerlo. «Pearl Jam, dejad de quejaros sobre Ticketmaster.» Preferiríamos no hacerlo. «Pearl Jam, dejad de pasar tanto tiempo con Neil Young.» Preferiríamos no hacerlo. «Pearl Jam, poned las mejores canciones en los elepés.» Preferiríamos no hacerlo, joder.

Porque resulta que *Jeremy*, una de las ocho canciones buenas del récord que tiene el primer disco de Pearl Jam, también apareció en un sencillo de tres temas que incluía, según me doy cuenta ahora, una de las mejores Buenas Canciones del grupo.

¿¿Unsealed on a porch a letter sat??
¿¿Then you said, I wanna leave it again??

No confíes en nadie que asegure conocer la letra exacta de *Yellow Ledbetter*, tema lánguido y trascendente de rock clásico que, según ha reconocido más o menos Mike McCready, guitarra solista de Pearl Jam, se basa en el *Little Wing* de Jimi Hendrix y se apuntala en el ataque de balbuceo más cautivador que haya experimentado Eddie Vedder en público.

¿¿On a weekend??
¿¿Wanna wish it all away??
¿¿And they called and I said that I want what I said??
¿¿And then I call out again??

Tú déjate llevar. La importancia de *Yellow Ledbetter* se debe a ese galimatías, a ese misterio, a esa perplejidad, a esa sensación de calma

---

de arranque. Lamento que hayas tenido que enterarte de esta manera. Yo tampoco lo supe.

profunda y tan absoluta que acabas aceptando la idea de que quizá la canción no deba significar nada ni contener palabras reales del inglés.[19] Se supone que ha de sonar como si Pearl Jam la hubiera grabado cinco minutos antes de componerla. Y había algo reconfortante en el hecho de escucharla en la radio, pongamos que en 1992, en medio de todas las demás canciones estridentes de rock alternativo que tanto se esforzaban por alcanzar la relevancia emocional y la profundidad duradera que *Yellow Ledbetter* consigue solo con existir.

Y, mientras Pearl Jam evolucionaban para convertirse en una de las bandas de rock más prolíficas y queridas de su generación, *Yellow Ledbetter* acabó convirtiéndose en el bis perfecto. La última canción de la noche. La conclusión dramática pero serena. La luz de la bola de espejos que se refleja en los globos medio desinflados mientras estos caen hacia el polvoriento suelo del gimnasio. Esta canción tiene la zancada exhausta pero completamente satisfecha de los 10.000 fans de Pearl Jam que caminan de regreso hacia sus coches. No es que tengas que volver a casa, pero no puedes quedarte aquí... claro que esta es la música en la que yo me he quedado, en la que me he desarrollado o me he atrofiado, durante toda mi vida. Y, si me muero y me despierto en un Guitar Center y Jesús está pasando el rato en la zona de guitarras y no en la de bajos, ya sé qué canción querré que toque.

---

19. Vedder ha presentado la canción en vivo como una declaración antibélica sobre el hermano de un amigo que murió en combate durante la guerra del Golfo, y es una acción tremendamente propia de él, esa de cantar sobre algo tan profundo y trágico con un tono tan hermoso y embrollado, casi diseñado para generar confusión.

SHOUP
+ BA
+ DOOP
SHOOP
lick lick
BANG!
How does it hang?
THANK YOUR MOTHER

ROMANCE + SEXO + INMADUREZ

CANCIONES TRATADAS:

Shoop, Salt-N-Pepa

Closer, Nine Inch Nails

Stinkfist, Tool

Gett Off, Prince

End of the Road, Boyz II Men

Fuck and Run, Liz Phair

In Circles, Sunny Day Real Estate

I Can't Make You Love Me, Bonnie Raitt

Crash Into Me, Dave Matthews Band

What's My Age Again?, Blink-182

Tengo que hablarte un momento de la canción *Take Me Home Tonight*, de Eddie Money. Es una canción increíble. Un éxito del top 5 de 1986. Erótico pop de sintetizadores no recomendado para menores de trece años. La Inmaculada Concepción a través de un solo de saxo. Además, Eddie Money parece un Evan Dando de los 80. Bueno, el tema de *Take Me Home Tonight* es que Eddie le canta amorosamente a una amiga, implorándole que, ya sabes, se lo lleve a casa esa noche. Tras lo cual aparece nada más y nada menos que Ronnie Spector para cantar, atronadora, «*Be my little baby*» como eco de una canción anterior y todavía más famosa en la que cantó eso mismo.

Pero he aquí mi verdad: de niño pensaba que el verso de Ronnie decía «*FEED my little baby*». Me enteré de las cosas del sexo a la edad habitual, muchas gracias, pero durante los años posteriores seguí pensando que la canción trataba sobre una mujer que tenía un rollo de una noche con Eddie Money y se quedaba embarazada y tenía a su hijo y se presentaba nueve meses después en la puerta de Eddie con un recién nacido para exigirle que lo alimentara. Pensaba que *Take Me Home Tonight* era una fábula sobre el sexo premarital. Lo juro por Dios. «*Feed my little baby.*» Increíble. Escucha *Take Me Home Tonight* otra vez: ¿te parece que suena en lo más mínimo como si Ronnie Spector estuviera cantando «*Feed my little baby*»? No, para nada.

Ahí me tienes a los cinco años, a principios de los 80, incrustado por el cinturón de seguridad al asiento trasero del oxidado Fiat de mi padre, asumiendo la mar de feliz que *Paradise by the Dashboard Light*, el obsceno tema épico de rock para padres que Meat Loaf había publicado en 1977, trataba sobre un agradable señor y una agradable señora que iban en coche escuchando un partido de béisbol y que comenzaban a discutir si debían seguir conduciendo. Pensaba que el paraíso era un lugar externo: Six Flags, quizá, o el zoo.

Ahí me tienes a los trece años, en el asiento del copiloto del Toyota de mi madre, cuando comenzó a sonar en la radio *Do Me*,[1] la cancioncilla solo apta para menores que vayan acompañados por un adulto que Bell Biv DeVoe[2] lanzó en 1990 y que cuenta con unos primeros cinco segundos bastante viscerales, que yo transcribiría de la siguiente manera:

OHHHHH YEAHHH AHH
OHHHHH YEAHHH AHH.

Y mi madre como que apagó la radio de un manotazo. Simplemente: CHAS. Y se hizo el silencio en el coche, durante un rato largo e incómodo. En otra ocasión, mi madre me preguntó a quemarropa qué significaban en realidad las iniciales de la canción *O.P.P.* de Naughty By Nature. Me dejé llevar por el pánico. Le dije que significaban «*Other People's Privates*».[3] Pensé que eso suavizaría el golpe. No fue así. Silencio.

Se me ocurre en este momento que *Do Me* guarda un parecido notable, en su sonido y su transcripción, con *Push It*, el atemporal clásico de los bailes de secundaria que Salt-N-Pepa lanzaron en 1986. Y, sin embargo, me puse a bailar de manera inofensiva al son de esa canción —«*PUSH IT GOOD*»— mientras iba en coche con mi madre

1. «Házmelo.» (*N. del t.*)
2. Obviamente, *Poison* es la mejor canción de BBD pese a que el verso megazafio de «Me and the crew used to do her» [«Yo y la pandilla solíamos tirárnosla»] es tan zafio como gramáticamente incorrecto: debería ser «*The crew and I used to do her*» [«La pandilla y yo solíamos tirárnosla»].
3. «Las partes pudendas de los demás» cuando en realidad la segunda «P» hace referencia a las palabras «pussy» o «penis»; esto es, «Un coño ajeno» o «Un pene ajeno». (*N. del t.*)

a todas partes, y recuerdo ver a todas las chicas de la secundaria bailándola en línea bulliciosamente —«*PUSH IT REAL GOOD*»— mientras yo pegaba la espalda nervioso contra la gradería plegable del gimnasio, ni siquiera lo suficientemente mayor para que se me pudiera considerar el colgado del baile. Se me ocurre en este momento que *Push It* no es sutil. Pero, de algún modo, Salt-N-Pepa —el luminoso trío rap de Queens, formado por Cheryl «Salt» James, Sandra «Pepa» Denton y Deidra «Spinderella» Roper—[4] se deslizan con pericia por la raya que separa lo picante de lo obsceno.

Quizá eso se deba a que las propias Salt-N-Pepa nunca pensaron que la canción fuera picante, y mucho menos obscena. «Llevamos treinta años diciéndole a la gente que *Push It* no va de sexo, pero nadie nos ha creído nunca —se lamentaba Pepa ante *The Guardian* en 2017—. En serio, para nosotras, como chicas jóvenes, iba de bailar.» Lo respeto, y la creo. «Más te vale respetarnos y creernos» es la maldita idea central de todo el catálogo de Salt-N-Pepa. Pero también pienso que Salt y Pepa son las dos únicas personas sobre la faz de la tierra que piensan eso. Tal y como Salt explicó en ese mismo artículo del *Guardian*: «En un acuario nos contaron que, cuando ponían la canción, los tiburones comenzaban a aparearse».

Hum.

También me creo a los tiburones. Siempre es un placer tremendo oír a Salt-N-Pepa en la radio —cualquier canción, a cualquier edad, estando de cualquier humor, desde la adolescencia volátil hasta la edad adulta exasperada— y creo que eso se debe a su muy inteligente sentido del

4. Que es la DJ [se trata de un juego de palabras entre el nombre de «Cinderella», Cenicienta, y el verbo «*to spin*», poner una canción, hacer girar el disco], claro, aunque Roper fuera en realidad la segunda (y, a partir de entonces, canónica) Spinderella; en *Push It* y en el resto de *Hot, Cool & Vicious*, el debut del trío en 1986, el papel de Spinderella lo había interpretado Latoya Hanson, que abandonó el grupo antes incluso de que se editara el disco.

equilibrio. Es una música rap fanfarrona con la exuberancia ligera del pop más puro. Son canciones sexy sobre el baile; canciones sobre la ausencia de sexo que llenan la pista de baile. ¿Sabes qué tema de Salt-N-Pepa es verdaderamente fantástico? *Do You Want Me*, una joya provocativa de electrofunk que aperece en *Blacks' Magic* (1990), el tercer disco del trío. Es la que tiene un estribillo que comienza así:

Do you really want me, baby? Let me know
'Cause if you really like me I suggest you tell me so.

Por alguna razón llevaba años sin acordarme de *Do You Want Me*, y me sentí eufórico al toparme de nuevo con ella hace poco: el viscoso murmullo chico-chica de ese estribillo, el hábil *sample* de James Brown que suena como si a nadie se le hubiera ocurrido *samplear* antes a James Brown y la provocación, como un ataque por sorpresa, de ese dueto juguetón y lascivo en el que unos jóvenes amantes hablan de abstinencia, de contención, de rechazo. Se gustan, pero Salt aún no quiere acostarse con el tipo. «*I'd just be playing myself out / If I spent the night at your house*», decide, desestimando la débil queja de él, que la tacha de provocadora. Es una canción de amor que habla de no ceder a la lujuria.

A ver, que *Blacks' Magic* también tiene una canción titulada *Let's Talk About Sex*, un revoltijo fresco y envanecido con uno de los ganchos más pegadizos que Salt-N-Pepa hayan creado nunca —«*Let's talk about all the good things / And the bad things / That may be*»— y que hurga aún más en el acertijo del amor enfrentado a la lujuria sin llegar a sonar nunca como una reprimenda o un sermón o una clase de educación sexual en la secundaria. Y la canción siguió siendo un tema pop trascendental incluso cuando el grupo la rescribió de manera explícita como un anuncio de interés público titulado *Let's Talk About AIDS* para un programa informativo especial de Peter Jennings en la ABC dedicado a lo que, en aquel momento, era una desgarradora crisis sanitaria global rodeada de miedo e ignorancia y desinformación.

Todo ello —la seriedad absoluta, pero también esa frivolidad inicial propia de una pista de baile— alimenta directamente su *Very Necessary* de 1994, el mejor y más importante disco de Salt-N-Pepa, que se hace querer denunciando los cotilleos del estrellato pop *(None of Your Business)* a la vez que da mucho que hablar a todo el mundo (*No One Does It Better*, que incluye el verso «*When the bugle is blown it's all tongue and no teeth*»),[5] y que te suelta una canción titulada *Sexy Noises Turn Me On* tres temas antes de un *sketch* de cierre en forma de anuncio de interés público bajo el literal lema de *I've Got Aids*. El álbum también incluye los dos mayores éxitos en las listas del grupo, ambos ligeramente lascivos y completamente gozosos y que no hacen más que crecer gracias a la trabajada sabiduría de Salt-N-Pepa, por mucho que no se oiga ni un ápice de esa lucha en las canciones mismas. *Whatta Man*,[6] *remake* del sencillo soul de la discográfica Stax que Laura Lyndell había publicado en 1968, representa un exquisito encuentro con esa fuerza motriz que es el grupo femenino de Oakland En Vogue, quienes clavan a la perfección uno de los ganchos más dulces y guais e indestructibles que pueda ofrecer el pop de mediados de los 90. Pero sí, no, *Shoop*[7] es la elegida. *Shoop* es la que tiene ese verso de apertura que me delata aún más como el tipo más sentimentaloide de la tierra.

> *Here I go, here I go, here I go again*
> *Girls, what's my weakness? (Men!).*

---

5. «Nadie lo hace mejor», el título del disco, y «Cuando se toca la corneta es todo lengua y nada de dientes», el verso. (*N. del t.*)
6. «Qué pedazo de hombre.» (*N. del t.*)
7. «Folleteo.» (*N. del t.*)

He aquí mi verdad: cada vez que escucho esta canción, cuando Pepa rapea «*Girls, what's my weakness?*» yo apunto con el dedo hacia una esquina de la habitación o el coche o lo que sea, como si estuviera dando la entrada a las chicas imaginarias allí presentes para que griten: «*Men!*». Queda ridículo. Es humillante. No me importa. Que una canción te invite a humillarte con tanta alegría es una señal de grandeza verdadera. *Shoop* es una maravilla de la cosificación masculina, una cumbre del piropo al invertir los géneros que suelen protagonizarlo. «*Don't know how you do the voodoo that you do*», rapea Pepa, ingrávida y procaz; «*I gotta know, how does it hang?*», se pregunta Salt, y espero que seas consciente de lo ridículo que me he sentido tan solo escribiéndolo. Es una canción absurdamente divertida, es tonta, está libre de consecuencias, y esa libertad se vuelve más placentera por lo mucho que Salt-N-Pepa se han esforzado por enseñarnos que nuestros actos siempre tienen consecuencias.[8]

A mi esposa le encanta *Swoop*. Esa es la otra cuestión. Entre el caos de primera hora de la mañana, cuando hay que alimentar a los niños y vestirlos y acicalarlos de manera aceptable y echarlos por la puerta para que se vayan al colegio, a veces mi esposa se pone a rapear *Swoop* en voz baja, para sí, o, mejor aún, en voz no tan baja, para mí. Y es muy halagador que el amor de tu vida te informe a las 8 de la mañana de un martes de que «*If looks could kill you would be an Uzi*», pero la verdad es que, en esos momentos, soy feliz haciendo una regresión hacia los

8. Lo siento, es que sigo pensando en los tiburones que se ponen a follar al oír *Push It*. ¿Cómo lo descubrieron? ¿A alguien le dio por llevarse un estéreo portátil al acuario con *Push It* a todo trapo? ¿O los responsables del lugar se sentaron a pensar cómo podían poner cachondos a los escualos y fue una idea genial de algún biólogo marino? ¿A eso se dedica la biología marina? ¿Sabes aquello de que en el instituto todo el mundo quiere ser biólogo marino durante unos diez minutos? Pues yo me habría lanzado a serlo de haber sabido que los biólogos marinos se dedican a eso. Me veo ganando un Premio Nobel por ponerles Luther Vandross a unos manatís. Vale, perdón. Ya lo he procesado. Lo siento.

tiempos de mi adolescencia tímida e ingenua y desinformada hasta puntos desastrosos. Mientras mi esposa baila feliz por la cocina, me descubro echándome hacia atrás, dándole espacio, pegando la espalda a la nevera, que en cualquier momento podría transformarse en una de las gradas plegables del gimnasio de mi escuela secundaria. Es una vieja sensación, la de ponerse nervioso frente a las chicas; la de la satisfacción absoluta es más novedosa, y no envejece nunca. Resulta que este es mi paraíso, y me la llevaría a casa conmigo esta noche, pero es que ya estamos aquí.

Malinterpreta esto, colega:

I wanna fuck you like an animal
I wanna feel you from the inside.

O, tal y como lo escuché yo 600.000 veces en la radio:

I wanna ( ) you like an animal
I wanna feel you from the inside.

Ah, sí, eso es lo mío. Una edición tontita para la radio de un clásico de todos los tiempos. Esa omisión tan delicada. La palabra ofensiva que desaparece con un tijeretazo del tejido de la existencia. Algo tan casto. El *Closer* de Nine Inch Nails también es una canción pop trascendental: pegadiza, fascinante y deliciosamente subversiva. Pero ¿sabes qué es más subversivo que componer y cantar esta canción? Pincharla en la radio. El primer DJ que añadió *Closer* a la lista de reproducción violó más tabús e hizo trizas más normas socioculturales que el tipo que la compuso y la cantó. No importa la herramienta de edición que uses en la radio. El estribillo sigue diciendo lo que dice y sigue significando lo que significa.

No pretendo restar importancia a las numerosas transgresiones de Trent Reznor, el genio dictatorial que hay detrás de Nine Inch Nails, a quien veneré en el instituto y que solía quejarse en las entrevistas de que las estrellas modernas del rock se han desmitificado a sí mismas por completo: hablan demasiado, se sacan demasiadas fotos y, en general, se explican demasiado. Lo están estropeando todo, están estropeando la ilusión. Cuando era pequeño, Trent nunca quiso saber qué aspecto tenían los miembros de Pink Floyd o Supertramp. Así que vamos a remitificarlo: Trent Reznor era un puto hechicero alienígena que se estrelló en este planeta en 1989 e inventó la música industrial[9] y bajó de la cumbre en llamas de la montaña con dos tablas de piedra, la palabra «ALMA» grabada en una y la palabra «AGUJERO» en la otra.

Y le rendí culto. Es posible que no vuelva a poner nunca *The Downward Spiral*, el disco que Nine Inch Nails lanzó en 1994, porque es una música que puedo escuchar sin necesidad de reproducirla en alto. Puedo recitarte este disco de la misma manera en que puedo recitarte mi número de la seguridad social. Y la pregunta que te hago es: en consecuencia, ¿hasta qué punto estoy jodido? ¿*Reptile*, la diatriba exquisitamente extenuante que comienza con el verso «*She spreads herself wide open / To let the insects in*»? ¿*Heresy*, la machacante marcha fúnebre con un estribillo que dice: «*God is dead / And no one cares*», que tampoco es que combine del todo bien con el catolicismo? ¿*The Downward Spiral*, en la que Trent murmura: «*He put the gun into his*

9. Trent admite la mar de feliz que *Down in It*, un sencillo glacial y desconcertantemente bailable de *Pretty Hate Machine*, el álbum con el que Nine Inch Nails debutaron en 1989, está inspirado de manera directa en el tema *Dig It* (1986), del álbum *Mind: The Perpetual Intercourse* de la banda industrial de Vancouver Skinny Puppy. Así que una manera de resumir el mayúsculo atractivo de Trent apuntaría a que Pretty Hate Machine [«Una bonita máquina de odiar»] es un título mucho mejor, en términos de vender a una estrella del pop, que *Mind: The Perpetual Intercourse* [«La mente: una cópula perpetua»].

face / Bang / So much blood for such a tiny hole»? Oye, *¿Big Man With a Gun?* ¿Te acuerdas de cuando Meat Loaf era la principal amenaza para mi inocencia?

You can have my isolation
You can have the hate that it brings.

Y lo acepté. Hice mío el aislamiento de Trent; hice mío su odio. *Closer* termina con un largo *breakdown* de teclados, majestuoso, de funk industrial, y yo me aprendí de memoria cada uno de sus segundos tal y como me había aprendido de memoria todas esas batallas de la Guerra Civil en la clase de historia, y dejémoslo en que ahora no recuerdo una mierda sobre la Guerra Civil. Me pregunto qué pretendía enseñarme *The Downward Spiral*; me pregunto qué aprendí. En la actualidad es mucho más sencillo encontrar en internet la versión sin censurar del vídeo de *Closer* y es una lástima, porque supongo que la versión editada por la MTV, que en mi adolescencia[10] vi unas 600.000 veces, era mejor, por no decir más peligrosa y subversiva. En ella, cada plano que la MTV cortaba era reemplazado por un cartón que decía «ESCENA NO INCLUIDA», y puedo asegurarte que lo que un chaval cursi de catorce años pudiera imaginar que había en esa escena siempre sería mucho más gráfico e inapropiado que el metraje que faltara en realidad. Al fin vi la versión sin censurar: en ella aparece una mujer desnuda. Bah. En este caso, y solo en este caso, el contenido de mi cabeza adolescente fue mucho más desagradable que el que hubiera en

10. Se me ocurre en este momento que puedes dividir mi vida en dos mitades: la del niño/adolescente y la que tiene internet. Eso es todo. Esa es la gran frontera. Y, la verdad, me siento muy agradecido de que esas dos fases vitales nunca llegaran a cruzarse.

la cabeza de Trent Reznor. Si quieres que te diga la verdad, a Trent no le hubiera ido mal un poco de mi aislamiento.

«¡Guau! ¡Si pudiera mover el brazo a esa velocidad no saldría nunca de casa!»

Estuve a punto de morirme de risa la primera vez que vi a Beavis and Butt-Head ver el vídeo megadesagradable de animación fotograma a fotograma que acompañó a *Sober*, el estricto primer éxito de Tool en 1993... como también he estado a punto de morirme de risa al verlos ver ese vídeo otra vez en la actualidad. Tool —una banda de metal progresivo filosófica-escatológica de Los Ángeles, o quizá unos hechiceros alienígenas que se estrellaron en nuestro planeta poco después de que lo hiciera Trent Reznor— son tan lúgubres, tan chungos, tan intensos, tan profundos (?!) y tan perturbadores que es posible que también te parezcan —quizá como mecanismo de defensa— la monda. A Tool se les da de fábula hacer que te sientas incómodo y electrizado. Después de *Sober*, su siguiente sencillo/vídeo megadesagradable se tituló *Prison Sex*. O bien no es tan profundo o carece de fondo; estos tipos o bien son unos idiotas del demonio o conforman la banda de rock más estimulante en lo intelectual que viera la luz durante el siglo XX.

Que titularan una canción como *Stinkfist*[11] lleva a presuponer: ¿por qué no ambas cosas?, ¿por qué no todo ello? Pusieron *Stinkfist* en la radio, pusieron el vídeo megadesagradable de *Stinkfist* en la MTV, aunque la MTV lo tituló *Track 1*[12] porque al parecer no se puede decir *Stinkfist* en la MTV. En este momento, yo diría que el aspecto más provocativo de ese tema es que también tiene apartados hermosos. Es bella su melodía y, si te la tomas con la seriedad necesaria, quizá también

11. «Puño apestoso.» (*N. del t.*)

12. De ese *tour de force* de 1996 que es el *Aenima* de Tool, en el que también aparece una canción titulada *Hooker With a Penis* [«Una prostituta con pene»]. Hace poco, Spotify me informó de que esa fue la canción que más veces reproduje en 2022.

sea bella en su filosofía: «*Desensitized to everything / What becomes of subtlety*», brama Maynard James Keenan, líder de la banda, en medio de una muy poco sutil andanada de rock progresivo cortesía del batería Danny Carey. Quiero mucho a esta banda.

Tool no son muy afines a conceder entrevistas y demás formas de desmitificación, pero en internet se puede encontrar un archivo de preguntas frecuentes sobre la banda curado con cariño por los fans, que se actualizó por última vez en 2001 y que se va a las 16.594 palabras de informaciones fácticas adquiridas de manera ardua, condimentados con las audaces conjeturas de sus seguidores. Ese archivo aborda *Stinkfist* con cierta extensión. Un fan de Tool con una dirección de correo de aol.com sugiere que la canción «usa la metáfora de que te metan un puño por el culo para hablar de la insensibilidad del público». Sí. Desde luego. Quizá. Una anécdota menos extravagante: vi a Tool en vivo en Columbus, Ohio, el 14 de septiembre de 2001, y Maynard, también conocido como el mismísimo señor Stinkfist, pronunció un discurso largo y meditado, justo después de tocar *Prison Sex*, sobre la necesidad de escoger la compasión y el amor por encima del miedo, lo que, para su consternación, llevó a todo el recinto a cantar «*USA! USA! USA!*». Uno se va a la guerra con el ejército emocional y sociopolítico del que dispone, no con el ejército que querría o desearía tener más adelante. O bien la cosa no fue tan profunda o carecía de fondo.

Vale, imagínate a un tipo vestido con un bodi de color amarillo canario, destrozado, con el culo al aire, que esgrime una guitarra mientras interpreta una canción porno-funk titulada *Gett Off*[13] —sí, con doble «t» en el «*Gett*», y tú ya sabes el motivo— durante los MTV Video Music Awards de 1991, dando vueltas sobre sí mismo para

13. «Bajarse de algo», pero también «correrse». (*N. del t.*)

hacer hincapié en la ausencia de trasero del bodi cuando llega al verso «*Move your big ass 'und this way, so I can work on that zipper, baby*». ¿Es eso más o menos subversivo que un tema de rock progresivo titulado *Stinkfist* o que un estribillo de rock industrial que dice «*I wanna fuck you like an animal*»?

¿Y si el tipo del bodi que deja el culo al aire es literalmente Prince?

Lo único que sé con seguridad es que, si haces que suene *Gett Off* en un acuario, los tiburones comenzarán a follarte a ti.

Otro silencio incómodo se interpuso entre mi madre y yo en el interior de su Toyota cuando pusieron en la radio el tema *Cream* de Prince, y eso que su introducción ni siquiera es demasiado porno: unos gemidos abstractos, un cencerro, un ritmo simple de batería *boom-kick* y un *riff* sofocante y amortiguado que transmite la sensación de que la guitarra también lleve puesto un bodi de color canario sin culo y... vale, sí, es mucho más porno de lo que recordaba. Y es que además la canción se llama *Cream*.[14] Y además es de Prince, que se iba a pasar el resto de los 90 sacando bastante material fiable en su grandeza pero indigesto hasta la risa —incluyendo el disco triple de *Emancipation*, en 1996, al que siguió en 1998 ese disco triple o cuádruple o quíntuple titulado *Crystal Ball*— a la vez que se cambiaba el nombre por un símbolo impronunciable y se escribía la palabra «esclavo» en la mejilla, actos que en aquel momento se nos antojaron una simple excentricidad, pero que con el tiempo acabaron por revelar explicaciones mucho más problemáticas y vitales sobre la explotación en el negocio de la música.[15] A Prince hay que tomárselo en serio siempre. Se lo ganó.

---

14. «Crema.» (*N. del t.*)

15. Estaba enfrentado a su discográfica. «Cuando impides soñar a un hombre, lo conviertes en un esclavo —le explicó Prince a *Rolling Stone* en 1996—. Es la situación en la que me encontraba. No soy dueño de la música de Prince. Cuando no eres el dueño de tus copias maestras, quien las controla se adueña de ti.»

Pero perdóname, por favor, si esa interpretación clasificada X de *Gett Off*—una canción que describiré aquí, en calidad de profesional, como «propia de unos Public Enemy cachondos»— es mi imagen dominante del Prince de los 90, aunque también es extraordinario que sea lo primero que me viene a la cabeza cuando pienso en los VMA de los 90, y eso que fue un espectáculo que vi religiosamente (o supongo que sacrílegamente) en mi adolescencia. La verdad es que no tengo ni idea de por qué hay dos «t» en *Gett Off*, y sí, el bodi parece dejar el culo de Prince al aire, y yo vi eso a los trece años, atónito e intimidado y sintiéndome más indefenso e infantil que nunca; mientras pensaba: «Tío, si esto es lo que hay que hacer para que una chica baile contigo, la cosa no va a funcionar nunca».

Pero entonces una chica bailó conmigo. En séptimo. No me lo pude creer. No te culpo si no te lo puedes creer. Pero pasó. No recuerdo qué bailamos, pero la canción que en la actualidad asocio a las sensaciones del primer baile lento es sin duda el *End of the Road* de Boyz II Men,[16] una hiperbalada trascendentalmente pastelosa de pop-soul que alcanza una inercia asombrosa pese a avanzar a cámara lenta. Eso me ha quedado un poco flojo, lo siento. Lo que quiero decir es que representa la banda sonora perfecta para que te explote el cerebro.

La primera vez que bailas un lento con alguien es embarazoso en teoría, pero en la práctica te produce una euforia infame. Te cambia la vida, la vergüenza cojonuda del momento, cuando no sabes qué hacer

16. Si la memoria no me falla, Boyz II Men son de Philadelphia. Michael Bivens, de Bell Biv DeVoe, se encargó de guiarlos hacia la gloria y lo petaron en 1991 con *Cooleyhighharmony*, un debut sorprendente de canciones lentas pero cargaditas. En cambio, *End of the Road*, que apareció por primera vez en la banda sonora de *Boomerang* (1992), la comedia romántica-molona de Eddie Murphy, lo petó a un extremo absurdo: se pasó trece semanas en el número uno y dio inicio a una racha en la que B2M rompían los récords de las listas de éxitos para volver a romperlos con el siguiente tema. Sí, estoy casi convencido de que son de Philly.

con ninguna parte de tu cuerpo. ¿Le pones las manos sobre los hombros? ¿En la cintura? ¿Cuál es la distancia adecuada entre vuestros cuerpos? (remítete a *Too Close*, el éxito erótico que tuvo en 1998 el grupo de R&B Next, para saber más sobre el tema de la distancia física, aunque quizá sea mejor que no lo escuches delante de tu madre). Recuerda la torpeza con la que te mecías de aquí para allá, intentando seguir sin suerte, de manera fragmentada, el ritmo de la música. ¿Miraste a tu pareja a los ojos? ¿Te esforzaste, desesperado, por no hacerlo? La habitación, el gimnasio de tu escuela, ¿daba vueltas a tu alrededor? ¿El romance es eso? ¿El verdadero amor es eso? ¿Te explotó el cerebro? ¿Te explotó el corazón? ¿Cómo pudo alguien sobrevivir a esa experiencia? Si fuiste afortunado, pudiste aferrarte a Michael McGary en lo emocional, mientras te aferrabas físicamente a quienquiera que estuviera aferrado a ti.

Girl, you know I'm here for you.

A Michael McCary pertenece la voz de bajo, profunda como un sónar, de los primeros seis discos de Boyz II Men. Él solía encargarse de murmurar esas introducciones habladas de las canciones en plan «*Hey baby, I'm sorry, I never meant to hurt you*» que hacían las veces de valiosísimo recurso para orientar al oyente. Pero su obra maestra aparece en el puente reconfortante de *End of the Road* —«*You just don't understand how much I love you, do you?*»—, que hace que la canción siga rodando montaña arriba hasta que alcanzamos el estribillo eufórico y a capela del final, y hostia puta, ese tema estupendo se vuelve un poco más estupendo todavía, y allí, en el gimnasio, cuanto más te acercas a la persona con la que estás bailando torpemente, más se elevan tus pies del suelo. El fin del camino es el principio del mismo, tu último arreón hacia la órbita del enamoramiento adolescente, hacia el excitante vacío espacial. Y seguirías flotando para siempre si la voz amablemente atronadora de Michael McCary no fuera tan trascendentalmente terrenal, y si él no te tuviera cogido de un pie, porque, pase lo que pase con la persona a la que te une ese primer baile lento, ahora le perteneces a McCary, y él te pertenece a ti.

Esta no la oí nunca en la radio, ni una sola vez:

Fuck and run
Fuck and run
Even when I was 17.

Me siento incómodo al admitir las circunstancias en las que me encontré con *Exile in Guyville*, el exaltado debut de Liz Phair en 1993. No fue mi mejor momento (por cierto, sí tengo mejores momentos, pero esos prefiero mantenerlos en privado). Bueno, estaba en la universidad, y saqué un CD de las pilas que había en la emisora de radio, y examiné el listado de canciones en busca de temas guarrillos. Ese fue mi primer encuentro. Uf. Tenía entendido —a partir de lo que había cosechado en la *Rolling Stone* o en *SPIN* o quizá incluso en la revista *Magnet*— que Liz Phair[17] era una señorita que decía guarradas, y eso me interesó intelectualmente, como el intelectual mentecato que era a los diecinueve años.

17. Nacida en New Haven, Connecticut; criada sobre todo en Winnetka, Illinois, el barrio residencial de Chicago que es conocido principalmente como escenario de esa obra de arte cinematográfica que es *Todo en un día* (1986); educada en la universidad de Oberlin, también conocida como la parte de la geografía de Ohio que menos parece formar parte de Ohio, hogar de una escena de rock indie boyante pero alarmantemente maliciosa que ella estaba a punto de alterar y mandar a la mierda, con perdón de la expresión.

También estaba al tanto de que Liz había organizado su ópera prima —que se encuentra entre los álbumes de debut más impactantes, cataclísmicos, inimitables, influyentes y difíciles de igualar de la historia de la música pop— como una respuesta, canción a canción, al *Exile on Main Street*, el megaclásico de 1972 de los Rolling Stones, en sí uno de los discos de rock'n'roll más deificados y masculinos que hayan visto la luz. «Lo escuché una y otra vez, y se convirtió en mi fuente de energía —le contó Liz a la cineasta y escritora Jessica Hopper para la historia oral de *Exile in Guysville* que apareció en la revista *SPIN* en 2010—. Tuve con *Exile* el tipo de relación que mantendrías con un amigo imaginario; Mick decía algo y yo entablaba una conversación con él, o se lo discutía, y se convirtió en una especie de amalgama de los hombres de mi vida. Por eso lo titulé como *Guyville*, por los amigos, los intereses románticos, los tipos con aire profesoral que me contaban lo que necesitaba saber, lo que era guay y lo que no.» Por Mick se refería a Mick Jagger, aunque tampoco es que necesitaras ese ejercicio de *mansplaining* por mi parte.

Fuck and run
Fuck and run
Even when I was 12.

Yo no pinchaba *Fuck and Run* en la radio universitaria porque poner canciones con noventa kilos de palabrotas iba contra las normas y yo respetaba esas normas y, de todos modos, prefería pinchar a Soul Coughing o a Cake o lo que fuera, porque era un intelectual. Pero, a partir de ese momento, *Exile in Guyville* adoptó para mí una cualidad ilícita, prohibida, así que imagina mi sorpresa cuando acabé escuchando *Fuck and Run* y me di cuenta de que es un tema de rock'n'roll engañosamente directo, que comienza con el verso «*I woke up in your arms*», pero que trata en realidad sobre el rechazo, sobre la humillación, sobre la soledad, sobre el miedo a ser un mentecato para siempre y la posibilidad de que también vayas a pasarte todo ese tiempo solo.

«Todo el mundo piensa que mi canción *Fuck and Run* va de sexo, y en un nivel así es —escribe Liz en *Historias de horror*, su libro de memorias encantador y transgresor por no lineal, justo después de contar la historia sobre cómo se distanció de un querido amigo de la universidad después de que este la golpeara accidentalmente en la nariz con un ablandador de carne—, pero también trata sobre esos momentos en que sentimos una conexión real y abandonamos nuestros sentimientos en favor de la autoconservación. Nos unimos y nos separamos como bolas de billar que chocan entre sí porque, por alguna razón, presentimos nuestra aniquilación.»

Escucha, es una grosería, pero creo que Liz agradecerá que sea franco: *Fuck and Run* va mucho más de correr que de follar. Sí, se me hace raro decir eso, se me hace raro leer cualquier cosa sobre *Exile in Guyville*. Hasta los mayores fans de Liz Phair tienden a sacarse cosas de la manga sobre ella; hasta las críticas más brillantes de *Exile in Guyville* pueden resultar superdesagradables, tío. Invocados por su voz sorprendentemente inexpresiva —y por el carácter subrepticio, denso, nervioso y desdibujado de su estilo a la guitarra, por no hablar de sus letras contundentes y exasperadas y legítimamente geniales—, allá donde va Liz Phair le brotan nuevos Guyvilles, lo mismo que con cada nuevo álbum desafiante pero inevitablemente incomprendido que hace (su mejor canción es *What Makes You Happy*, del *Whitechocolatespaceegg* de 1998, para que lo sepas). Por lo general, todos esos Guyvilles pretenden alabarla, pero también buscan controlarla, definirla, opinar sobre lo que debería hacer a continuación para no perder nuestro favor.

En breve, *Exile in Guyville* se ha convertido en una especie de generador de Guyvilles que se autoperpetúa, en parte porque es un disco único y fantástico, crucial, de los que definen una época y un género, sí, pero también porque Liz Phair es, en efecto, una mujer que dice guarradas, y la sociedad tiende a responder de manera bastante pobre a ese tipo de mujeres. ¿Acabo de escribir «letras legítimamente geniales»? Argh. Estas no siempre amparan revelaciones agradables, pero *Fuck and Run* me ha resultado muy útil para interrogarme sobre aquello que creo saber y para dirigirme con exasperación hacia todo aquello que ignoro. El otro día, mi esposa y yo estábamos viendo *Wednesday*, la serie gótica-adolescente sobre asesinatos misteriosos de Netflix, y en un momento la protagonista está siguiendo al jefe de policía, ¿vale?, y se cuela en su coche antes de que este se suba y se ponga en marcha sin reparar en ella.

—Es imposible que pase eso —dijo mi esposa—. Se habría dado cuenta. Habría comprobado el coche antes de salir.

—¿En serio? —le pregunté, con gran sentido común.

—En serio —contestó mi esposa, exasperada—. ¿Acaso tú no compruebas el asiento de atrás cada vez que te subes al coche, antes de ponerlo en marcha, por si hay alguien escondido ahí? Yo lo hago siempre que me subo al coche. Todas las mujeres lo hacen, siempre, por si algún pervertido se ha escondido ahí. ¿Tú no lo haces?

—Pues claro que no —contesté, con escaso sentido común.

Y mi esposa se limitó a mirarme en plan: Guyville.

Seduje con éxito a mi futura esposa, en parte, con los CD que le grababa, esos nobles descendientes de todas las cintas que había compilado para las desafortunadas señoritas a las que intenté enamorar sin éxito durante el instituto y la universidad.

Las canciones que grabé en esas mezclas de casete para chicas entre 1996 y 2001 incluyen el *With or Without You* de U2, *Kissing You* de Des'ree, *Susanne* de Weezer, *Reasons* de Built to Spill, *Your Sweet Voice* de Matthew Sweet, *Slide Away* de Oasis, *Electric Relaxation* de A Tribe Called Quest (con el verso sobre las *«fat-ass thighs*»[18] atenuado porque no quería ofender a la chica), *Nothing Else Matters* de Metallica, *Deborah* de Beck, *Eternal Flame* de Susanna Hoffs, *How Could You Want Him (When You Know You Could Have Me)* de The Spin Doctors, *Love You to Death* de Type O Negative y, las más importante, *Iris* de Goo Goo Dolls. «Solo quiero que sepas quién soy. Solo quiero que sepas quién soy. Solo quiero que sepas quién soy.»

Por favor, no me hagas parlotear sobre el desaparecido arte de las cintas de casete físicas que grababas meticulosamente tú mismo, para a continuación garabatear el nombre de los músicos y el título de las canciones con tu horrible letra infantil y acabar poniéndole a toda la cinta algún lema cursi, pretencioso y semiliterario del tipo «NO ME DAN MIEDO LAS TORMENTAS», y entonces se la pasabas a la chica que te gustaba y que se sentaba delante de ti en la clase de Biología, o en la Introducción a la Filosofía, o lo que fuera, y te ponías a rezar para que la cinta transmitiera algo parecido a la idea de esa persona sensible y apasionada y carismática que eras. Era algo bonito. La primera canción de la cara 2. Los CD de mezclas no tienen una primera canción en la cara 2. No es lo mismo.

No quiero hablar de ello. Como tampoco quiero hablar sobre la vez en que escribí la letra del *In Circles* de Sunny Day Real Estate y se la mandé por correo a una chica.

Meet me there
In the blue
Where words are not
Feeling remains

18. «Caderas gordas de la hostia.» (*N. del t.*)

Ay, Dios. La muchacha no se lo merecía. La canción termina así:

Oh I Dream
To heal your wounds
But I bleed myself
I bleed myself.

Dios, Rob... Pero qué último verso, y qué síntesis tan sobrecogedora de la experiencia emo, de la experiencia rocanrolera, de la experiencia adolescente: «Voy a salvarte, nena, pero justo después de que tú me salves a mí». Sunny Day Real Estate eran de Seattle y tenían un rollo muy Seattle 1994: guitarras rabiosas, cambios sorprendentes de ritmo, un sentido de la moda pasota y el feroz tipo de vulnerabilidad que transmitía la voz tirante y penetrante de Jeremy Enigk, su líder. Casi nunca sonaban en las emisoras de rock alternativo, pero aun así tuvieron todo el sentido del mundo para un chaval nada guay y purista del género como yo, capaz de reconocer la fórmula clásica de las dos guitarras, el bajo, la batería y el lamento exaltado. Comida de la que te reconforta. Este estilo no pretende pillarte por sopresa ni engañarte; no es ningún Caballo de Troya. Y tampoco les tiene miedo a las tormentas.

«*Sommmmmmmetimes* —gime Jeremy con pasión en *Sometimes*, la carrera de destrucción a velocidad media que cierra *Diary*—. *Sommmmmmmetimes.*» Si por casualidad te encontrabas en su misma frecuencia emocional, había algo muy denso e ininteligible y fascinante en esta banda, porque rara vez entiendes lo que Jeremy canta, y solo alcanzas una comprensión fugaz de lo que quiere decir, y no suena para nada como un cantante convencional, lo bastante melodioso y coherente para que la pongan en la radio hasta la saciedad. Ni siquiera en *Seven*, la carrera de destrucción a velocidad normal que abre *Diary* y que incluye otro gran verso de Jeremy Enigk: «*December's tragic drive*

/ When time is poetry». Es un verso emo, rocanrolero y adolescente perfecto —semimelodioso y no del todo coherente y mucho mejor por ese motivo.

Pero, a veces, hay que ser melodioso al máximo y coherente al máximo, y es entonces cuando rompes el cristal y tiras de la alarma contra incendios de un color rojo intenso atravesado por una molona mancha plateada.

I can't make you love me if you don't.

Sin ánimo de ofender a Sunny Day Real Estate, U2, Metallica o los Goo Goo Dolls, el *I Can't Make You Love Me* de Bonnie Raitt está en otro nivel a todos los niveles imaginables, y nunca se lo grabé en cinta a ninguna señorita porque: a) por supuesto que podía hacer que cualquiera de ellas me amara, y b) esta canción posee una energía tan imponente y está tan cargada de mal de amores que de alguna manera habría borrado físicamente el resto de los temas de la compilación.

Bonnie Raitt nació en Burbank, California, en 1949, y, si eres como yo, cada vez que oyes su nombre te la imaginas de inmediato cubierta por esa pelambrera de color rojo oscuro, elegante y ardiente como una hoguera de campamento, atravesada por una mancha canosa. Ella sostiene que la mancha apareció de manera natural cuando tenía veinticuatro años, y que no tardó en expandirse mientras el rojo iba menguando, así que comenzó a teñirse el pelo, pero preservando la mancha porque, tal y como le contó una vez a la revista *Parade*: «Me han dicho que significa que te ha besado un ángel». Esa mancha plateada es una metáfora un poco demasiado evidente para una cantante joven que se convierte de manera inmediata en un clásico del blues/rock/jazz/pop, para un alma vieja, para una intérprete magistral de canciones que se las arregló para alcanzar una nueva cima deslumbrante a los cuarenta y dos años, con su undécimo álbum.[19] Pero ella no tenía tiempo para ambigüedades, para cosas ininteligibles, para marear la perdiz.

And I will give up this fight.

Pese a ser un adolescente zonzo del rock alternativo que pensaba que los cuarenta y dos eran la edad ideal para retirarse a una residencia de ancianos, me acobardé un poquito en presencia de *I Can't Make You Love Me*, esa balada monstruosa de desamor, dirigida desde el piano y capaz de acabar con todas las demás baladas: tenía mis pequeños enamoramientos, y mis pequeñas cintas de mezclas para intentar seducir a mis pequeños enamoramientos, pero de manera subconsciente reconocía que esa era una canción adulta, algo real de verdad y, aún más importante, reconocí que yo no estaba para nada cerca de esa edad adulta y que, por tanto, no podía acceder a esa realidad verdadera. En la universidad, durante mi lamentable fase de noches de micro abierto, a veces tocaba el piano o la guitarra mientras mi amiga Carly cantaba —James Taylor, Sarah McLachlan, Ani DiFranco, ese tipo de cosas— y una parte de mí se arrepiente de no haber tocado nunca *I Can't Make You Love Me*, aunque la mayor parte de mi ser sabe que fue la decisión correcta. No es canción para tocar en una noche de micro abierto. Ni siquiera deberían dejar que escucharas *I Can't Make You Love Me* hasta que no tuvieras al menos una cana. El ángel te besará en la frente cuando estés preparado. Hasta entonces, quizá que te limites a The Spin Doctors.

---

19. *I Can't Make You Love Me* aparece en *Luck of the Draw*, de 1991, el astuto trabajo que siguió a *Nick of Time*, su álbum de regreso superventas de 1991 que ganó como cuatrocientos Grammys, aunque ella soliera bromear diciendo que nunca había sido una estrella lo bastante importante para que se pudiera hablar de «regreso».

Malinterpreta esto, colega:

And I come into you.

Sí, Dave Matthews de verdad ha cantado eso. ¿Hay alguna palabra en francés, o quizá en alemán, para describir el momento en que oyes algo tan vulgar que tu cerebro se resiste a procesar su vulgaridad y te limitas a asumir, como mecanismo de defensa, que lo que acabas de oír tiene otro significado, más bondadoso y romántico y poético?

And I come into you.

«Creo que es una canción increíblemente romántica —explicó la realizadora y actriz Greta Gerwig en la edición de 2017 del Festival de Cine de Toronto, después de un pase de *Lady Bird*, su verdaderamente espléndido debut como directora, que en efecto deja caer dos veces con la suavidad de una aguja el festival de embeleso que es el *Crash Into Me* de la Dave Matthews Band—. Y siempre quise enrollarme escuchándola, y nunca lo hice.» En mi opinión, ese es el mayor cumplido que le puedas dedicar a una canción: imaginarte besuqueando a alguien mientras la escuchas, y lamentar no haberlo hecho nunca. Esa combinación de deseo y de deseo frustrado.

Tiembla de admiración ante el éxito imponente y perpetuo de la Dave Matthews Band, oriunda de Charlottesville, Virginia, cuyo segundo disco con un gran sello, *Crash*, de 1996, alcanzó el número dos, para a continuación sumar siete álbums consecutivos en el número uno, una racha en activo que tuvo su última entrega en 2018, y esa no es la parte que debe llevarte a temblar de admiración. En 2009, la revista *Pollstar*, la Biblia de la industria de la música en directo, declaró que DMB era su estrella principal de la década, lo cual quiere decir que fueron los músicos que más dinero recaudaron con sus giras por Norteamérica entre 2000 y 2009, acumulando 429 millones de dólares en entradas y, ya sabes, vendiendo algunas camisetas, y en total eso les hizo reinar de manera bastante objetiva como la banda de rock de los 90 más exitosa en el siglo XXI.

Ese nivel de éxito, el que te lleva a temblar de admiración, hizo de inmediato que la base de fans de DMB se convirtiera en toda una subcultura, en un ecosistema, en un estereotipo del que burlarse alegremente. Fraternidades. Gorras de béisbol puestas del revés. Pelotas de punto. Bermudas. Rastafaris. Vasitos de plástico de color rojo. Esa tienda que hay en cada campus donde venden cachimbas. Ese tipo exasperante que saca la guitarra acústica en cada fiesta de barril. Jimmy Buffet para doctorados en Ciencias Políticas. Ya te conoces el cliché. Es un cliché aburrido. Lo bastante maduro para que lo exploten. No es que la Dave Matthews Band necesite que la defiendan. Esos tipos no necesitan de ninguna reevaluación crítica ni de una redención que les dé prestigio; no necesitaban *Lady Bird* ni la mitad de lo que *Lady Bird* los necesitó a ellos.

Lo que sé es que, a mediados de los 90, cuando te sentabas en el dormitorio de la residencia universitaria de alguien y te ponías a repasar su archivador de CD —uno de esos estuches gigantes de Case Logic con cremallera, con fundas para cuatro discos por página— tenías bastante garantizado que ibas a toparte con *Crash*, y probablemente también con *Under the Table and Dreaming*, el monstruoso disco con el que se hicieron famosos, y quizá también con *Remember Two Things*, su lanzamiento indie de 1993, anterior a esa fama. Lo que también sé es que, por entonces, repasar un archivador ajeno de CD era la actividad más íntima a la que te pudieras dedicar con otro ser humano. Era como beber cerveza de la boca de esa persona. Era como estar al 75 % del camino para enrollarte con ella. Llegado ese punto, por el mismo precio podías hacerlo. No existe un equivalente contemporáneo.

Lo que sé es que *Crash into Me* suena a dos adolescentes que, encerrados en un armario, intentan subirse el uno encima del otro. Lo que sé es que nunca olvidaré la primera vez que escuché *Crash into Me*, y relájate, que no me había encerrado en ningún armario. Tenía dieciocho años, seguía en el instituto, estaba sentado en un coche con un par de chicas y al menos un tipo más, pero relájate: no había nada romántico entre ninguno de los presentes (que yo sepa). Estábamos conduciendo, probablemente camino de un restaurante Denny's o saliendo de él, o quizá en el trayecto entre un Denny's y otro Denny's. Y una de las chicas dijo: «Tenéis que escuchar esta canción. Me encanta esta canción». Y puso *Crash into Me*. Y cuatro o cinco adolescentes se quedaron sentados en ese coche en marcha, en un estado de profunda contemplación, en silencio, a lo largo de cinco minutos y dieciséis segundos.

Suena prosaico, soy consciente de ello, y sí, claro que me encantaría decirte que la primera vez que escuché *Crash into Me* estaba escalando el Kilimanjaro, o algo parecido, pero espero que comprendas que ese momento, para mí, fue crucial. Que cuatro o cinco adolescentes que van en coche mantengan la boca cerrada durante una canción entera es, en mi opinión, un logro comparable al de escalar el Kilimanjaro. La concentración, la veneración que había en ese coche. Escuchar una canción de verdad, escucharla con intensidad y saber que todas las personas que te rodean están escuchándola de la misma manera... es una forma especial de intimidad. Es la mayor muestra de respeto que pueda ofrecer un adolescente. Demostrar ese respeto en compañía, en un espacio cerrado... es como estar al 80 % del camino de enrollarte con alguien. Nunca lo olvidaré, por mucho que desee poder olvidar el 80 % de esa letra.

Ya que estamos aquí sentados, reflexionando sobre la más prosaica excitación juvenil en términos de sublimidad, deja que te cante la balada de Gary el Disenterías.

No se llamaba así. Escogí ese nombre al azar. Tengo unos catorce años y estoy en el autocar que me lleva a casa desde la escuela secundaria, y ese amigo —nombre en clave, Gary el Disenterías—, que históricamente ha sido un donjuán, está sentado solo, en silencio, con aspecto triste, con aspecto sencillamente desconsolado. No es que esté llorando, pero las sensaciones son malas. Así que nos bajamos del autocar y voy a la casa de Gary, subo a su habitación, y él me explica que está triste porque su novia le ha dejado. Pero en ese momento se enfada, mientras me cuenta el porqué de su tristeza, ya que su novia ha cortado con él porque es un inmaduro. Le ha llamado inmaduro. Gary no se puede creer que le haya llamado inmaduro. Y se enfada tanto que se dirige a la cómoda, saca un par de calzoncillos —unos calzoncillos limpios, ajustados, blancos— y se los pone en la cabeza y comienza a bailar cabreado por la habitación mientras grita: «¡Soy un inmaduro! ¡Soy un inmaduro! ¡Soy un inmaduro!».

He aquí una importante lección de vida: a las chatis no les gustan los tipos inmaduros. ¿Hice uso personalmente, a los catorce años, de esa información? No, joder.[20] Pero pienso en ello cada vez que vuelvo al *What's My Age Again?* de Blink-182, que aparece en su álbum *Enema of the State*, de 1999, y que hizo que me riera a carcajadas la primera vez que escuché a Mark Hoppus, cantante y guitarrista del grupo, decir lo siguiente:

We started making out
And she took off my pants.

---

20. Una lista incompleta de los nombres de equipos de deportes de fantasía que he utilizado siendo mayor de edad: La Cuadrilla de Dirty Sanchez, Sin pantalones y a lo loco, *Kicked in the Taco* (por la canción de Frank Black), Las manos de Moises Alou (búscalo en Google), Los cérvix-iales (argh), Maxi Priest Holmes (JA, JA, JA), A que te Saku Koivu (para el hockey), Team Heavy People (una sofisticada referencia a Kate Bush), The Six Foot Kayak (una referencia menos sofisticada a Souls of Mischief), El fabuloso Tatís (una referencia aún menos sofisticada a Fernando Tatís) y Le Pettitte Mort (ese es increíble y no pienso explicarlo).

Se debió al impacto infantiloide del verso; se debió al más sofisticado impacto de la ausencia de rima en ese verso. Blink-182 es la banda pop-punk de unos gamberros de los barrios residenciales de San Diego que no sienten la menor ansiedad ante la idea de venderse y aún menos por haber titulado su debut con un gran sello, en 1997, como *Dude Ranch*.[21] Yo dividiría las primeras canciones de Blink-182 más o menos en dos categorías: «Las chicas son una pérdida de tiempo» frente a «Las chicas han decidido que soy una pérdida de tiempo». Y sin duda colocaría *What's My Age Again?* en la segunda categoría, ya que gira en torno a los versos «*And that's about the time when she walked away for me / Nobody likes you when you're 23*». Yo no le gustaba a nadie a los diecinueve, cuando apareció la canción, y curiosamente pasé a gustar menos al cumplir los veintitrés. En consecuencia, este tema me parece tremendamente triste. Hay algo similar al arrepentimiento en la médula de *What's My Age Again?*, por mucho que se trate de un lamento del tipo «lo siento pero no lo siento».

Pero déjame que te hable también de las palabras más graciosas que me hayan dicho nunca. Hace un tiempo, mi esposa y yo estábamos viendo *Normal People*, la serie de Hulu por mediación de la BBC, basada en la novela con la que Sally Rooney presentó en 2018 a dos irlandeses jóvenes, sexis y deprimidos que se pasan un 10 % del tiempo practicando el sexo y el otro 90 % estando deprimidos. Mi esposa cogió el móvil para ver si esa gente normal y sexy había participado en otras películas o series televisivas, y buscó a Paul Mescal, el actor principal, y me dijo: «Estuvo en un anuncio de salchichas». Siguió una pausa como de diez segundos, y acto seguido añadió en voz alta: «Me gustaría ver TU anuncio de salchichas». Y esa es solo una entre los miles de lecciones específicas que me ha dado mi esposa: si nadie te

---

21. «Rancho para turistas.» (*N. del t.*)

quiere porque eres demasiado grosero e inmaduro, búscate a alguien que sea más grosero que tú. Porque «Me gustaría ver TU anuncio de salchichas» es lo más gracioso que me hayan dicho nunca. Quizá tendrías que haber estado allí para reírte, pero me alegro mucho de que no estuvieras.

MITOS CONTRA MORTALES

CANCIONES TRATADAS:

Smells Like Teen Spirit, Nirvana

Juicy, The Notorious B.I.G.

¿Qué creías?, Selena

Nuthin' But a 'G' Thang, Dr. Dre

I Will Always Love You, Whitney Houston

...Baby One More Time, Britney Spears

One in a Million, Aaliyah

California Love, Tupac

Mind Playing Tricks on Me, Geto Boys

Ex-Factor, Lauryn Hill

Man! I Feel Like a Woman, Shania Twain

La suya fue, y será por siempre jamás, la voz más atronadora que haya oído. Otoño de 1991. Tenía trece años y estaba pasando el rato con mi amigo Matt. Salíamos en bicicleta. Veíamos los programas tontorrones para preadolescentes de Nickelodeon, como *Hey Dude* y *Salute Your Shorts* y *Welcome Freshmen*. Comíamos bocadillos glaseados, que es cuando metes un montón de glaseado de pastel entre dos galletas saladas. Jugábamos a cosas más o menos góticas en su ordenador. Hablábamos sobre las chicas de la secundaria de las que estábamos enamorados sin la menor esperanza de que nos correspondieran. Éramos unos zumbados. Unos críos. Niños. Inocentes. Hasta ese día. Hasta esa voz. Estaba sentado delante del ordenador de Matt, en su habitación, cuando él me dijo: «Tío, tienes que oír esto». En realidad no recuerdo lo que dijo. He puesto lo de «tío» porque ahora mismo tengo cuarenta y cuatro años y es lo que me imagino que diría un chico de trece años en 1991. Pero no, tío, fijo que me dijo eso: «Tío, tienes que oír esto». Y entonces se dirigió hacia su estéreo, puso un CD, subió el volumen al máximo y se dio la vuelta para poder verme mientras yo escuchaba.

No puedo expresarte lo estruendoso —ese ruido cómico, aplastante, aterrador— que me pareció el *Smells Like Teen Spirit* de Nirvana la primera vez que lo escuché. Pensarás que estoy exagerando para obtener un efecto melodramático, y tendrás razón, pero no, no, tío, en serio: he asistido probablemente a mil conciertos, y me he pasado décadas con radiocasetes de coche sobresaturados gritándome directamente en los oídos, y con auriculares con cancelación de ruido gritándome aún más directamente en los oídos, y no, tío, en serio, te digo que la voz de Kurt Cobain será para siempre el sonido más atronador y aterrador que haya oído en la vida.

Es penoso, pero no estoy preparado para esto. No dispongo del vocabulario emocional necesario para describirle a él o el efecto que tuvo en mí, ni a la persona que soy por su culpa. Me faltaba un contexto. No sabía de dónde era —creía que de Seattle (error)—. Ignoraba las letras que cantaba/gritaba —unos meses más tarde, en el comedor de la escuela secundaria, un chico igual de embelesado que yo me insistió en que Kurt acababa la canción diciendo «*BLOODY NIGHT OUT. BLOODY NIGHT OUT. BLOODY NIGHT OUT*», y yo me lo creí (error)—. No sabía cómo era posible lograr que una guitarra eléctrica sonara así: tan pantagruélica, tan inhumana, tan cruelmente seductora, tan Def Leppard pero a la vez fijo, fijo, fijo que no tenía nada que ver con Def Leppard. ¿Era rock punk? (no). ¿Era el futuro? ¿Era mi futuro? (sí a ambas cosas). ¿Iba a sobrevivir a la escucha de esa canción, esa primera vez, o iba a morirme allí mismo, en la silla delante del ordenador de mi amigo Matt, mientras este me dirigía una sonrisa sádica y la voz de Kurt —«*HELLO HELLO HELLO HOW LOW*»— me rasgaba la cabeza desde dentro? ¿O la que iba a morir era solo mi parte inocente e infantil?

Oh, venga, Rob... Robby... Relájate. Pero recuerdo esto, de verdad que sí: el impacto, el terror, el desconcierto, la incomprensión. La certeza a medias de que iba a quedarme sordo, y la certeza absoluta de que la madre de Matt iba a irrumpir por la puerta en cualquier momento armada con un hacha de bomberos para gritarnos que bajáramos el volumen. La amenaza de la madre de Matt resulta vital, en este caso: necesitamos un elemento de suspense, de incertidumbre, de desaprobación paterna, de transgresión generacional. Melodrama. Abócate a él, Robby. Me fascina, la voluntad del instinto. *Paf paf paf paf.* Por encima de ese barullo aterrador, descomunal, inhumano, transgresor, no debido al rock punk, oímos desplomarse a los emplumados dioses del hair metal de los 80, que se habían acercado demasiado al sol sin llegar a arder, hasta que Kurt Cobain, la voz torturada de una generación, les incineró las alas con un aliento desdeñoso y los hizo caer en espiral para que se estrellaran con un ruido sordo repugnante, de aplastamiento, contra el tejado de la casa de Matt. Winger *(paf)*, Jackyl *(paf)*, Poison *(paf)*, Slaughter *(paf)*. *Bloody night out, bloody night out, bloody night out.*

¿Cuánto tiempo me pasé ahí sentado, aniquilado en lo físico y en lo psicológico por *Nevermind*, hasta que la madre de Matt me arrancó de la silla de Matt? ¿Hasta qué punto del disco llegamos? Llegamos hasta *In Bloom*, eso seguro: los chirridos cañeros, pungentes, vivificantes de las cuerdas de la guitarra de Kurt en medio de los acordes de *In Bloom*. Me encantó. Me encantó. Venga, sigamos. Lleguemos hasta *Breed*. Me encanta *Breed*. *«GET AWAY GET AWAY GET AWAY.» Breed* y su velocidad furiosa, de animal herido. *«I'M AFRAID I'M AFRAID I'M AFRAID.»* Ay, tío. En serio, tienes que dejar que lleguemos a *Territorial Pissings*. Mi terror infantil llega al cénit con *Territorial Pissings* y esa intro burlona, atonal, la mejor de su generación a la hora de incinerarte —*«COME ON PEOPLE NOW / SMILE ON YOUR BROTHER / EVERYBODY GET TOGETHER»*—, y los gritos culminantes de Kurt, empapados en sangre, escalofriantes, trituragargantas: *«GOTTA FIND A WAY / AHHHHHH / AHHHHHHHH»*.

Es que no sé cómo sobreviví a aquello. Quizá no lo hiciera. Quizá nunca salí de la habitación de mi amigo Matt, quizá ni siquiera llegué a levantarme de la silla. Tampoco quiero hacerlo, la verdad, porque si salgo de esa habitación me haré mayor —en plan que seré más viejo que la madre de Matt—, lo mismo que Matt, lo mismo que el resto del mundo, lo mismo que Kurt hasta que Kurt deje de hacerse mayor. Así que nos quedamos para siempre en la habitación de Matt. Seguimos allí. Estoy escribiendo esto en el teclado de su ordenador. Y, por supuesto, ahora todos podemos llegar hasta el final de *Nevermind*, hasta la quietud inquietante y fragmentada de *Something in the Way*, esa balada/canto fúnebre autodestructivo que fijo que trata de que Kurt solía vivir debajo de un puente en Seattle (no, ni lo del puente, ni lo de Seattle). Y a continuación escuchamos *Bleach*, el primer disco de Nirvana, que incluye un montón de voces generacionales torturadas —«*I'M ASHAMED / NO RECESS / DADDY'S LITTLE GIRL AIN'T A GIRL NO MORE*»—, pero que ni mucho menos suena como si hubiera un montón de tipos del hair metal aplastados contra el tejado de Matt, así que no nos gustó tanto y no se lo dijimos a nadie.

Y a continuación escuchamos *Incesticide*, la colección de caras B con portada desagradable que Nirvana sacó después de que todos los preadolescentes bobalicones de Estados Unidos compraran *Nevermind*, y joder, tampoco es que hubiera demasiada acción relacionada con el hair metal, aunque, cuando Matt y yo nos volvimos un poco más sabios y ganamos capacidad de percepción emocional, pudimos apreciar que todo el asunto —el arco generacional entero de Kurt Cobain— giraba sobre el golpeteo propio de unos Beatles en plena Blitzkrieg de *Sliver*: la línea de bajo adorable, el relajante baño de distorsión de los estribillos, la inocencia infantil con la que Kurt recuerda cuando sus abuelos cuidaban de él y comían puré de patatas y helado y veían la televisión, y allí canta un verso que en un principio oí mal como «*NEVER TAKE ME HOME*». Esa es la clave para entenderle, la clave para todo; la manera en la que Kurt aúlla «*I WOKE UP IN MY MOTHER'S ARMS / AHHHHHHHHHH*». ¿No es la pieza que nos faltaba, la gran revelación? Tiene que serlo. Le hemos descifrado. Él nos entiende de verdad, y nosotros al fin le entendemos de verdad a él, y lo hacemos de una manera que los bobos de nuestros padres[1] no entenderán jamás.

1. Una vez estaba viendo la MTV con mi madre y pusieron el vídeo de *Smells Like Nirvana* [«Aquí huele a Nirvana»], la parodia que «Weird Al» Yankovic hizo de *Teen Spirit*, y Al llegó a los versos que dicen «*It's hard to talk / Glarbl Gralph / With all these marbles in my mouth*» [«Me cuesta hablar / Glarf gramf / Con todas estas canicas en la boca»] mientras escupía canicas por la boca, y mi madre estuvo a punto de morirse de la risa, y vale, es posible que me sonrojara, pero solo un poco, solo durante un segundo.

Y entonces escuchamos *In Utero*, el ultraescabroso nuevo álbum de Nirvana, del que Kurt no dejaba de repetir en las entrevistas que representaba su verdadero yo, el sonido crudo e intransigente que había tenido siempre en la cabeza, no la trola del *Nevermind*, que en ese momento le sonaba a Mötley Crüe, del que se avergonzaba, ¿o acaso no nos avergonzaba a todos en ese momento? Así que nos avergonzamos, solo un poquito, por lo mucho que queríamos (queremos) al *Nevermind*, y no, no, fijo que nos encanta *In Utero*, que parece estar compuesto por completo de los chirridos cañeros, pungentes, vivificantes que suenan en medio de los acordes de *In Bloom*, y alguien que ya no quiere ser la voz torturada de una generación se dedica a lanzar muchísimos gritos —«*HEYYYY GO AWAYYYY*»—, pero nos mola, dijo ese alguien, se acabaron las cursiladas a lo Mötley Crüe, vaya que sí, y cuando Kurt grita «*GO AWAYYYY*» no se refiere a nosotros, es imposible, y además, ah, sí, joder, Nirvana hizo el *Unplugged* de la MTV. Genial. *Smells Like Teen Spirit* iba a molar mucho en acústico.

Pero un momento, qué demonios, tío, ahí no sale *Smells Like Teen Spirit*. ¿Qué demonios sale? ¿Es una broma? ¿Son los Vaselines una banda de verdad? ¿Y qué pasa con todos esos temas de los Meat Puppets? ¿Te refieres a esos tipos a los que vimos una vez como teloneros de Stone Temple Pilots? Y entonces ponemos el maldito CD del *Unplugged* y nos cierra la boca por completo y, al llegar a *Where Did You Sleep Last Night*, nuestro silencio es el segundo sonido más atronador que hayamos oído, y luego fijo que averiguaremos quién o qué fue Leadbelly, pero de momento chitón, que hemos llegado al final del tema, cuando Kurt chilla «*I'LL SHIVERRRRR*». Sigue una larga pausa. «*THE WHOLE*». En este momento como que está gimoteando, y entonces hace una inspiración última, rasgada, que define a toda una generación. «*NIGHT THROUGH.*» Pero paremos.

Tenemos que parar.

Tenemos que parar en «*THE WHOLE*». Kurt no puede llegar a inspirar. Si inspira, la canción continúa, y la canción se acaba, y el CD se acaba, y salimos de la habitación, y todo el mundo sigue haciéndose mayor todo el rato, y nosotros también nos hacemos mayores, y de repente estamos en el autocar escolar, en la esquina de East Union y North Harmony, justo delante de nuestra antigua escuela secundaria, cuando la radio nos dice que ya no está. ¿Qué quieres decir con que ya no está si aún ha de salir el CD del *Unplugged*, si aún ha de hacernos callar, aún ha de hacer esa inspiración, aún ha de seguir adelante habiendo ya inspirado? No. No, joder. Él nunca llega a inspirar, nosotros nunca salimos de la habitación, nadie se hace mayor, nadie se muere.

Para mí, él nunca fue real. La verdad es que no. Pensé demasiado en Kurt Cobain para creer que pudiera ser real: una «persona de verdad», un mero mortal, un ser humano con sus taras, melodramático; un chaval flacucho al que le dolía el estómago. Sí, en este momento para mí es un chaval: tengo como diecisiete años más de los que él llegó a cumplir. Para mí es un mito, una abstracción deificada, un creador y destructor de mundos. Destruyó los 80 de mi infancia y creó los 90 de mi adolescencia. Si quieres que te diga la verdad, nunca fui un verdadero superfán de Nirvana, pero guardo luto por él de todas maneras, y le venero de todas maneras, porque entiendo que todo el mundo le venera aquí, en los 90 que él mismo creó; aquí, en la silla del ordenador de esta habitación de la que no saldré más. No me llevéis nunca a casa.

No es ningún verso. No es lo que dice la canción. Entendí mal gran parte de lo que dijo y malinterpreté la mayor parte del resto. Pero nunca llegaré a creerlo del todo, y no puedes obligarme a que lo haga, y yo tampoco puedo obligarme a ello.

Otra manera de decirlo es que no eres nadie hasta que alguien te mata. Pero, en cuanto te pintan en un mural, te conviertes en una persona diferente. Cualquiera puede dirigirse ahora mismo al número 1091 de la avenida Bedford, en Bed-Stuy, Brooklyn, y levantar la vista hacia el asombroso mural que muestra a Notorious B.I.G. como el Rey de Nueva York; los labios apretados en una expresión indómita pero serena, la corona sobre su cabeza puesta de cualquier manera pero fija. Y, desde ese mismo lugar, puedes girar la cabeza y ver, al otro lado de la calle Quincy, el número 1110 de Bedford, en la esquina que fue modesto escenario de la famosa batalla de rap de 1991 en la que un muchacho de diecisiete años llamado Christopher Wallace se hizo notar bramando «*Yes it's me / The B.I.G. / Competition ripper ever since 13*»[2] con la voz más guay, profunda, cálida y alucinante que nadie hubiera oído nunca. Como si el Gran Cañón del Colorado fuera una persona. No, espera... no salgamos del barrio. Como si Brooklyn, con toda su gloria y salvajadas, se hubiera destilado en una persona.

Pero ¿qué le pasa a esa persona cuando la ciudad se destila en ella? De milagro, esa batalla de rap fue grabada en un pésimo vídeo de 1991 y vivirá para siempre en YouTube. Y, si quieres que te diga la verdad, ese es el segundo milagro, siendo el primero la conmoción cerebral que te produce cada sílaba final en la frase «*competition ripper ever since 13*», esa andanada absurda de truenos del tamaño de Zeus lanzados por —sí, es verdad, puedes creerlo— un mero mortal. Y, por encima de las olas de intensa aflicción que desató la muerte de Biggie —olas de aflicción que nunca se han levantado, que nunca han roto, sin importar el número de murales que pintemos en su honor—, qué transformación a cámara lenta tan extraña y espantosa, la de ese adolescente prácticamente desconocido que barritaba en la acera y que pasó a ser un rey-dios querido por todo el universo pero en esencia incognoscible que escudriña sus dominios desde el lateral del edificio que hay al otro lado la calle.

---

2. «Soy yo, sí / El Bi-Ai-Yi / Desde los 13 destripando rivales por aquí.» (*N. del t.*)

Lo que más me gusta de *Juicy*[3] es la manera en que Biggie logra por una vez diseñar y pulir su propio mito, pintar su propia obra maestra, un autorretrato que captura su esencia pero guarda algunos de sus secretos. «*It was all a dream / I used to read Word Up! magazine.*» Verifiquemos el dato: es cierto, y también es muy posible que se trate del mejor verso de apertura en la historia del rap, porque puedes notar el hambre en su voz, y también puedes oír su sobrecogimiento al darse cuenta de que es posible que ese hambre se vea saciado. Ese es el momento en el que Biggie triunfa, el momento en el que asciende a lo alto de la montaña y quizá se suba también a la cruz. Pero es maravilloso, porque en *Juicy*,[4] además, revisa de manera sabrosa su historia vital.

A Voletta Wallace,[5] la madre querida de Biggie, le gustaría aclarar que su hijo nunca tuvo que cenar sardinas. La manera gloriosa en que él sisea el verso «*No heat, wonder why Christmas missed us*» es verdaderamente emocionante —«*Chrisssss-masssss missssssed usssss*»—, pero a Voletta le gustaría aclarar que las Navidades solo pasaron de largo en el sentido de que Biggie se crio como testigo de Jehová, por lo que técnicamente no celebraban esa fiesta. «*Thinkin' back on my one-room shack* —se refiere a su dormitorio. Que quede constancia que todo dormitorio es una choza

---

3. Extraída de ese patrón oro de Notorious B.I.G. que es su disco de debut, *Ready to Die*, que apareció en... ¿sabes qué?, fue en 1994, pero en general vamos a aflojar con el contexto durante un rato, porque supongo que no necesitarás que te oriente mucho con esta gente y la mayoría de estas canciones. Y, si lo necesitas, fíate de mi yo de trece años: la desorientación absoluta puede ser sorprendentemente estupenda.
4. Voy a pelearme un poco con el tema este de evitar el contexto porque me preocupa que Puff Daddy pueda cabrearse conmigo si no menciono que esta canción es una jovial vuelta de tuerca de *Juicy Fruit*, el éxito de 1983 del grupo funk-soul Mtume, aunque «vuelta de tuerca» no acabe de ser la idea. En la mejor tradición de Puffy, el ritmo de *Juicy* es el de *Juicy Fruit*, solo que un poco más atropellado. Puedes imaginarte a Puffy dándole al botón de reproducir *Juicy Fruit*, pero con un gesto extravagante.
5. Hace estas aclaraciones en *Unbelievable: The Life, Death, and Afterlife of the Notorious B.I.G.* (2003), de Cheo Hodari Coker. *It Was All a Dream: Biggie and the World That Made Him*, libro de Justin Tinsley aparecido en 2022, también es esencial (este tipo de contexto no cuenta).

de una habitación—: *Super Nintendo, Sega Genesis / When I was dead broke, man, I couldn't picture this*». A Voletta le gustaría aclarar que, a fin de mantener a su joven hijo dentro del apartamento que tenían en Brooklyn, y por tanto lejos de la calle, le compró el radiocasete portátil que él le había pedido (ya fuera el Sharp o el Sony), le compró las cintas de los Fat Boys y de Run-DMC que él le había pedido, y le compró los videojuegos que quería. En los 80, antes de la Nintendo, la mayoría de los críos querían una Atari, una Intellivision o una ColecoVision. Pero el joven Christopher tuvo las tres porque era la manera, según lo veía Voletta, de mantenerle dentro de casa, de mantenerle cerca de ella, de que estuviera seguro.

El dolor, la miseria, el conflicto, la adversidad y la desesperación de la crianza de Biggie —la gloria de su querido Brooklyn, pero también sus salvajadas— se pueden palpar a lo largo y ancho de *Ready to Die* a través de canciones duras pero sorprendentemente vulnerables como *Things Done Changed* y *Everyday Struggle*. Pero para mí tiene un encanto tremendo que Voletta Wallace nunca haya dejado de verificar los datos de *Juicy* a través de diferentes medios. Me encanta, sospecho, como mecanismo de defensa, como un débil esfuerzo por aliviar el dolor insoportable que me provoca que esa mujer tenga que hablar del hijo que perdió en cada biografía, en cada documental, en cada homenaje complejo y en justicia hagiográfico. Es tan gentil por su parte que siga ayudándonos a honrarle y a humanizarlo... Pese a su merecidísima reputación como uno de los grandes narradores de la historia del rap —piensa en *I Got a Story to Tell*, piensa en *Me and My Bitch*, piensa en *Warning*—, Biggie nunca nos cautivó más que cuando contó (y adornó) su propia historia. Y lo que hace que *Juicy* siga siendo un disco en tiempo presente para mí es que sigo oyéndolo como *su* historia: la del hijo y la de la madre.

Puedes encontrar murales dedicados a Selena Quintanilla Pérez, la superestrella de la música texana, en Los Ángeles, Fresno, San Diego,

Chicago, Miami, Milwaukee, Dallas, Houston, San Antonio, Corpus Christi, El Paso y Monterrey, Nuevo León, México. Como puedes pasarte el resto de la vida disfrutando del Complejo Industrial de Contenidos Relacionados con Selena: el *biopic* que convirtió a J.Lo en una estrella en 1997, la serie de Netflix en 2020, la infinidad de libros para todas las edades y, lo mejor de todo, en mi modesta opinión, el cautivador y estupendo pódcast *Anything for Selena*, que Maria Garcia realizó en 2021. Pero, antes de ponerte con todo eso, me parece muy importante que veas en YouTube el vídeo de un concierto en el que Selena despelleja a un tipo en el escenario de un estadio de béisbol universitario de Midland, Texas, año 1994. Y Selena lo destroza solo con la canción *¿Qué creías?*, su tormentosa balada de 1992, no tan dedicada a él como contra él, aunque en realidad la cante *a través de* él. Uno ve al tipo erosionarse. Uno lo ve evaporarse. Es, a la vez, el mejor y el peor momento en la vida de ese tipo, porque el segundo mejor momento de su vida le parecerá mucho peor en comparación.

En la canción, Selena informa al perdedor de su examante que, pese a que vuelva a desearla, va a seguir siendo su ex, así que ya puede ir dándose el piro. La cantante suele interpretar el tema en vivo invitando a salir a un voluntario del público y haciendo que se quede ahí parado —con los brazos colgando a cada lado del cuerpo, si es que el tipo necesita que se lo digan— mientras lo aniquila como gentil representante del tarado que inspiró la canción. Así que, en el concierto de Midland, ella ruge «No quiero saber de ti / Así que puedes irte» a la vez que levanta el brazo derecho y expulsa al tipo del partido como un árbitro cabreado, momento en que el público estalla en aplausos. Superada solo por ese momento legendario para mí en el que Erykah Badu se puso a botar su peluca, la Selena árbitro de béisbol es el gesto enfático más increíble por parte de una estrella pop que yo haya visto en vivo, y eso que ni siquiera estuve allí.

Todos los discos de Selena, a partir de su álbum de debut homónimo (1989), son una negociación entre Selena, la estrella consolidada de la música texana, y Selena, la futura estrella del pop mundial. ¿Cuándo debía dar el salto? ¿Cómo debía darlo? Canta en inglés en el suntuoso tema de baile de graduación que presta título al álbum *Dreaming of you*, de julio de 1995. La canción la condujo al fin a los 100 principales de la lista Billboard, donde ocupó el puesto número 22, y el disco entero fue el primer álbum cantado sobre todo en español que llegó al número uno, pero esos logros se dieron meses después de su muerte[6] y, a partir de ese día, Selena, la persona, tal y como la recordamos idealmente, existe en parte a la sombra de Selena, la figura trágica canonizada y llorada de manera extravagante.

Ese enigma es lo que hace que la interpretación de *¿Qué creías?* en una liga menor de béisbol me parezca tan importante: Selena fluye, actúa de manera desenfadada y espontánea, pero a la vez mantiene un control absoluto; mide 180 metros y también 1,65. Encontré esa grabación en una serie de cuatro entregas titulada «Momentos de diva barra graciosos de Selena», y estoy igual de colgado de un vídeo mucho menor pero igual de delicioso, también de la segunda parte de esa serie: una mujer agradable, callada, de aspecto intimidado, entrevista a Selena, están sentadas la una junto a la otra, y de repente la megaestrella del pop se echa hacia delante y le pone bien el micrófono de pinza a la nerviosa entrevistadora. Eso es todo. «Levanta la cabeza», le dice Selena mientras manipula el aparatejo. La mujer parece mortificada, supernerviosa, pero también se la ve de lo más encantada. El asunto entero se dirime en unos seis segundos. No puedo explicar por qué sigo viéndolo una y otra vez, más allá de decir que se trata de una interacción hermosa y humana, que socava el mito de Selena a la vez que, por supuesto, le da brillo. Es evidente que las estrellas no son como nosotros, y sin embargo se nos parecen en todo, y esa contradicción enloquecedora es una burla que nos

6. Sin contexto; olvídalo, es demasiado horrible.

acosará para siempre, pero nunca deberíamos cejar en nuestro intento de desenmarañarla, y supongo que para eso —más allá de la aflicción, de la celebración, de la deificación— sirven los murales.

Este fraude que me llevo con los minúsculos gestos de humanidad no funciona solo con las tragedias que marcan una época y que conducen a décadas de tierno duelo colectivo a nivel internacional. También me va de fábula cuando estoy demasiado abrumado para hablar de, oh, pongamos que de Dr. Dre. ¿Has oído la mueca de dolor que acabo de hacer? Acabo de hacer una mueca de dolor y se ha oído.

Dr. Dre me abruma. Por lo general, a fin de hablar en serio sobre Dr. Dre, tendría que hablar antes acerca de N.W.A., y de Eazy-E, y de Suge Knight, y de Jimmy Iovine, y de Rodney King, y de Dee Barnes.[7] Tendría que hablar del rap gangsta, y de los disturbios de Los Ángeles, y de la manera en que la MTV y la CNN conspiraron respectivamente para inundar —para invadir— los barrios residenciales de Estados Unidos con la discordancia de consecuencias mundiales que alimentó el rap gangsta y los disturbios de Los Ángeles. Tendría que hablar sobre Leon Haywood, y sobre Parliament-Funkadelic, y sobre el sintetizador Moog, y sobre G-Funk, y sobre la mesa de mezclas Solid State Logic que Dr. Dre una vez describió como «el primer amor de mi vida». Tendría que hablar acerca de la yerba, o al menos tendría que hablar de las conversaciones de Snoop Doggy Dogg y Dr. Dre sobre

7. La brutal agresión de Dr. Dre contra la periodista especializada en hip-hop Dee Barnes en enero de 1991 —no disputó la acusación pero evitó ir a la cárcel, llegó a un acuerdo fuera del juzgado en la demanda civil y se ha disculpado varias veces; entre ellas, en *The Defiant Ones*, la lujosa serie documental que la HBO estrenó en 2017— forma parte de su legado exactamente igual que cualquier disco que pueda hacer, que cualquier género musical que ayude a inventar, que cualquier superestrella del rap a la que vaya a tutelar, que cualquier compañía que vaya a vender. Vale, gracias, fin de la nota al pie.

la yerba. En ese sentido, también tendría que hablar —de manera opcional, aunque en realidad no— sobre la canción *The $20 Sack Pyramid.*

Todo eso me provoca bastante ansiedad. La avalancha de contexto. El apocalipsis del contexto. Pero oooh, espera un momento, échale un vistazo a esto: mira fascinado cómo estampo el dedo contra el botón gigante de color rojo intenso que dice Minúsculo Gesto de Humanidad y evito todo lo anterior como por arte de magia. En su lugar, de repente estamos viendo, fascinados, a Dr. Dre y a su coprotagonista, Snoop Doggy Dogg, un joven de Long Beach relativamente desconocido, avanzar con zancada serena por *Nuthin' But a 'G' Thang*[8] mientras tejen un maravilloso tapiz de sonidos cósmicos con el siguiente hilo:

It's like this and like that and like this and uh
It's like that and like this and like that and uh.

Lo único que yo quiero saber es cómo se las arreglaron esos dos tipos para mezclar solo seis palabras —«*It's, like, this, and, that, uh*»— y convertirlas en los diez segundos de sonido grabado más profundos, triunfales, armónicos y pasmosamente hermosos que quepa imaginar. Perdóname por ignorar todo el contexto y simplemente gozar de la unión más perfecta de estas dos personas que conversaron y se reflejaron la una en la otra y disfrutaron de su mutua compañía con una química tan pura que es teología. Los dos son mitos, titanes, figuras de novela gráfica y obstinados antihéroes. Dre, sobre todo, representa uno de los desafíos más desagradables que haya en la historia de la música a la hora de separar al artista de su obra. Un consejo: no olvides nada

8. Extraído en 1992 de *The Chronic*, disco que define un género y una cultura, por proporcionarte un contexto que sospecho que no necesitas. Y, si quieres que te diga la verdad, en lo que a ese álbum se refiere sigo prefiriendo *Let Me Ride*, pero esta es una de esas opiniones del todo sinceras que son indistinguibles, ay, de las opiniones detestables de un troll, así que por lo general me la guardo para mí mismo.

de todo eso, pero eso tampoco quiere decir que debas pensar en ello todo el tiempo, a veces lo más honroso que puede hacer uno es limitarse a coger esas seis palabras y echar a correr.

Por muy triste que te sientas al hablar de ella, a Whitney Houston no se la puede reducir y degradar de la misma manera. Whitney Houston fue capaz de introducir una galaxia entera de belleza abrumadora y liberación eufórica en tres palabras apenas, y lo hizo ella solita.

There's a boy.

¿Ha mejorado tu humor? ¿Como que de manera inmediata? ¿En un 600 %? Tres palabras. Una melodía ascendente y vertiginosa. Es lo único que se necesita. Es lo único que ella necesita. Imagínate lo que podría hacer si le das cinco palabras.

There's a boy
I know.

Eh, fíjate, te has subido al techo. Quizá estás bailando en él. Quizá te hayas colgado de la araña. Quizá estés bebiendo champán de la araña mientras bailas. Pero ¿quieres envalentonarte del todo? Dale once palabras.

There's a boy
I know
He's the one I dream of.

Oh, vaya. Es la felicidad personificada. Es el mundo que te mira a través de unas gafas tintadas de color rosa. Es el lazo suelto y gigante que lleva Whitney en el pelo en el vídeo de *How Will I Know*. Estamos hablando del punto más alto de 1985, ahí arriba junto a la actuación de Queen en el Live Aid o un cine lleno de espectadores que ven *Regreso al futuro* en la noche de su estreno. La música de esa canción es encantadora. Es música para gritar. Pero ¿has oído la versión a capela? Es fenomenal. No necesitamos nada más que la voz de Whitney Houston. El resto es ruido. El resto es contaminación acústica. ¿Y si nos regodeamos en ella, excluyendo todo lo demás? ¿Y si nos escondemos al fondo de esas once palabras espectaculares y carentes de todo adorno, y nos negamos a marcharnos de allí?

¿Y si al final nos marchamos a regañadientes, pero solo para hacer un esprint hasta 1992 y escondernos al fondo de otras once palabras de Whitney Houston, espectaculares y carentes de todo adorno, interpretadas esta vez con un remordimiento exquisito, trémulo, revientalistas?

If I
Should stay
I would only be in your way.

I Will Always Love You,[9] que en 1992 adornó la banda sonora hipersuperventas del megamelodrama *El guardaespaldas*, es una de esas canciones de los 90 tan ubicuas, tan descomunales, tan ineludibles que no te culparé lo más mínimo si intentas huir en este momento porque, en caso de oírla otra vez, no serás capaz de dejar de pensar de ella, lo cual significa que no podrás dejar de pensar en 1992, y en todo lo que pasó después de 1992, y más concretamente en todo lo que le pasó a

9. Dolly Parton la compuso y grabó originalmente en 1973, ya que estamos lanzando información de contexto que no necesitas, y uno tiene que admirar la delicadeza de esta canción de ruptura y, en especial, la diplomacia de esos versos primeros, donde «*If I should stay*» quiere decir que no va a quedarse, y ese «*I would only be in your way*», que él sería el obstáculo en el camino de ella.

ella.[10] No obstante, lo que me fascina es que esta canción pueda cargar aún con el peso, cargar con el mito, cargar con la tragedia desoladora de todo este asunto con una resiliencia y una dignidad y una viveza a fuego lento que la mayoría de las canciones hipersuperventas no suelen sostener a largo plazo. Y todo ello gracias a la fuerza pura y volcánica de Whitney, al sentido prístino y controlado de su escalada melodramática, y por encima de todo a su maldito cambio de tonalidad.

Whitney Houston es el Mozart, el Picasso, la Frida, la Aretha, el alfa y el omega de los cambios de tonalidad, y el de *I Will Always Love You* es su obra maestra. Es como si te hubieran disparado con un cañón para caer directamente dentro de otro cañón del que te disparan a su vez. Whitney Houston es el cambio de tonalidad, el estimulante cambio de paradigma, el salto adelante evolutivo. Y, cuando percute en ese «*AND IIIIIIIIII*» culminante —por no hablar del «*YOOUUUUUU*» culminante— con la fuerza de diez mil ejércitos conquistadores, se vuelve eterna, y se encarga de pintar ella misma sus propios murales, gracias, y acto seguido derriba los edificios en los que se ha pintado.

Lo que estoy diciendo es que a veces hay que permitir que el cantante cante, que la canción sea la canción, y no utilizar en su contra su antigua ubicuidad revientaculturas, ni su insoportable carga biográfica a largo plazo. Vacía la mente de todo ese contexto tan desagradable e innecesario. Acércate a ellos, en la medida de lo posible, con la mentalidad terriblemente ingenua de un chaval de trece años. Probemos con otro tema.

Oh baby baby.

---

10. No. Ni una palabra de contexto en lo que a Whitney Houston se refiere. Es demasiado perturbador. Por eso hemos comenzado con la felicidad personificada de *How Will I Know*: vete a escuchar otra vez su versión a capela y olvídate de todo lo que sabes sobre el final de esta historia.

Mierda.

Oh baby baby.

Mierda, aquí llega Britney Spears. La jefa definitiva del contexto desagradable e innecesario, esgrimiendo para siempre el tiempo presente como si fuera un lanzallamas. ¿De verdad es una buena idea recuperar *...Baby One More Time*, el sencillo revientaculturas con el que Britney debutó en 1998,[11] desde la ingenuidad absoluta? (no). ¿De verdad podemos obligarnos a olvidar todo lo que le hizo esa canción, y lo que le hizo al cerebro de muchos de nosotros? (tampoco).

Todo está ahí, el caos y la catástrofe, justo ahí, en el gesto sincopado con que dice las palabras «*Oh baby baby*». Todas las fases de la experiencia frenética y traicionera de la estrella adolescente del pop. Los orígenes crudos y humildes. El ascenso meteórico. Los fans chillones y alborozados. Los detractores desdeñosos, muchos de ellos gritando aún más fuerte que los anteriores. Las insidiosas acusaciones de *playback* y otras supuestas faltas de autenticidad. Todo el revuelo. El revuelo derivado del revuelo. El latigazo cervical que se deriva de crecer a cámara rápida, de manera cómica y exagerada. La luz débil y la anquilosante negrura absoluta del estrellato verdadero. La inocencia que extravías al insistir en que no eres tan inocente. Te precipitas hacia todo ello —el ascenso y la caída y el ascenso y la caída— en tres segundos. Tres palabras, tres segundos. Dos de ellas son la palabra «*baby*». La interpreta-

11. Por favor, no me obligues a intentar resumir siquiera los últimos cinco años de la experiencia pública de Britney Spears. Ahora es «libre», y ni siquiera estoy seguro del motivo por el que acabo de usar esas comillas, más allá de tener un sentido amplio de que el esfuerzo torpe y continuo del público por reevaluarla, por «redimirla» y, lo que es más importante, por disculparse ante ella —hablo de una disculpa por el trato que se le dio entre, oh, digamos que 1998 y 2008, para comenzar— a menudo solo sirve para encerrarla en una jaula dorada de otro tipo. Dejadla tranquila, eso es todo.

ción más espectacular e icónica y peligrosa en términos morales de la palabra «*baby*» desde Ronnie Spector.

Mierda. Esta canción —compuesta y coproducida por nuestro viejo amigo Max Martin, quien comprendió la desconcertante provocación de que una chica de dieciséis años cantara la frase «*Hit me baby, one more time*» repetidas veces, por mucho que él insistiese en que era solo cuestión de matemática melódica— es demasiado. Britney es demasiado. Ese carácter exagerado le funciona, y de manera espectacular, siempre y cuando logres concentrarte en la canción, en su dicción triunfalmente apocalíptica. Concéntrate en la explosividad megatónica y percusiva de sus sílabas: «*Oh baby baby / The reason AH breathe AH is you AH*». Cada una de ellas genera un temblor secundario. Cada una de ellas deja atrás un cráter. Cada respiración es una bomba. Piensa en lo bien que conoces *...Baby One More Time* incluso si no te gusta, en lo arraigada que ha quedado esa canción dentro de tu psique por mucho que no la hayas escuchado nunca por elección propia. Piensa en el poder que implica eso, en el poder que el tema ejerce sobre el mundo, y en el poder que acto seguido el mundo intenta ejercer sobre la adolescente que dispone de todo ese poder. O, incluso mejor: ¡deja de pensar! ¡Nada de pensar! La idea era no pensar en ninguna de esas cuestiones. Que nos den otra canción pop transcendente en la que no pensar con demasiada intensidad.

Love it baby.

Mierda, mierda, mierda.

Love it baby.

Aquí llega Aaliyah. O al fin llega Aaliyah con *One in a Million*, su abrasadora y sugerente maravilla de 1996, disponible al fin en 2021, junto al grueso de su minúsculo pero valiosísimo catálogo, en *streaming* y para descarga legal después de años de caos, catástrofe, confusión y desolación (por cierto que la mejor canción de *One in a Million* se titula *Heartbroken*: escúchame ahora y créeme más tarde). El contexto aquí —desde su temprano matrimonio de conveniencia a los quince años con su productor/compositor/mentor R. Kelly,[12] repugnante y que se declaró nulo en 1994, hasta su impactante muerte a los veintidós a causa de un accidente de aviación— amenaza constantemente con aplastar la música misma. *Age Ain't Nothing But a Number*, el debut de Aaliyah en 1994 que produjo y compuso en su mayor parte R. Kelly, es uno de los documentos más malditos[13] en su esencia de toda la historia de la música pop; de manera cruel, gracias a todo ese caos dentro de la industria, fue durante muchos años el único álbum de Aaliyah que se pudo escuchar con facilidad.

Love it baby.

Aaliyah tiene una voz humeante y sinuosa, y una proporción verdaderamente sorprendente entre carisma y fuerza: máximo de lo uno, mínimo de lo otro. Su falsete puede elevarse flotando hasta la estratosfera, y su registro grave puede penetrar hasta el centro de la tierra sin llegar a alterar el suelo que tiene bajo los pies. *One in a Million* —compuesta por Missy Elliott y Timbaland— incluye uno de los mejores comienzos de canción de los 90 en el que no pase gran cosa, un ritmo apagado y reservado de Timbaland imbuido del canto de los grillos

---

12. El libro de Jim DeRogatis *Soulless: The Case Against R. Kelly*, y la serie documental de dream hampton para Lifetime *Surviving R. Kelly*, ambos de 2019, representan la última palabra sobre Kelly, que casi con total seguridad se pasará el resto de su vida en una cárcel federal por una en apariencia interminable serie de acusaciones relacionadas con la pornografía infantil y el tráfico sexual de menores.
13. En su biografía publicada en 2021 *Baby Girl: Better Known as Aaliyah*, Kathy Iandoli escribe que en un primer momento consideró la posibilidad de obviar a R. Kelly por completo, pero acabó decidiendo que «descartar el capítulo de R. Kelly en la vida de Aaliyah implicaría negarle otro de los títulos que tan a pulso se ganó: el de superviviente».

y que de hecho invoca un pantano entero, un ecosistema entero, un planeta entero. Los garabatos, el zumbido de los aviones, el ritmo narcotizado que se tambalea como un tema de drum and bass atrapado en arenas movedizas: una cantante menor se sentiría sobrepasada, se vería engullida por todo eso. Una cantante menor intentaría hacer demasiadas cosas con todo eso y acabaría por no hacer prácticamente nada.

En cambio, Aaliyah se deja llevar por todo eso. Las armonías —«*Your love is one in a million / It goes on and on and on*»— se encargan de hacer el trabajo pesado. Es un ejército de sí misma. Es una arrogancia máxima representada en una delirante cámara lenta. Es el maximalismo disfrazado de minimalismo, el menos es más, el más que llega al máximo. En 1998, esta canción permitió oír el futuro; veinticinco años después, sigue ofreciéndonos la mejor versión posible del mismo.

Ah, maldita sea, acabo de pensar en alguien más sobre quien de verdad debería hablar a cuento de Dr. Dre: Tupac. Y, como mecanismo de defensa, de inmediato me pongo a sacarle partido al único contenido póstumo sobre Tupac que podrías necesitar: el *sketch* de la tercera temporada del *Chappelle's Show*, allá por 2006, en el que Questlove, batería de The Roots y erudito del hip-hop, está pinchando en un club y anuncia: «Aquí tenemos una nueva canción de Tupac... descanse en paz». Pero la canción evidencia que Tupac sigue vivo, ya que comenta temas de actualidad y además se mete con personas concretas que están bailando en el local. No pretendo criticar esa premisa cómica, sobre todo porque su momento más divertido llega cuando Tupac, a quien presta voz el mismo Dave Chappelle, brama «*What the fuck is that? / IT MIGHT BE DOO DOO*».[14] La clave para hacer una gran

14. «Pero ¿qué coño es eso? / QUIZÁ SEA CACA.» (*N. del t.*)

imitación de Tupac radica en el vigor con el que ataques esas vocales largas: «*I'M NOT ALIIIIIIIIIVE*». Lo ridículo del asunto mantiene la oscuridad a raya.

Hallo un consuelo perverso en el hecho de que, a menos que crecieras en unos focos muy concretos de su Nueva York natal durante los 70, o a menos que estudiaras poesía y teatro en la Baltimore School for the Arts a mediados de los 80, o a menos que te obsesionaras con la emergente escena rap de Marin City, al norte de California, a finales de los 80, la primera vez que oíste la voz de Tupac Shakur fue probablemente en una canción de Digital Underground. Concretamente, en *Same Song*, de 1990. «*Now I clown around when I hang around with the Underground*», comienza su verso, y qué alegría, la verdad, que las primeras cuatro palabras que probablemente le oyeras rapear fueran «*Now I clown around*», mientras le rodeaban los magistrales memos que le regalaron al mundo *The Humpty Dance*.

Pasemos a 1995, cuando Tupac es una megaestrella controvertida, se ha hecho el tatuaje de «Thug Life»[15] y al parecer lleva años sin hacer el payaso. Pero su peculiar ternura puede siempre con la oscuridad, como en la amorosa y feroz *Dear Mama*, donde suaviza su famoso ladrido mientras se apoya en las vocales largas de «*And even as a crack fiend, Mama / You always was a Black queen, Mama*». La repetición de la palabra «*Mama*» resulta especialmente tierna[16] y el análisis granular de la letra mantiene a raya al contexto, siempre dispuesto a oscurecerse. «El tema este de la *"Thug Life"* fue por pura ignorancia —le dijo Tupac al periodista Kevin Powell, de *Vibe*, durante la famosa entrevis-

---

15. «Mala vida, vida de pandillero, vida de gánster.» (*N. del t.*)

16. Con total sinceridad, siento un interés nulo por el asunto entre Biggie y Tupac, en parte porque muchos otros ya lo han tratado con gran destreza y exhaustividad, y por otro lado porque la relación tensa que ambos raperos mantuvieron con sus respectivas madres me parece mucho más atractiva que el pique entre ellos.

ta carcelaria[17] de abril de 1995, celebrada en el centro penitenciario neoyorquino de Clinton, también conocido como Dannemora—. Siempre he tenido buenas intenciones. Nunca he matado a nadie, nunca he violado a nadie, no he cometido ningún crimen que no fuera honroso, en defensa propia. Y eso es lo que voy a demostrar. Voy a mostrarle a la gente mis verdaderas intenciones y mi verdadero corazón. Voy a mostrarles a qué tipo de hombre crio mi madre. Voy a hacer que todos se sientan orgullosos de mí.»

Me estoy empantanando con el contexto y es algo detestable. Lo detesto muchísimo. En octubre del 95, el intrépido Suge Knight, copropietario de Death Row Records, paga la fianza de 1,4 millones de dólares, contrata a Tupac para su sello y le hace volar a Los Ángeles para entrar directamente en el estudio y picar en tiempo récord *All Eyez on Me*, su disco doble de febrero de 1996, el último que lanzó en vida, donde rapea con furia histórica en himnos tan despiadados y seductores como *Ambitionz Az a Ridah* y *Heartz of Men*. Todo ese trasfondo, esa configuración, esa oscuridad que amenazaba con tragárselo choca de manera discordante con *California Love*, una supernova pop que se convirtió en el único número uno de Tupac (técnicamente fue algo conjunto, en esa cara A, con *How Do You Want It*, que en mi opinión es su mejor tema, pero eso ahora no importa) y que sigue siendo un himno universal, bombástico, mayúsculo, que tiene muy poco que ver con lo que se trajera entre manos cualquiera de sus responsables.

---

17. Después del incidente que ocurrió en la habitación de un hotel de Nueva York en noviembre de 1993, y que involucró a tres hombres más y a una chica de diecinueve años, Tupac fue absuelto de las acusaciones de sodomía y tenencia de armas, pero fue condenado por abuso sexual en primer grado. Se pasó ocho meses en prisión mientras se recuperaba además de los cinco balazos que había recibido en el vestíbulo de los estudios Quad de la Gran Manzana en noviembre de 1994, un confuso incidente que turboalimentó su pique con Biggie (quien negó cualquier relación con el asunto) y que solo se acabaría con la muerte de ambos raperos.

Debo hacer hincapié en que este no es el típico caso donde afirmo que *California Love* es en el fondo una canción trágica y melancólica: no lo es, pese a las problemáticas circunstancias que rodearon su creación, y ese es el tema. *California Love* es una canción de éxtasis y frivolidad y victoria y camaradería —en parte con Roger Troutman, la lumbrera del robo-funk, pero principalmente con nuestro viejo amigo Dr. Dre, quien se encarga de la primera estrofa y produce a lo bestia todo el asunto aunque tenga un pie fuera en todo momento—, pese a que eso solo resulte válido durante el tiempo que dura el tema, pese a que ese éxtasis y esa frivolidad y esa victoria y esa camaradería no llegaran a existir nunca. Se trata de un espejismo permanente y maravilloso, igual que la propia California, igual que el amor mismo.

La camaradería entre raperos —esa sensación tangible de voces diversas que se fusionan y chocan y se desafían entre sí para llegar a alturas nuevas y vertiginosas o a niveles de bajeza delirantes y espeluznantes— me parece algo vital, precioso, místico, incluso cuando es temporal, incluso cuando es ilusoria, incluso cuando yo era un zopenco tragaldabas que no tenía la menor idea de lo que esas voces intentaban contarme en realidad. Cuando estaba en el instituto, la banda de Houston Geto Boys —sobre todo en su formación canónica, con Willie D, Bushwick Bill y Scarface, de izquierda a derecha en la portada de su clásico *We Can't Be Stopped*, de 1991, y no pienso empantanarme con el horrible contexto real de esa imagen— me acojonaba de la hostia. Eran tan ilícitos, estaban tan alejados de mi mimado marco referencial de bocadillos de glaseado, y por tanto eran tan guais... Un grupo de rap hecho película de horror sobrenatural hecho objeto de censura constante que, en el 91, se había ganado ya una incendiaria mezcla de respeto y falta del mismo por parte de la industria.

Pero los bozales a veces se convierten en megáfonos y *Mind Playing Tricks on Me*, la obra maestra de *We Can't Be Stopped*, aniquila todas esas mierdas de dibujos animados guais y aterradores en un instante electrizante: es una canción impactante por su belleza, pero también desgarradora acerca de la enfermedad mental, y el aislamiento, y las alucinaciones, y el miedo, y la culpa, y las tendencias suicidas. En ese conjunto, que te deja boquiabierto y te muele los huesos, es un recordatorio de que el horrorcore, tal y como se suele describir la música rap estridente y sangrienta de ese tipo, no se alimenta necesariamente del horror fantástico o cinematográfico. La vida real ya es bastante horrible. La sacudida cuando Scarface rapea «*Bang and get it over with*» ya impacta lo suyo.

A mí, nunca me parecieron reales. La verdad es que no. Pensé demasiado en ellos para que me parecieran reales. Pero, cuando eres un zopenco adolescente que come bocadillos de glaseado, a veces hace falta un contexto brutal para hacer que asomes la puta cabeza. *Diary of a Madman*, la autobiografía que Scarface publicó en 2015, comienza hablando de su intento de suicidio a los trece años, y no fue el primero. Lo mandan al ala de salud mental del hospital internacional de Houston, y acaba saliendo, claro, aunque una parte de la persona se quede atrapada allí para siempre. Y desde ese momento se le nota en la voz: dónde estuvo, lo que vio y lo que sintió, sin importar lo escandalosa o salvajemente ofensiva o propia de dibujos animados que se volviera la canción. Dice en el libro que la gente de la industria se apresuró a condenar a los Geto Boys, pero no al entorno del que salieron: «Siempre estaban diciendo que glorificábamos la violencia o la vida callejera o el tráfico de drogas o el sexo o lo que fuera. Cualquier cosa que les incomodara, nosotros la glorificábamos. Nunca lo entendí. Nosotros no glorificábamos una mierda... todo ya estaba allí. ¿Cómo se glorifica la realidad?».

'Cause no one's hurt me more than you
And no one ever will.

¿Cómo podría Lauryn Hill convencer a toda esa «gente de la industria» —¿cómo podría convencer a sus millones de fans devotos y siempre expectantes, en muchos casos adolescentes zopencos— de que esos versos de *Ex-Factor* se les podrían aplicar fácilmente a ellos? Podría convertirme en la billonésima persona que se entusiasmara hablándote de la grandeza de los Fugees,[18] y de la audacia destructora de géneros de *The Score*, el disco superventas que el trío de Nueva Jersey lanzó en 1996, y de la magnificencia de *The Miseducation of Lauryn Hill*, debut en solitario que convirtió a Hill en la voz de su generación y la llevó a dominar los Grammy de 1998, pero en realidad no necesitas que te cuente lo genial que es esa canción, lo genial que es ese disco, la grandeza única y generacional de Lauryn, ¿verdad? En cambio, ¿podría convencerte para que volvieras a *Ex-Factor* —una dolorosa canción posterior al amor *(«'Cause no one loves you more than me / And no one ever will»)*, que muchos suponen dedicada a Wycleaf, aunque ella no te dirá nada al respecto— e intentaras escucharla de nuevo como un tema sobre las demoledoras expectativas de los millones de personas que compraron y adoraron y se apresuraron a canonizar *The Miseducation of Lauryn Hill*, y que acto seguido le insistieron en que hiciera otro álbum igual que ese, o al menos igual de bueno, y luego otro, y luego otro?

See I know what we've got to do
You let go
And I'll let go too.

Lo que de verdad me fascina es la manera en que Lauryn Hill ayudó a definir los 90, pero, como Céline Dion, acto seguido se negó a permitir que los 90 la definieran a ella, que nadie la definiera, inclu-

18. Hablando de camaradería rapera y de esa sensación tangible de voces diversas que se fusionan y chocan y se desafían entre sí. Para que quede constancia: Pras es desternillante, y Lauryn, la estrella revelación, risible por evidente, pero adoraré *Wycleaf Jean Presents the Carnival*, el astuto y tontorrón álbum con el que Wycleaf Jean debutó en solitario en 1997, hasta el día que me muera.

yendo —sobre todo— a quienes la querían. Rechazó el pedestal al que intentamos auparla para no quedarse atrapada en él para siempre; se negó a que la esculpieran meticulosamente en mármol o a que la pintaran amorosamente en el mural perpetuo de los Más Grandes de Todos los Tiempos para no quedarse atrapada para siempre en nuestra visión tal y como nos la imaginamos la primera vez. Lauryn Hill nos dio una única obra maestra en solitario; a continuación, tomó una inspiración última, rasgada, que define a toda una generación, y se ha negado a exhalar en nuestra presencia, para nuestra mera formación o entretenimiento.[19]

Creo que he comentado hace bastantes páginas que Erykah Badu es la persona a la que he pasado más tiempo esperando a que se subiera al escenario, «con la única excepción de Lauryn Hill», y lo digo muy en serio. Lo digo porque es algo matemático. Estuve allí, en el caótico concierto gratuito al aire libre de 2007, cuando Lauryn tardó horas en aparecer. Y, cuando al fin lo hizo, nos bombardeó con versiones cercanas al heavy metal de las canciones de *Miseducation*, lo que enervó y cabreó a la gente hasta el punto de que un grupo de chicas adolescentes que tenía a mi espalda comenzó a cantar el inolvidable estribillo de *Doo Wop (That Thing)* en medio del concierto, mientras sonaba otro tema, casi a modo de protesta. Y estuve allí un par de años después, en el Blue Note, un diminuto club de jazz del West Village de Manhattan, cuando Lauryn tardó horas en aparecer y, cuando al fin lo hizo, los dos treintañeros simpatiquísimos y emocionados que se habían sentado a mi lado —era evidente que la emoción se debía a que iban a verla,

19. Lo único que nos ha dado después, en realidad, fue un controvertido disco *Unplugged* marcado por sus prolongados discursos desde el escenario, desenfadados y, sin embargo, tranquilos y beligerantes, en los que cuenta que en realidad ya no es una intérprete, que ya no se viste para nosotros, que ya no es rehén de su personaje público, que tuvo que morirse un poco, etc., etc., etc. Nada de lo cual resulta especialmente gracioso, pero ella tenía que decirlo y nosotros teníamos que escucharlo.

y era evidente que se trataba de una cita— se habían marchado ya hacía rato, indignados y hartos de esperar.

Creo que Lauryn interpretó *Ex-Factor* en ambos conciertos y que ninguna de las dos versiones fue terriblemente fiel al original, o, mejor dicho, que ninguna de las dos versiones fue fiel a la imagen romántica que nos habíamos hecho de ella. Lauryn Hill es una persona real, una mera mortal, un ser humano vulnerable, y está dispuesta a dejarnos ir por completo si no logramos dejar ir la idea de lo que queremos que sea.

Let's go, girls.

A los dieciocho años, Eileen Regina Edwards —nativa de Windsor, Canadá, que ya había tenido que superar dificultades y conflictos familiares por valor de varias vidas— vivía en Toronto, componía canciones country y estaba desesperada por triunfar. Además, a veces salía con las amigas a algún bar gay, se llenaba de lápiz de ojos, se hacía un peinado de punta, se vestía para matar y se pasaba toda la noche bailando con el *Material Girl* de Madonna y el *When Doves Cry* de Prince y el *Red, Red Wine* de UB40. Se puede argumentar que ahí, justo ahí, aparece la versión más feliz de la artista que pronto iba a ser conocida como Shania Twain: no como persona famosa que canta sobre bailes y discotecas, sino como persona completamente desconocida que puede salir a bailar a una discoteca.

En su megahimno *Man! I Feel Like a Woman!*,[20] de 1997, mezcla de manera exuberante los 80 en los que transcurrió mi infancia con los 90

20. De *Come on Over*, su disco ultrasuperventas de 1997, producido por Mutt Lange, antiguo secuaz de Def Leppard y futuro exmarido de la artista, aunque con sinceridad yo preferiría hablar del dominio de Shania a la hora de puntuar los títulos de sus canciones, desde *Whatever You Do! Don't!* hasta *Don't Be Stupid (You Know I Love You)*, pasando por *I'm Not in the Mood (To Say No!)* [«¡Hagas lo que hagas! ¡No lo hagas!», «No seas idiota (ya sabes que te quiero)» y «No estoy de humor (¡para decir que no!)»],

en los que transcurrió mi adolescencia, y celebra de manera magistral la simple verdad de que muchos de nosotros a menudo desearíamos ser otra persona, u otra versión de nuestro propio ser. Pero ¿quién quería ser Shania a finales de los 90? En *From This Moment On*, su ultradesgarrador libro de memorias, publicado en 2011, nos cuenta que era una superestrella, pero que deseaba pillar la gripe solo para poder tomarse un día libre. Nos habla de aquella vez, en la suite de un hotel de lujo de Las Vegas con ventanales de suelo a techo, en que se puso a fantasear con la idea de echar a correr y atravesar una de esas ventanas, no en plan superhéroe, sino como ser humano común y corriente desesperado por tener un poco de descanso. Así que regresemos, a través de *Man! I Feel Like a Woman!*, a los clubs gais de Toronto. Ella no puede acompañarnos, claro: está demasiado ocupada, es demasiado famosa. Shania quiere que vayamos en su lugar, para poder vivirlo a través de nosotros.

Así que, tonteando en el bar lleno de gente, cantando a gritos esa alborozada y famosa canción de country pop, quizá te imagines a ti misma como una estrella superfamosa. Quizá fantasees con ser Shania Twain. Pero, lo creas o no, en este momento, mientras canta la canción y ejerce de estrella del pop superfamosa de verdad, Shania Twain bien podría estar fantaseando con ser tú. Una persona normal, frívola, medianamente atractiva, divirtiéndose sin las asfixiantes responsabilidades del estrellato pop, de juerga en un bar lleno de gente donde nadie repara en ella. Una persona real, tan real que nadie se fija en ella ni le exige que sea alguien diferente. Con las luces apagadas es menos peligroso y, para variar, ¿por qué no podemos entretenernos entre nosotros mismos?

---

temas que combinan de manera deliciosa su magistral uso de los paréntesis y de los signos de exclamación.

GRANDES EMOCIONES

CANCIONES TRATADAS:

It's Good to Be King, Tom Petty

Together Again, Janet Jackson

Everybody Everybody, Black Box

All I Want for Christmas Is You, Mariah Carey

Bitter Sweet Symphony, The Verve

Hey Jealousy, Gin Blossoms

A Long December, Counting Crows

Real Love, Mary J. Blige

The Crossroads, Bone Thugs-N-Harmony

Stay (I Missed You), Lisa Loeb

En esas, la enfermera me entrega a mi hijo. Mi hijo recién nacido, el primogénito, con unos noventa segundos de vida. Los médicos están atendiendo a mi esposa y yo estoy parado allí, en la habitación de hospital —temblando, y bastante—, con un niño entre los brazos. Con mi hijo entre los brazos. Y puedes pasarte toda la vida imaginando ese momento, y puedes pasarte los largos meses del embarazo de tu esposa luchando de manera risible e inepta por prepararte para ese momento, y puedes pasarte las horas y horas y horas del parto bastante dificultoso de tu esposa rezando por ese momento, pero no tienes la menor idea de cómo te vas a sentir con exactitud, ni de lo que vas a hacer con exactitud, cuando llegue ese momento. O al menos es lo que me pasó a mí. Toda esa gente que te dice que cuando nazcan tus hijos te cambiará la vida y las cosas nunca serán igual que antes, bueno, tienen razón, pero son palabras bastante vagas y no es que te sean de gran ayuda en términos de, hum, preparación.

Así que la enfermera me entrega a mi hijo. Tengo entre los brazos a mi hijo primogénito, recién nacido. Estoy espantosamente mal preparado para esto. No tengo ni idea de lo que debo hacer. Así que, sin la menor premeditación, hago lo primero que se me pasa por la cabeza. Le canto a mi hijo una canción de Tom Petty.

Goodnight baby, sleep tight my love
May God watch over you from above.

Alright for Now, del disco *Full Moon Fever*, que Tom Petty publicó en 1989. Me imagino a mi hijo recién nacido buscando el tema en Shazam, usando Shazam mientras le canto, llevando el móvil con la manita hacia mi boca, en plan «¿Quién es este tipo que no deja de temblar? Y, aun más importante, ¿qué canción está cantando? ¿Es una de Tom Petty? Tengo que consultarlo».

Sin ánimo de ofender, ni siquiera era un gran fan de Tom Petty en ese momento. Noventa segundos antes ni se me habría ocurrido hacer eso, cantarle esa canción a mi hijo, cantarle cualquier otra canción de Tom Petty, cantarle cualquier otra canción de otro artista. Pero mi proceso mental, y voy a reconstruirlo de la mejor manera posible, fue «Oooh, niño llora. Calmar niño que llora». Y la canción se metió en mi cabeza y salió por mi boca. ¿Calmó *Alright for Now* a mi tembloroso hijo recién nacido? Es posible. ¿Me calmó a mí? No, demonios. Pero me sentí muy agradecido por ella, pues pienso que estuvo a la altura de la gravedad del momento, y sí que expresó un cierto sentido del sobrecogimiento que experimentaba ante ese cambio en mi vida, y expresó también un cierto sentido de mi ansiedad perpetua. Porque siempre me gustó ese «*for now*» en «*Alright for now*». Creo que la paz, la seguridad, el consuelo, ese estar bien que Tom describe con tanta ternura en esta canción se vuelve aún más precioso desde el reconocimiento de que se trata de algo temporal.

Estoy partiendo de la base de que no necesitas que te haga un abecé largo y laborioso sobre Tom Petty. Nacido en Gainesville, Florida, en 1950. Radicalizado por Elvis, rerradicalizado por los Beatles, le entrega su alma al rock'n'roll, cofunda Mudcrutch, que se encamina hacia Los Ángeles y consigue un contrato discográfico y estalla en llamas y se reagrupa como Tom Petty and the Heartbreakers, cuyo primer álbum, homónimo, aparece en 1976 y termina, dios, con *American Girl*. El tercero, *Damn the Torpedoes*, de 1979, convierte a Tom en una superestrella; el octavo y su primer trabajo en solitario de manera oficial, *Full Moon Fever*, le convierte una década después en una auténtica superestrella para mí (The Heartbreakers son una banda verdaderamente fantástica que está siempre alrededor de Tom Petty; lo que pasa es que, en sus discos en solitario, Tom no está obligado a escuchar sus opiniones). *Full Moon Fever* salió cuando yo tenía doce años y Tom, treinta y ocho. Como chaval de doce años, pensé que Tom Petty, a sus treinta y ocho, era un vejestorio increíblemente molón, marchito y encantador. Un paradigma yayo de la excelencia del rock clásico y de la decrepitud vivida con elegancia. Era el eslabón que nos unía a la historia. Seguía siendo el centro de atención desde su silla de ruedas, sobre un témpano de hielo que se alejaba flotando hacia el horizonte.

¿Por qué me parecía tan molón Tom Petty en 1989? Por la MTV. Por los sombreros ultragarbosos del polvoriento y postapocalíptico vídeo de *You Got Lucky*, en 1982. Por el impresionante carácter macabro del vídeo de *Don't Come Around Here No More*, de 1985, donde se «corta a la Alicia de *Alicia en el País de las Maravillas* como si fuera un pastel». Por el también macabro vídeo de *Mary Jane's Last Dance*, de 1993, donde «se baila con el cuerpo sin vida de Kim Basinger». Durante todos los 80 y principios de los 90, la MTV tuvo un efecto arbitrario y revitalizador sobre un puñado de afortunadas estrellas del rock de los 70 que estuvieron dispuestas a abrazar la Revolución del Vídeo Musical y se arriesgaron a parecer ridículos o lascivos que rozaban lo criminal. Aerosmith, por ejemplo, alcanzó sin duda su cénit en 1993 con ese legendario trío de vídeos —los de *Cryin*, *Amazing* y *Crazy*, en orden de preferencia personal— interpretados por Alicia Silverstone, la futura estrella de *Fuera de onda*. Pero, en 1994, Tom Petty era un caso aparte, de algún modo, por su capacidad para transmitir una viveza juvenil a cada nueva generación; era un tipo procedente del rock clásico, vital y lacónico, que no se concebía a sí mismo en tiempo pasado (sí, estuvo en los Traveling Wilburys con Bob Dylan y George Harrison y Roy Orbison y Jeff Lynne, pero es el más joven de los Wilbury, y eso parece tener su importancia). Además, había tenido tantos éxitos que no hacía falta que te compraras uno solo de sus discos para pasar por experto en Tom Petty. Su música es invisible y ubicua y libre y necesaria para preservar la vida humana sobre la tierra, como el oxígeno o la lujuria.

Wildflowers —el segundo álbum en solitario de Tom Petty, producido por nuestro viejo amigo Rick Rubin y ampliamente reconocido como una de las mejores obras de su carrera— apareció en 1994 y de inmediato sentí el impacto de *It's Good to Be King*, tema lento, elegíaco, relajado y cautivador, con ese encantador *riff* de piano propio de la primera clase de un aprendiz infantil y ese solo de guitarra que sorprende al primar la calidad sobre la cantidad y que tanto recuerda al *Let It Be* de los Beatles (mi canción favorita de los Fab Four; en la actualidad, cada vez que la escucho me echo a llorar, porque ese es el tipo de persona en el que me he convertido). Y luego está la franca melancolía en la voz de Tom cuando canta «*Can I help it if I / Still dream time to time?*» bajo todo el peso de lo que desearía no saber ahora que ignoró en su momento.[1]

Pero, incluso en mi adolescencia, me sentí apelado por otro elemento imponderable de *It's Good to Be King*, si bien desde lejos. Fui consciente de que me gustaba —fui consciente de que probablemente me encantaba—, pero aún no sabía por qué. Ignoraba lo que intentaba decirme y tenía la sensación subconsciente de que no estaba preparado para aquello que intentaba decirme.

Y entonces lo descubrí.

En esas, la enfermera me entrega a mi hija. Mi hija recién nacida. Es el día de Halloween de 2020, nuestro tercer (¡y último!) hijo. Nos gustaría pensar que, a esas alturas, ya tenemos la cosa por la mano, pero para mi esposa es otro parto bastante dificultoso. Y todo acaba saliendo bien pero, en el momento de nacer la niña, surge una emergencia considerable y la enfermera me entrega a mi hija recién nacida en un quirófano repleto de gente, con unos veinte médicos que se dedican a

1. «*Wish I didn't know now what I didn't know then*» es un verso de *Against the Wind*, el melancólico tema que Bob Seger lanzó en 1980. A mi padre le encanta, y a mí me encanta que le encante.

atender a mi esposa con bastante vehemencia durante más o menos una hora. Tengo a mi hija entre los brazos, estamos sentados en una silla al lado de la cabeza de mi esposa, mientras el resto de su cuerpo permanece cubierto por pantallas y cortinas y demás, y vemos a los médicos operarla.

No recuerdo básicamente nada de lo que pensé, ni de lo que hice, mientras pasaba eso. Hay bastantes posibilidades de que también le cantara *Alright for Now* a mi hija, pero mi memoria está en blanco. Supongo que mi cerebro pasó a funcionar en modo a prueba de fallos mientras veíamos el desarrollo de los acontecimientos, dejándome incapacitado, por mi propio bien, para orquestar musicalmente la situación dentro de mi mente, como tengo por costumbre.[2] Todo acabó saliendo bien para todos. Tom Petty bien podría haber compuesto *You Got Lucky* por la suerte que tuve al conocer a mi esposa. Pero estoy intentando imaginar mi estado mental dentro de aquel quirófano. Me sentía eufórico por tener a mi hija entre los brazos, me sentía aterrorizado por lo que le estaba pasando a mi esposa, me sentía envuelto por un vacío exento de monólogos caóticos al que ahora no puedo acceder. No puedo contarte lo que sentí ni, lo que es más importante, su sonido. Pero sospecho que se parecería al delicado y devastador *riff* de piano que cierra *It's Good to Be King*, un bucle exquisito y apuntalado por unas cuerdas dulces, una ensoñación melancólica que siempre me lleva a cerrar la boca y mirar por la ventanilla del coche y pensar con intensidad aunque en ese momento no vaya en coche, no sé si me entiendes.

---

2. Los médicos tenían la radio puesta, en una emisora de vieja y sencilla música pop, y, en un momento, en medio de la operación, comenzó a sonar el *Jumper* de Third Eye Blind, y como un 10 % de mi cerebro aún tuvo la capacidad de pensar «Ay, Dios, Third Eye Blind ahora no, ¿es que no tengo ya suficiente?».

Creo que, cuando era adolescente, *It's Good to Be King* fue un asunto de nostalgia inmediata, evocadora de ese tipo de ultramelancolía hacia la que siempre me he sentido atraído: los campos dorados, los días de gloria, me he hecho viejo pero sigo corriendo contra el viento, así es la vida, hay cosas que no cambian nunca. Pero ahora, convertido en un superemo de cuarenta y cinco años, el *riff* de piano suena en un bucle eterno dentro de mi cabeza, por lo general a un volumen tan bajo que no puedo oírlo siquiera, pero, si la despojas de todo lo demás, como pasó en aquel quirófano, eso es lo que queda. Es el sonido de todas las cosas malas que me preocupan y está ahí para relajarme cuando una de esas cosas acaba pasando de verdad.

Excuse me if I
Have this place in my mind
Where I go time to time.

Es el otro verso de *It's Good to Be King* que me deja destrozado, porque me describe de manera inquietante. Mi desorientación, mi tendencia a soñar despierto, mi torpeza, mis olvidos, ese TDAH que tengo tan asumido que, al poco de cumplir los cuarenta, mis padres tuvieron que recordarme su existencia. Mi inclinación hacia la nostalgia superemo incluso en la adolescencia, mi nostalgia por anticipado, mi florido romanticismo, mi subyugante obsesión musical, que ha alimentado todo esto y que a su vez se alimenta de todo esto, y, especialmente, mi sospecha de que les he transmitido buena parte de todo ello a mis hijos. Todo lo que hay aquí, en estas líneas. Ahora observo a mi hijo primogénito, que ya tiene diez años, dando botes por el salón mientras escucha la música ruidosa, rápida, estridente, chillona, cegadora y con una impresionante capacidad para contrariar a los padres de un videojuego que le gusta llamado *Friday Night Funkin'* (no te metas en él si no estás metido ya), y le veo brincando de una pared a la otra con un retablo majestuoso e imaginario en la cabeza, un retablo al que nunca podré acceder, y, parado ahí, haciendo rechinar los dientes ante la estridencia desconcertante de esa música, me doy cuenta de lo que está haciendo (lo que yo hacía) y de quién es (mi hijo).

Mientras tanto, mi hijo mediano se pasa mucho tiempo tocando el piano, ya está componiendo a los ocho años, por mucho que tenga su propio confuso sistema de notación y que no dé nombre a sus canciones, sino que las numera. Pero a veces se dedica simplemente a improvisar, si esa es la palabra; aparta la vista del piano, mira hacia el techo como si estuviera cazando las notas al vuelo, una por una, o quizá como si estuviera visitando ese lugar de su cabeza al que se va de vez en cuando. Como con todas las demás cosas geniales de mis hijos, me limito a suponer que la habrá heredado de su madre. No sé a dónde va ninguno de mis hijos y nunca lo sabré, pero sí conozco el motivo que los lleva allí.

Y entonces, una tarde, estaba trastabillando por la casa con mi esposa, dejándome llevar de manera inconsciente (como me suele pasar) por la onda de *The Velvet Rope*, el intenso y suntuoso disco que Janet Jackson lanzó en 1997, y comenzó a sonar ese himno de pop-house efervescente que es *Together Again*, y pasé a dejarme llevar con más intensidad, si tal cosa es posible, y en algún momento levanté la vista y me di cuenta al fin de que mi esposa estaba llorando, y me dije «Ahhhhhh», y reaccioné. Y ella se puso a hablarme de una amiga que tenía en la universidad, una chica que se desplomó y murió de repente durante su último año de carrera, y cuando mi esposa y todas sus amigas conocieron la noticia se metieron en un coche y salieron disparadas hacia el hospital, pero por supuesto la chica ya estaba muerta, y ninguna de ellas podía creérselo, y entonces, más adelante, mi esposa fue a una fiesta con todas las amigas de esa chica y comenzó a sonar

Together Again, y de repente las amigas más íntimas de la chica comenzaron a bailar y a cantar y a sacudir sus boas de colores y a llorar, y mi esposa lloraba mientras me contaba eso, y para entonces yo también me había puesto a llorar, y *Together Again* seguía sonando en nuestra casa, y así descubrí que *Together Again* es la mejor canción de Janet Jackson.

A Janet también la he venerado siempre como presencia imponente y descomunal, una estrella olímpica del pop risible por mayúscula y que también ha provocado risas mayúsculas, cuyos éxitos gigantes parecían elevarse por algún motivo sobre los éxitos gigantes de los demás (en la actualidad también me pongo a llorar al oír *When I Think of You*). Es una majestuosa fiesta de segundo cumpleaños hecha persona, un elemento esencial para la vida humana, como el oxígeno o la lujuria. Pero *The Velvet Rope* tardó bastante en entrarme por completo en la cabeza al tratarse de su disco más profundo, oscuro, vulnerable, traumatizado, beligerante y catártico, además de ser, posiblemente, el mejor... en cuanto te entra en la cabeza. En 1997, Janet sumaba diez mil millones de éxitos y disponía de un contrato discográfico sin precedentes, por valor de ochenta millones de dólares, pero también estaba bastante deprimida, tenía que lidiar con unos problemas de autoestima y de imagen corporal que venían de su infancia, y tenía que procesar una relación del pasado marcada por los abusos, y tenía que seguir sorteando los escollos derivados de haber nacido en una familia famosa dentro del mundo de la música, y sufría por el progresivo deterioro de su relación con René Elizondo Jr., su marido y colaborador frecuente. A primera vista, *The Velvet Rope* es un batiburrillo confuso pero cautivador de confesiones superintensas y travesuras prohibidas a menores con vendas para los ojos y piercings; una sinceridad dolorosa que se restregaba contra una lubricidad desarmante, o quizá se tratara de una sinceridad desarmante que se restregaba contra una lubricidad dolorosa.

A primera vista, *Together Again* parece ofrecer un respiro sin complicaciones a toda esa lubricidad y superintensidad; toda ella es dulzura y éxtasis en la pista de baile regado con lágrimas de felicidad. Janet no posee una voz de bazuca al estilo Aretha Franklin o Whitney Houston, pero la lenta caricia de la melodía descendente mientras canta «*There are times when I feel your love around me, baby*» es de lo más sublime y catártica. No exagera en lo dramático, lo cual por supuesto hace que ese dramatismo cobre profundidad.

Y entonces llegas al verso «*Sometimes hear you whisperin', "No more pain"*» y ay, Dios, resulta que las lágrimas en la pista de baile no eran de felicidad. «Dedico la canción *Together Again* a los amigos que he perdido por culpa del sida —escribe en las notas del interior de *The Velvet Rope*—: Dominic, George, Derrick, Bobby, Dominic, Victor, José... Os echo de menos y volveremos a estar juntos.[3] Compuse esta canción para vosotros».

Ay, Dios. «Decidí que quería hacer una canción sobre mis amigos —le explicó una vez Janet a John Norris, de la MTV—. Quería hacer algo alegre e inspirador, que fuera un reflejo de sus personalidades. Creo que las cosas no se acaban aquí. Hay una... pasamos a otra vida, y los volveré a ver.» Esta canción presenta a Janet Jackson convirtiéndose en el cambio que quiere ver en el mundo, o supongo que en el cambio que quiere ver en el más allá. *Together Again* está muy llena de cosas. *Together Again* es una efervescente máquina expendedora de cosas. Es ligera como una pluma y tiene un peso inconmensurable. Es su mejor canción. Esperó, paciente, a que estuviera preparado para oír lo que tenía que contarme. Y le estaré eternamente agradecido a mi esposa por haberme obligado al fin a hacer que me entrara en la cabeza.

---

3. *Together again* sería «Juntos otra vez». (*N. del t.*)

La verdad es que, entre finales de los 80 y principios de los 90, pasé mi torpe adolescencia cautivado por la MTV, cautivado por Janet, cautivado por el universo de pop bailable, gaseoso y tormentoso que ella representaba, cautivado por la tristeza torpe-adolescente y mucho menos significativa que el pop bailable del cambio de década evocaba en mi interior. Ahí me tienes peleándome con *Groove Is in the Heart*, esa frívola y gloriosa mezcla hippie-house, ese año 1967 hecho año 1990; una canción deliciosa que me entristeció porque, al menos en la secundaria, no noté ese ritmo dentro del corazón.[4] Ahí me tienes mirando por la ventanilla del coche y pensando con mucha intensidad mientras la radio me servía *Sadeness (Part 1)*, el todopoderoso tema de los alemanes Enigma, una mezcla desconcertante e irresistible de canto gregoriano y *breakbeat* que salió de la nada para llegar al top 5 de Estados Unidos, y una canción encantadora que a mí me puso triste (supongo que de manera comprensible).[5] Ahí me tienes dejándome llevar de manera inconsciente por el *Pump Up the Jam* de Technotronic y por ese cañón lanzacamisetas gigante y sintiente que es el *Gonna Make You Sweat (Everybody Dance Now)* de C+C Music Factory,[6] dos canciones deliciosas e implacablemente rítmicas que me entristecieron porque (de manera inevitable), yo ni sudaba, ni bailaba, ni bombeaba nada.[7]

---

4. *Groove is in the Heart*, «El ritmo está en el corazón». (*N. del t.*)

5. *Sadeness* es un juego de palabras que menta al marqués de Sade dentro de «*sadness*»; esto es, «tristeza». (*N. del t.*)

6. Un temazo de eventos deportivos y un superéxito surgido de los cerebros de Robert Clivillés y David Cole, quienes se habían conocido en la famosa disco neoyorquina Better Days. También debería comentar que una vez fui a un partido de los Oakland A's y estábamos perdiendo contra los New York Yankees porque CC Sabathia, su lanzador estrella, estaba intratable y mi amigo Tommy gritó «¡QUÉ FACTORÍA MUSICAL DE MIERDA!» y todo el mundo se rio.

7. El primer título sería «Voy a haceros sudar (todo el mundo a bailar)» y el segundo, «Pon la canción a tope», pero «*pump up*» también es «bombear». (*N. del t.*)

Pero la madre de todos ellos, si seguimos hablando de canciones sobre el baile que me ponían triste porque yo no bailaba, fue *Everybody Everybody*, la pesarosa bomba de alegría del grupo italiano de house Black Box.

Pásame uno de mis anuarios escolares del instituto y/o atibórrame con 1,5 bebidas alcohólicas y el tiempo se combará para devolverme al dormitorio de mi adolescencia, con mi póster de Michael Jackson, y mi juguete de burbujas con forma de reloj de arena al que se le podía dar la vuelta y sentir de manera vaga que te aliviaba la tensión, y mi teléfono de tonos transparente y noventero que nunca sonaba porque las chicas con las que no bailaba no me llamaron nunca, y mi radiocasete sintonizado en la fiesta bailable de sábado noche de la emisora pop local, y ay, Dios, han puesto *Everybody Everybody*, una canción con un inolvidable estribillo ascendente que dice «*Everybody everybody / Everybody everybody*» y que solo sirve para recordarme que todo el mundo ha salido a bailar a una fiesta de sábado noche. Todo el mundo menos yo.

Ahora estoy bien, gracias. Como adulto y crítico de rock supuestamente menos sensiblero, detecto un aura brillante de indignación por debajo de la gloriosa euforia comunal de *Everybody Everybody*, debida a que Martha Wash, la principal vocalista del tema, nacida en San Francisco y fuerza motriz alimentada de góspel, no apareciera acreditada en un primer momento, ya que ella no es la modelo que hace *playback* con torpeza en el vídeo de *Everybody Everybody* y que aparece incómodamente acuclillada en la portada de *Dreamland*, el disco que Black Box lanzó en 1990.

Aunque parezca increíble, Martha también fue responsable de la voz principal y fuerza motriz de *Gonna Make You Sweat (Everybody Dance Now)*, pero en un primer momento no fue acreditada y no apareció en el vídeo y tampoco adornó la portada de *Gonna Make You Sweat*, el exitoso álbum de 1990, donde fue reemplazada de nuevo por alguien a quien se consideró más fotogénico en vídeo y fotografía.[8]

Wash demandó con éxito tanto a Black Box como a C+C Music Factory, y recibió con retraso sus créditos y esos derechos de autor tan merecidos, pero en 2014 *Rolling Stone* siguió describiéndola en un titular, con profunda admiración, como «La cantante desconocida más famosa de los 90». Por entonces protagonizó ese perfil en la revista, participó en el exitoso documental *20 Feet From Stardom*,[9] dedicado a las cantantes de acompañamiento, y recibió un buen trozo del pastel por los créditos de *Gonna Make You Sweat* y, en especial, *Everybody Everybody*, que no dejaban de aparecer en las listas de mejores temas de los 90 y demás. ¿Fue mejor para Martha ese éxito a largo plazo que haberse hecho famosa en la MTV en su momento? Tendrías que preguntárselo a ella, aunque quizá sea mejor que no lo hagas. Baste decir que, si aún se pone un poco triste al escuchar *Everybody Everybody*, sus razones son mucho mejores que las que yo tuve nunca.

La profunda soledad que emana de *Everybody Everybody* me alertó sobre el simple hecho de que incluso las canciones de pop más alegres y eufóricas pueden ocultar —o, en realidad, no molestarse en hacerlo— vastos océanos de abatimiento y aislamiento y excelsa desdicha. Es algo que pasa incluso con la principal (y más eufórica) canción navideña de mi vida, y posiblemente de la vida de cualquiera; pasa incluso con, sí, la imparable *All I Want for Christmas Is You* de Mariah Carey, que apa-

---

8. Aunque parezca increíble, lo mismo le pasó a Missy Elliott cuando cocompuso, coprodujo y participó en el vídeo de *That's What Little Girls Are Made Of*, el sencillo con el que la actriz infantil Raven-Symoné debutó en 1993 (no es Missy quien rapea en *playback* su estrofa, y deja que te asegure que la pobre mujer del vídeo tiene un aspecto ridículo intentando hacer pasar esos versos por propios).

9. «A seis metros del estrellato». (*N. del t.*)

reció en 1994 y fue la canción número uno en Estados Unidos durante la mayor parte de diciembre de 2022[10] y que sigue sonando a clásico, sigue sonando a tema atemporal, sigue sonando como si la hubieran pinchado en el pesebre durante el nacimiento del niño Jesús.

Y se trata de una canción tremendamente triste. No estoy intentando estropeártela, lo que intento es realzarla, darle más profundidad. La pregunta que debes hacerte a ti mismo es: ¿a quién quiere Mariah desde el título mismo?[11] La respuesta, me temo, según ella ha ido revelando su historia, es a nadie. No había nadie. La verdad es que no tenía a nadie. La canción es una fantasía. Es una canción aspiracional. Es una canción que nos recuerda que la música pop —y quizá sobre todo la música pop de temática navideña— puede ser tan transformadora para el artista (y el compositor) como para el oyente, puede proporcionar a todos ellos la misma experiencia escapista que necesitan con desesperación.

Mariah Carey nació en Huntington, Nueva York, y sí que tiene una voz de bazuca de cinco octavas al estilo de Aretha Franklin y Whitney Houston, muchas gracias. Pienso en ella como la Eddie Van Halen de las vocalistas pop de los 90: una asombrosa capacidad técnica puesta al servicio de unas canciones igual de asombrosas. Canciones pop. Eddie tenía el *tapping* y la velocidad. Mariah tiene ese imposible registro de silbido y, por supuesto, tiene el melisma, que le permite transformar con naturalidad palabras de una sola sílaba en palabras de treinta y cinco sílabas. A lo largo de sus primeros discos superventas la puedes oír

10. Ahora que las listas de música pop se rigen en función de los números del *streaming*, es muy probable que *All I Want for Christmas* acampe en el número uno cada mes de diciembre durante el resto de nuestras vidas, lo que la convertirá de manera bastante objetiva en la canción más vital y en tiempo presente e ineludible que se editara en los 90. La segunda mejor canción navideña de mi vida es o bien el *Last Christmas* de Wham, o *Christmas in Hollis* de Run-DMC o *Christmas Wrapping* de The Waitresses (y lo sabes).

11. «Lo único que quiero por Navidad es a ti.» (*N. del t.*)

perfeccionando sus dotes de una manera natural, inteligible, sin que le cueste el menor esfuerzo. Cada una de esas treinta y cinco sílabas cuenta una historia. Cada sílaba es necesaria.

El significado de Mariah Carey, su libro de memorias de 2020 —en colaboración con la escritora, editora y estilista Michaela Angela Davis—, es desolador, colega. Es dickensiano. Es como si Oliver Twist tuviera un registro de cinco octavas. Su infancia está plagada de pobreza, conflictos familiares, abandono, racismo y abusos que en algunos momentos se volvieron físicos. Pero ella logra superar todo eso y emerge en los 90 como una estrella generacional del pop, y en 1993 se casa con Tommy Mottola, dueño de su discográfica y magnate del negocio musical, y la feliz pareja se instala en una masión/panóptico de lujo al norte del estado de Nueva York a la que Mariah llama Sing Sing, como la cárcel, porque según cuenta, Tommy no la dejaba ir a ningún sitio ni hacer nada. Hay en el libro una escena muy ridícula, pero también profundamente triste, en la que Mariah está en su elegante estudio casero, grabando con el rapero Da Brat, y los dos urden una elaborada estrategia a lo *Ocean's Eleven* para poder escabullirse, subirse a uno de los coches de la propia Mariah, ir a pillar unas patatas fritas al Burger King y volver. Eso es todo, pero está planteado como un acto de rebeldía inimaginable, de la misma manera que muchos de los principales éxitos iniciales de Mariah se consideran destellos superalegres y despreocupados de un universo alternativo que la Mariah Carey real solo habitaba en sueños. «En los videoclips creé a una chica libre y divertida para verme viva, para vivir indirectamente a través de ese *alter ego* —escribe—. La chica que fingía ser, la chica que habría deseado ser.»

En otras palabras: la persona que nos muestran esos vídeos iniciales en realidad no es ella aunque en realidad sea ella. Tenlo presente la próxima vez que te tropieces con el vídeo de *All I Want for Christmas Is You*, en el que Mariah parece tremendamente libre y divertida, y Tommy Mottola hace un cameo como Papá Noel. Ese Papá Noel no es real, chicos: Mariah y Tommy se divorciaron en 1998. Ignórale. Concéntrate en ella. Mi melisma delirante preferido en esa canción llega durante el puente, cuando Mariah canta, atronadora «*Santa won't you bring me the one I really need*» como una ametralladora de espumillón. En líneas generales, hay dos tipos de canciones navideñas: las que describen una parranda festiva que está teniendo lugar en ese momento y las que anhelan seriamente una parranda festiva que quizá no llegue a tener lugar. El milagro, en este caso, es que Mariah la anheló con tanta viveza y euforia que la festividad pareció real, y a lo largo de un cuarto de siglo acabó volviéndose real, un evento superventas anual al que todo el mundo está invitado.

A veces, hay canciones pop exultantes y descomunales que no hacen ningún esfuerzo por ocultar el océano de pena sublime que se agita bajo su superficie; a veces, la canción se titula literalmente *Bitter Sweet Symphony*. Lo primero que debes saber acerca de Richard Ashcroft, el taciturno líder filosófico-poético de la banda inglesa de rock[12] The Verve, es que tiene unos pómulos audibles. En cuanto salen tres palabras de su boca tú piensas: «Vaya, tiene unos pómulos increíbles». Es solo eso: yuju, el rostro ideal para una estrella del rock. Es una encarnación marcada por la precisión geométrica del estrellato rock, provocativa, puntiaguda, ceñuda.

Lo segundo que debes saber acerca de Richard es que Oasis le dedicó una canción sublime por su bajona, *Cast No Shadow*, compuesta en 1995 con una empatía poco habitual por Noel Gallagher y cantada con una ternura poco habitual por Liam Gallagher. Se trata de una sen-

12. Más concretamente, proceden de Wigan, Inglaterra, hogar de la mayor factoría mundial de judías cocidas y del cuartel general de Uncle Joe's Mint Balls (una marca de caramelos).

tida oda a una alma noble y solitaria, «*bound with all the weight of all the words he tried to say*», con un final sombrío: «*As they took his soul they stole his pride*». La tensión que corre por debajo de todo este cariño desarmante decía que quizá Richard nunca llegara a componer un tema mejor que el que otras personas le habían dedicado.

Y, entonces, Richard Ashcroft compuso su propio éxito mayúsculo, aunque le costó, bueno, no el orgullo y el alma necesariamente, pero sin duda todos sus derechos de autor. El retorcido arco del *sample* de cuatro compases que alimenta a *Bitter Sweet Symphony*[13] —en esencia, The Staple Singers hicieron una versión definitiva del estándar góspel *This May Be the Last Time*, del que los Rolling Stones se adueñaron para *The Last Time*, un éxito temprano de 1965, que a su vez Andrew Oldham, productor/representante de los Stones, versionó en 1966 como parte del disco *The Rolling Stones Songbook* de la Andrew Oldham Orchestra, que es de donde Richard Ashcroft sacó el bucle— es, hum, retorcido. La cuestión es que, gracias a Allen Klein, el superrepresentante de los Beatles y de los Stones, infame por despiadado, los Verve tuvieron que ceder a Mick Jagger y Keith Richard el crédito de la canción entera, por no hablar de todo el dinero que generó,[14] y esta farsa trágica del negocio musical ha pasado a ser un componente esencial de la canción misma: *Bitter Sweet Symphony* es una canción que trata sobre lo que le pasó al tipo que la compuso después de componerla. La canción trata sobre el tipo que la está perdiendo en el mismo

13. De *Urban Hymns* (1997), un disco realmente grande (*The Rolling People*, amigos míos) a cargo de —y no permitáis que los pómulos de Richard os distraigan de este hecho— una banda realmente grande y cohesionada (el dios de la guitarra atmosférica Nick McCabe, amigos míos).

14. En 2019, Richard Ashcroft tuiteó que Mick y Keith habían tenido la bondad de revertir esa situación: «No tienen problema en que el crédito de la composición excluya sus nombres y todos los derechos de autor de la canción pasarán en adelante a ser míos». Mejor veintidós años tarde que nunca.

momento de cantarla; concretamente, mientras canta «*Try to make ends meet / You're a slave to the money / Then you die*».

Sin duda es un bocata relleno de mierda,[15] pero por supuesto que hay éxitos sorpresa que esconden tragedias mucho mayores, y no siempre llegan etiquetados con tanta claridad. *Hey Jealousy*, por ejemplo, no despierta grandes sospechas desde su título, ni como modelo lo bastante desprolijo del power pop pesaroso de los 90, ni como origen de versos brutalmente encantadores y de infame dulzura como «*If you don't expect too much from me / You might not be let down*». La idea de colar de contrabando una letra realmente triste en un tema pop alegre y pegadizo no nace con *Hey Jealousy*, ni con los 90, ni con el rock'n'roll en realidad. Pero, allá por 1992, ese truco se les dio mejor a Gin Blossoms que a casi todas las demás bandas, y eso le fue de fábula a todo el mundo menos al tipo que de hecho había compuesto la canción.

Gin Blossoms se formaron a finales de los 80 en Tempe, Arizona: fueron un grupo de tipos cualquiera, procedentes de un grupo de bandas cualquiera, que unieron fuerzas con la aspiración de sumarse al linaje sagrado de guitarreos *jangle* que va de los Byrds a Big Star y R.E.M. Millones de grupos han tenido esa misma aspiración, es evidente, pero solo uno de ellos se convirtió en la banda residente de facto en Long Wong's, un garito de Tempe especializado en alitas de pollo picantes. Siguió la fama a nivel regional. En 1989 lanzaron su primer disco, *Dusted*, grabado a nivel local, publicado a nivel local, que se convirtió en un fenómeno bastante importante a nivel local. Pero no fue más que eso, en un primero momento, y en un primer momento quizá habría sido suficiente. Quizá solo el tema número nueve habría

15. El tema de por qué hablo de esta manera es con toda probabilidad demasiado complicado para acometerlo en una nota al pie, pero has de saber que sé que soy un tipo de cuarenta y cinco años de edad que sigue usando muy a menudo el adjetivo «molón».

sido suficiente. Se titula *Hey Jealousy*, y lo había compuesto un tipo llamado Doug Hopkins.

En retrospectiva, Doug Hoskins fue el Pete Best de Gin Blossoms, aunque en realidad, cuando estaba en Gin Blossoms, fue sin duda el Paul McCartney de Gin Blossoms, o su John Lennon, o ambos. De hecho, la gente dice que podría haber sido a Gin Blossoms lo que Noel Gallagher fue a Oasis: su cerebro cascarrabias, su compositor genial, su conciencia. Doug no cantaba demasiado, pero era su voz, su desasosiego, y, a principios de los 90 sobre todo, el desasosiego era la propiedad más sagrada y poderosa y monetizable que se podía tener.

¿Alguna vez te has preguntado por ese verso de *Hey Jealousy* que dice «*You can trust me not to think*»? Pues el verso original de Doug Hopkins decía «*You can trust me not to drink*», que, por desgracia, es mucho mejor. Así que Gin Blossoms ficha por una gran discográfica y se descubren en Memphis, Tennessee, grabando en los estudios Ardent, el legendario escenario en el que nacieron los primeros tres discos de Big Star, los dioses del power pop. Era la gran oportunidad de la banda y Doug estaba en apuros, en aquel estudio famoso, bajo el peso de esas grandes expectativas, con todo lo que bebía para lidiar con ellas. Tocó la guitarra en todo el disco que Gin Blossoms iba a lanzar en 1992 bajo el título de *New Miserable Experience*, pero pretendía grabarlas de nuevo, mejorar muchas de esas partes, pero no fue capaz, y sus compañeros le dieron la patada antes incluso de acabar el álbum, aunque es posible que la discográfica los obligara a hacerlo.

Así que Hopkins recibió la patada y *New Miserable Experience* salió a la luz y, en un primero momento, pinchó. La nueva formación de Gin Blossoms se puso a dar conciertos sin descanso en la mierdosa furgoneta de la portada del disco, pero la cosa no iba a ninguna parte, tenía pinta de ser un fracaso abyecto hasta que llegó una de esas vagas historias de discográfica en la que los tipos que toman las decisiones deciden darle al asunto un nuevo empujoncito. Habían filmado un vídeo de *Hey Jealousy* por 5.000 dólares y, a continuación, otra versión por 10.000, pero entonces decidieron poner 40.000 más en un tercer clip que es superaburrido: todos salen pasando el rato en la casa de alguien; Robin Wilson, el líder, le canta a un pez en su pecera y también a una batidora, no sé, tío. Pero funcionó. *Hey Jealousy* se encaramó a lo alto de las listas y le siguieron otros éxitos pesarosos de guitarreos *jangle* —*Found Out About You* es el que adora todo el mundo y *Pieces of the Night* es el que nadie puede llegar a adorar lo suficiente—. Mientras tanto, Hopkins montó otra banda en Tempe, a lo que siguió un éxito regional, pero en la continuación de la historia abandona a sus compañeros en medio de una actuación, después de hacer un solo de guitarra chapucero, y ellos se niegan más tarde a aceptarle de nuevo. Así que él se queda sentado en casa, viendo a su vieja banda tocar su vieja canción en el *Tonight Show* de Jay Leno, y está cabreado, y se siente traicionado, y se pregunta qué parte de los derechos de autor le tocará.

Doug acabó recibiendo un disco de oro por *Hey Jealousy*, esa placa que uno cuelga orgulloso de la pared, y la colgó orgulloso en la pared, y unas semanas después la destrozó, y en algún momento se compró una pistola en una casa de empeños y lo encontraron muerto, de un balazo, el domingo 5 de diciembre de 1993. Tenía treinta y dos años. *Variety* publicó un escueto obituario señalando que se había tratado de su sexto intento de suicidio en diez años, y citó a Sarah, su hermana: «El jueves, cuando estuve con él, supe que no volvería a verle. Me limité a decirle "Adiós, Doug", y mi madre hizo lo mismo».

Doug Hopkins toca el solo de guitarra de la versión famosa de *Hey Jealousy*. Es una forma de proyección —todo esto lo es, siempre—, pero me reconforta pensar que aún puedes escucharle ahí, y escucharle de la manera en que siempre quiso que le escucharan: con la oscuridad pero también con la dulzura, con la agitación interna pero también con la grandeza.

Por inconmensurablemente ingenuo que suene, tengo que decir que me conmueve de manera extrema la constatación de que componer una canción tan perfecta como *Hey Jealousy* no pueda resolver todos los problemas que hayas tenido nunca, y hacerlo para siempre. «*When everybody loves you / You can never be lonely*», gime Adam Duritz, el líder de la banda de rock de raíces Counting Crows, en *Mr. Jones*, el primer éxito de *August and Everything After*, ópera prima de los de San Francisco que obtuvo una repercusión masiva e inesperada. Incluso en aquel momento me di cuenta de que el verso era amargamente irónico —a ver, que no soy idiota—, pero sí, fijo que pensaba que eso es lo que pasa cuando todo el mundo te quiere.

Mr. Jones, como habrás observado, es de lo más funky y meta que pueda ser un sencillo rocanrolero de debut, en el sentido de que se trata de una canción cálida y melodiosa, pero incómoda de manera palpable, sobre el deseo de ser famoso que hizo famoso a Adam Duritz, lo que a su vez le llevó a sentirse incómodo a extremos históricos-mundiales. Para que veas lo que es el rock'n'roll. Desde la superchillona *Round Here* hasta la extramelancólica *A Murder of One*, *August and Everything After* parece ser una idea completa, un universo poblado por completo. ¿Lo habitan varias amalgamas de las exnovias de Adam Duritz? Es probable, pero Adam siempre ha sido un experto a la hora de vender sus propios dramas de manera que otra gente quiera comprarlos. En los primeros dos discos de su banda te presentó a Maria, a Anna, a Margery, a Elisabeth. Te llevó a Omaha, a Baltimore, a la calle Sullivan y, como punto culminante, a la mansión Hillside en algún momento posterior a las dos de la mañana. Hay un cierto narcisismo en ello, en componer de esa manera tan específica y centrada en uno mismo. Pero ¿qué es el carisma, en realidad, si no la capacidad para convencer a otras personas de que tu narcisismo es fascinante y cercano?

August and Everything After fue otro de esos discos con unos sencillos radiofónicos tan inmensos y ubicuos que no me hizo falta comprarlo,[16] y eso hace aún más extraño que se me fuera tanto la olla con *Recovering the Satellites* (1996), el siguiente disco de Counting Crows, que trata de manera muy explícita sobre las dificultades de Adam Duritz con los tumultos que genera la fama de tipo callejero, con la intrusiva atención de los medios, con la trituradora implacable de las giras. No disfrutar del estrellato rock fue casi un deporte olímpico durante los 90, pero la marca específica con la que Adam Duritz participó en esa disciplina me pareció la más atractiva, la más —ay, cielos— fascinante y cercana. Ayudó a ello que, una vez más, el álbum pareciera una idea completa, un universo completo; y superayudó de la hostia que la penúltima canción fuera *A Long December*.

Esa melancolía pianística que anuncia que se están sirviendo los últimos tragos es inmaculada, ese sorprendente solo de guitarra en el que prima la calidad sobre la cantidad es inmaculado, ese acordeón es inmaculado, hasta la última palabra autocompasiva que sale de la boca de Duritz es inmaculada. Pero, para mí, todo se reduce a un verso: «*And all at once you look across a crowded room / To see the way that light attaches to a girl*». ¿Cómo era posible que el hombre que había hilado esas palabras no tuviera el éxito por la mano? Lo que hace que *A Long December* me parezca tan devastadora es la horrible constatación de que alguien pueda componer una canción triste tan fantástica como esta y cosechar sus resultados y, pese a todo, no ser feliz. Es una tristeza alienante y tan sofocante que componer una canción perfecta sobre ella no te la llega a quitar. ¿Y qué haces entonces, a dónde vas?

Solía pensar que mi vida culminaría cuando creara algo perfecto que justificara todo el resto, ¿vale? Una canción, un disco, una novela, un

16. Recuerdo haber escuchado una conversación en la que dos compañeros de instituto llamados Scott ponían el disco por las nubes, extasiados por lo hermoso y poético y profundo que era, así que desde entonces tengo asumido que cualquier persona llamada Scott adora automáticamente a Counting Crows.

guion, un relato viral, un tuit del calibre del de la doble hamburguesa aplastada... no lo sé. La fantasía va cambiando. Los postes de la portería se desplazan. Pero *A Long December*, cuando la luz invernal le llega de la manera adecuada —cuando la canción me llega de la manera adecuada—, es como el ideal platónico de ese fin, de esa cima artística y profesional de toda mi existencia. Haz algo así de puro y así de querido, y no podrás ser más feliz.

¿Y sabes qué? Que sigo teniendo esa idea, que sigo negándome a creer que Adam Duritz dijera de manera irónica en *Mr. Jones* aquello de que no se puede llegar a ser más feliz. «En cierta manera estoy resentido con esas canciones, o con el hecho de que, durante tantos años, no me importara lo que estuviera sucediendo en mi vida porque componía canciones —le contó Duritz al *A/V Club* de *The Onion* en 2012—. No es algo que pueda reemplazar tu vida. Es solo una manera de describir esa vida. Así que supongo que, en la actualidad, una parte de mí está resentida con mi propia costumbre de sustituir a la gente por canciones, de sustituir las relaciones por canciones, de sustituir cualquier cosa por canciones. Y no puedes esperar demasiado a ordenar tus prioridades, porque la vida es corta.»

No le escuches. Fijo que puedes componer una canción —o escribir una novela, o un pódcast, o lo que sea— lo bastante perfecta para borrar todo lo demás. No sé si me reconocería a mí mismo si algún día dejo de creer en ello. Hay una *Bitter Sweet Symphony* al acecho dentro de cada uno de nosotros. E interpreta esa frase como quieras.

Luego están los artistas queridos por el público cuyo ámbito específico son las Grandes Emociones, cuyas canciones, aunque no reemplacen la vida en sí mismas, están diseñadas de manera experta como cianotipo de esa vida, y que cantan cosas que han pensado acerca de sí mismos para animar a sus millones de súbditos a pensar en cosas acerca de ellos mismos desde el propósito único de ofrecer a esos súbditos orientación, de procurarles solaz, de darles esperanza. Sí, millones de súbditos, no millones de fans, porque de eso hablamos cuando hablamos de Mary J. Blige. La enmarcamos como realeza («La reina del soul hip-hop»), la enmarcamos como mesías y profeta («¿Sabes?, oí el dolor de una generación», desvarió uno de los diversos tipos[17] a los que se adjudica el descubrimiento de la artista en *Mary J. Blige's My Life*, documental de 2021), la enmarcamos como un nuevo eslogan de *marketing* a escala galáctica *(«Ghetto Fabulous»)*. Es un peso espantoso en términos psíquicos y espirituales y sociales y comerciales para volcarlo encima de una canción como *Real Love*, sencilla y engañosamente ligera, pero la canción puede soportarlo y la cantante, como es sabido, también.

Mary J. Blige nació en el Bronx en 1971, se crio cantando en una iglesia de Savannah, Georgia, antes de que su familia se mudara a Yonkers, y en concreto a las viviendas de protección oficial de Schlobohm, que más tarde ella describiría, en el citado documental, como «una cárcel dentro de una cárcel dentro de una cárcel». Al margen de los detalles más escabrosos, conocidos y desconocidos, cuando tienen que describir el dolor en la voz de Mary, los compañeros de gremio que la veneran hablan del dolor de una generación, desde luego, pero en *Real Love*, el vivaz éxito revelación extraído del disco de 1992 *What's the 411?*, ese dolor le pertenece a ella de manera innegable, y solo a ella, y... ah, Dios, no, un momento, te juro que no estoy haciendo otra vez eso de insistir en que un tema feliz y optimista es en secreto una canción capaz de aplastarte con su tristeza.

---

17. Estaríamos hablando de Jeff Reed, artista de Uptown Records que trabajaba en la fábrica de la General Motors en Tarrytown, Nueva York, con el novio de la madre de Mary. Este le pasó una cinta en la que Mary cantaba con diecisiete años el tema *Caught Up in the Rapture* de Anita Baker, grabada en una de esas cabinas en las que podías hacer tus propios discos en el centro comercial Galleria de Westchester. Si tienes esa cinta, por favor, mándamela.

No. Para mí, *Real Love* es como la más pura luz solar: me encanta la agilidad de su voz, la destreza con la que salta sobre las piedras de sus sílabas, la manera en que el bajo entra exactamente a la vez que ella, que ese piano desenfadado y esa batería tartamuda demuestren cómo sonaría y cómo se sentiría el amor de verdad.[18] Lo que estoy diciendo es que una inmensa parte de lo que hace que la canción sea tan vivaz y despreocupada es el peso enorme que Mary carga sobre el verso inicial: «*We are lovers through and through / And we made it through the storm*». Tampoco se trata de una amarga ironía al estilo *Mr. Jones*: es solo que ella sabe que llegará una nueva tormenta, y otra, y otra.

Por cierto, su mejor álbum es *My Life*, de 1994. Es el disco que termina con el tímido ejercicio de vanidad que es *Be Happy*, por «*All I really want is to be happy*». Ahora, en 2023, es inteligente mostrarse escéptico ante quien vaya soltando por ahí términos como «autoayuda», «autocuidado» o «autoestima». En la actualidad no son más que cínicas categorías de *marketing* y empalagosas leyendas en posts de Instagram; cada vez que alguien se dirija a ti y mencione uno de esos términos, en el cielo debería iluminarse un letrero de neón gigante en el que se leyera: «TIENE PINTA DE TIMO». Pero, a partir de *Real Love*, Mary J. Blige hizo que la idea de autoestima pareciera lógica, y verdadera, y real, y asequible.

Luego están todas esas canciones queridas sobre la peor Gran Emoción de todas. *They Reminisce Over You (T.R.O.Y.)* de Pete Rock y CL Smooth. *It's So Hard to Say Goodbye to Yesterday* de Boyz II Men. *I Miss My Homies* de Master P. *So Alone* de Men at Large (confía en mí). Y también, claro que sí, desde luego, *I'll Be Missing You* de Puff Daddy. Pero la aflicción colectiva, abrumadora, purificante que irradia de *Tha Crossroads*, el monumento erigido en 1995 por Bone Thugs-N-Harmony

---

18. *Real Love* es «Amor real, amor de verdad». (*N. del t.*)

—dedicado, en esa remezcla que llegó a lo alto de las listas, a Eazy-E, el difunto mentor del grupo rap de Cleveland—, es otra cosa, es algo inmortal.

La experiencia Bone Thugs, rápida como el rayo y de melodías imposibles, es una maravilla peculiar[19] independientemente de aquello sobre lo que rapeen a toda velocidad, pero *Tha Crossroads* trasciende el tiempo y el espacio y todos los planos de la existencia. Es una canción que habla de guardar luto por los muertos hasta que te unas a ellos, pero al morir no estás solo, como no estás solo en tu luto, porque la muerte es inevitable y la pena también, lo que significa que todo el mundo participa de ellas. Todo el mundo carga con ese peso. Estos tipos son la mejor opción que te podría tocar cuando haya que recordarte, y el verso más importante de su estribillo, cantado con lentitud y ternura, y de manera repetida para que no lo pases por alto es «*So you won't be lonely*».

Otro verso que me da la vuelta cada vez que lo escucho: cuando Wish Bone dice «*I miss my Uncle Charles, y'all*». El tío Charles era el hermano de la madre de Wish Bone, la persona que le llevó a su primer concierto: Prince en el Front Row Theater de Cleveland. Y, ahora, gracias a que «*I miss my Uncle Charles, y'all*» es un verso/melodía pegadiza, el tío Charles ha inspirado su propia mercadotecnia pirata. Camisetas. Libretas. Explicaciones en YouTube. Un saludo en *Key and Peele*. Memes. Se ha convertido en un personaje de la cultura popular. Millones de personas han cantado/rapeado que echan de menos al tío Charles, a quien casi con toda seguridad no llegaron a conocer. Y ese es un tema delicado pero bonito. Cuando tu aflicción se vuelve tan contagiosa, tan dichosa, cuando se convierte en un himno pasa a per-

19. «Nos sentamos y nos colocamos de la hostia —le contó Layzie Bone a *The Source* en 1994, cuando se le preguntó por el proceso creativo del grupo—. Y casi que nos convertimos en la misma putísima persona.»

tenecerle a todo el mundo, incluso a la gente que no está afligida. Aunque, una vez más, todo el mundo guarda luto por alguien y, si no es tu caso, algún día lo harás. No es que pretenda deprimirte. Solo quiero que sepas que, cuando pase eso, tienes opciones para decidir lo que quieras hacer, el lugar al que quieras ir, las personas en las que apoyarte.

En cambio, la banda sonora no siempre acaba siendo de tu elección.

Bueno, en mi último año de instituto, cuatro jóvenes murieron en un accidente de coche: dos chicas de mi escuela (una de ellas, una buena amiga mía) y dos chicos del pueblo de al lado. Recuerdo que alguien me llamó para darme la noticia. Recuerdo que llamé a otras personas para darles la noticia. Y fue espantoso, y devastador, y una experiencia por completo ajena a mí: creo que fue la primera y única vez que he cargado con el ataúd de alguien más joven que yo, y eso, por defecto, lo convierte en el peor día de mi vida hasta el momento.

Así que fui al velatorio —es posible que fuera conjunto, para las dos chicas—, que se celebró en el concurrido sótano de la funeraria, y al entrar —al bajar—, ya sabes, me encontré con un panorama a 360 grados de adolescentes sollozando, y la hermana pequeña de mi amiga estaba allí, afligida a un extremo inimaginable, rodeada de adolescentes que sollozaban y que estaban desesperados por consolarla, y hasta el día de hoy cualquier canción del rock alternativo de los 90 que tenga la palabra «*sister*» en su letra me desestabiliza. Pero volvamos a ese momento, sí, en ese penoso velatorio, donde yo fui otro adolescente que sollozaba, y además el *Stay (I Missed You)* de Lisa Loeb sonaba en bucle porque era la canción favorita de mi amiga.

Bien, ante todo dudo mucho que la canción estuviera puesta en bucle, sin parar, ¿verdad? Suena bastante melodramático. Sospecho que se trata del adorno de un adolescente sollozante. Me pregunto incluso si la ceremonia se celebró en el sótano de la funeraria; también suena demasiado melodramático. Eso de bajar... no lo sé. Un velatorio conjunto, ¿un velatorio conjunto? No lo sé. Pusieron *Stay (I Missed You)*[20] al menos una vez, y de acuerdo, quizá dos o tres veces. Pero ¿todo el rato, toda la noche? No lo creo. Aunque cabe pensar que ponerla una vez bastaría, ¿verdad?, para ligar la canción a ese momento concreto y terrible dentro de mi cabeza por siempre jamás. En efecto, cada vez que escuche la voz de Lisa Loeb en cualquier contexto, de aquí al final de los tiempos, me imaginaré a mi amiga viva, sola, feliz, distraída, dando vueltas por su dormitorio, escuchando su canción favorita. Habías pensado algo diferente, ¿verdad? Habías pensado que no querría volver a escuchar nunca más esa canción.

Así que, ¿por qué puedo seguir escuchándola? En toda lógica, *Stay (I Missed You)* debería... no quiero decir que debería haber quedado destruida, pero sí, debería ser inextricable de esta caverna de pena y desesperación; debería ser sinónimo, en mi cabeza, de un sótano de funeraria repleto de adolescentes que sollozan, incluido yo mismo. Pero no lo es. Puedo escuchar el *riff* inicial de Lisa, cristalino, tan de cafetería por la mañana, y puedo escuchar el tema entero, y pensar en él con intensidad media, en términos semiprofesionales, y simplemente dejarme llevar por la nostalgia, sin regodearme para nada en esa experiencia terrible, y me gustaría saber por qué.

Se me ocurre que dispongo de una especie de mecanismo de defensa interno y subconsciente. Es tentador afirmar que *Stay* es una composición magistral y lo bastante duradera para soportar toda esa carga emocional, o lo que sea, pero, con total sinceridad, a estas alturas ya no creo que la canción o el compositor tengan nada que ver. Es solo que

20. Lisa Loeb, nacida en Maryland, criada en Dallas, se tituló en literatura comparada en Brown y de repente saltó de la escena cantautora de principios de los 90 en Nueva York a lo alto de las listas cuando *Stay (I Missed You)* —su lírica genial y extraña, su gran vídeo, sus gafas guais— aterrizaron en la banda sonora de *Bocados de realidad*, aquella comedia romántica de 1994 en la que Winona Ryder acababa con el tipo equivocado.

existe un umbral individual y personal para esos recuerdos melodramáticos y tremendamente dolorosos que las canciones antiguas despiertan en nosotros. No acaba de ser un estado de negación porque no es que se trate de recuerdos reprimidos. Pero la canción de Lisa Loeb comienza a sonar y una célula durmiente misteriosa y clandestina en lo más profundo de mi cerebro se activa y se limita a susurrar «No lo hagas», y yo estoy muy agradecido por su existencia. Y la mayoría de las veces no lo hago. Puedo seguir escuchando todo lo que quiera, en cualquier momento, hasta el día de mi muerte, porque a eso me dedico y eso es lo que soy. Pero solo puedo experimentar la emoción hasta cierto punto.

AGRADECIMIENTOS

Si he de ser sincero, debo decir que me está costando enfrentarme al aspecto definitivo de todo este proceso del libro. A su parte de papel y tinta. A la idea de que en algún momento ya no podré añadir más cosas. Siendo un tipo que ha hecho más de cien episodios de un programa que lleva el número «60» en el título, esto de parar, de dejarlo estar, me resulta problemático. En lugar de una Gran Conclusión Unificada, déjame decir que sigo llorando a los otros doscientos artistas/canciones, más o menos, que quería mencionar, por no decir que quería pontificar sobre ellos largo y tendido, y que voy a resistir de manera activa la necesidad de reescribir constantemente el libro entero dentro de mi cabeza con esas otras doscientas canciones largas. Ese es mi problema, no el tuyo, claro. Gracias por haber leído esta (al parecer constante) repetición de ese problema.

Tengo una deuda tan grande con tantas personas que vamos a aplicar esta problemática cuestión que nos intimida por su constancia dando las gracias a la mayor cantidad posible de ellas.

Nicole, mi esposa, es la persona más divertida, inteligente, creativa y entusiasta que conozco. También es mi escritor favorito. Nada de esto habría tenido lugar sin ella, y eso sirve lo mismo para el libro que [hace un gesto de amplitud] para el resto de las cosas. Gracias, cariño. Te amo. Mira, te he compilado una cinta.

Max y Griffin están muy molestos porque aún no los he entrevistado en el programa. Mirabel está muy molesta porque no dejamos que coja ella sola la bolsa de Cheetos. Los tres sufren constantemente la descarga de música molesta y arcaica que su padre no deja de poner a todas horas. Lo siento. Gracias. Os quiero. Me hacéis reír a diario, hacéis que me sienta orgulloso siempre.

Justin Sayles ha sido mi editor, productor, mesa de sonido, entrenador vital y oráculo durante toda la duración del programa, y ha leído más palabras escritas por mí (en torno a las 600.000, y sumando) de las que nadie debería leerle a nadie jamás. Gracias. Que Dios te bendiga. Lamento la época de las 10.000 palabras por episodio. Mis más sinceros agradecimientos/disculpas también para Jonathan Kermah, el Rick Rubin de los pódcast, y a sus nobles predecesores, Devon Renaldo e Isaac Lee.

Gracias a toda la gente de *The Ringer*, y en especial a Sean Fennessey (su idea), Bill Simmons (su imperio) y Amanda Dobbins (su paciencia/sabiduría). Mis disculpas hacia todos los compañeros de trabajo que han tenido que soportar muchísimos chistes malos y pobres trabajos de Photoshop; es un honor trabajar con una gente tan creativa y entusiasta y notablemente relajada. Gracias también a mis compañeros, que tanto tiempo me sufrieron, en *The Other Paper* (RIP), el *East Bay Express* (RIP como parte de una cadena nacional polarizadora), el *Village Voice* (RIP), *Rhapsody* (RIP), *SPIN* (RIP en su versión impresa) y *Deadspin* (RIP en su espíritu original).

Gracias a todos en Twelve Books; sobre todo a Sean Desmond por su orientación y apoyo y entusiasmo joviales (y por haberme editado más o menos 100.000 palabras, que es un montón). Gracias también a Jim Datz por el esplendor visual y a Megan Perritt-Jacobson por ayudar a que pareciera (un poco más) versado en los medios. Me he pasado como veinte años soñando con tener un agente literario y Ethan Bassoff es el ideal platónico de ese puesto; gracias, buen señor, por tu orientación y conocimientos. Las ilustraciones de Tara Jacoby son mi parte favorita de todo este asunto, así que gracias, Tara, por ser en efecto la mejor parte de todo este asunto.

Estoy eternamente agradecido a todos los invitados sabios y desternillantes y tremendamente pacientes que han pasado por el programa para ponerme los puntos sobre las íes, incluyendo a Leslie Gray Streeter, quien lo ha hecho como cuatrocientas veces. Muchas gracias también a Yasi Salek, la Anthony Kiedis, John Frusciante y Flea de los pódcast.

Le mando mucho amor a Garrett Kamps, Tommy Craggs y Nate Cavalieri, quien para mí es la personificación misma de California (de sus partes buenas). Hagamos un Brodeo pronto. Por favor, cuidaos, Garrett (y Danielle). Mucho amor y respeto para Mike Majba, mi abogado y una fuente fiable de contenidos nada divertidos, pero muy deliciosos. Gracias por haber leído varios borradores de esa novela. Mucho amor y difamación constante para Jerry y Steve Trepkowski, Brian Chapman, Mark Dotson, y para los diversos médicos que nos atienden al salir de la cabaña. Gracias al tío Nick, siempre guay, y a toda la peña de Skladany; gracias al tío Roger, también guay, y a todos los Harvilla. Gracias también a Jessica Hopper (por la idea original), Jon Caramanica, Puja Patel, Geoff Redick, Dan Parker, Dan Eaton, Andy y Amber Ankowski y sus maravillosos hijos, y a Mary Jo y Jim Ankowski por todo su cariño y apoyo.

Gracias a ti, Ryan Harvilla, por cuarenta años ya (!!) de consejos musicales, de dominio de los videojuegos, de bondad verdaderamente extraordinaria y de compañía en como miles de conciertos en los que, de manera ideal, nos quedamos al fondo de todo para no tapar a nadie. Gracias también por las setas. Mucho amor a Beth y al pequeño Jack.

En uno de los veranos de mi adolescencia, pasé una semana en un taller literario de la Universidad de Bowling Green. Mis padres me llevaron en coche hasta allí y se quedaron sentados varias horas durante la lectura final de textos de los alumnos, que duró horas y en la que recité un poema en el que soñaba que era una alubia dentro de un cuenco de chili. No era necesario que hicieran eso. Me licencié en la especialización de periodismo de revistas en 1996. No era necesario que me dejaran hacerlo. Me pasé el 80 % de mi infancia y adolescencia escuchando música ruidosa y ordinaria... ya me entiendes. Su amor y su apoyo significan todo para mí; ellos me enseñaron a ser un buen marido/padre/persona y siguen ayudándome en mi torpe paso hacia el estándar que me han marcado. Gracias, mamá y papá. Os quiero. No recuerdo haberme referido a ese concierto de U2 cuando estaba en la secundaria como «La Bomba», pero por supuesto que me fío de la palabra de mi madre.

Por último, gracias eternas a todas las personas que o bien han leído este libro o han escuchado algún episodio del programa o han hecho ambas cosas. Gracias por vuestros correos, por vuestros mensajes privados, por vuestras palabras amables, por vuestras propias historias, por vuestras teorías descabelladas y posiblemente beodas, por vuestras numerosas y excelentes sugerencias de canciones. Prometo que muy pronto me sumergiré en las profundidades de Tragically Hip. Todo esto ha sido el episodio más emocionante de mi carrera, además de un honor. Gracias.